“十三五”国家重点图书出版规划项目

中国近现代稀见史料丛刊【第五辑】

张剑 徐雁平 彭国忠 主编

高等考试锁闱日录

印水心 著

闵定庆 整理

本辑执行主编 徐雁平

凤凰出版社

图书在版编目（CIP）数据

高等考试锁闱日录 / 印水心著 ; 闵定庆整理. --
南京 : 凤凰出版社, 2018.6
（中国近现代稀见史料丛刊. 第五辑）
ISBN 978-7-5506-2788-8

Ⅰ. ①高… Ⅱ. ①印… ②闵… Ⅲ. ①高等学校－入学考试－概况－中国－民国 Ⅳ. ①G649.29

中国版本图书馆CIP数据核字(2018)第124649号

书　　名	高等考试锁闱日录
著　　者	印水心 著　闵定庆 整理
责任编辑	王清溪
装帧设计	姜　嵩
出版发行	凤凰出版社(原江苏古籍出版社) 发行部电话025-83223462
出版社地址	南京市中央路165号,邮编:210009
出版社网址	http://www.fhcbs.com
照　　排	南京凯建图文制作有限公司
印　　刷	南通印刷总厂有限公司 南通市通州经济开发区朝霞路180号,邮编:226300
开　　本	880×1230毫米　1/32
印　　张	9
字　　数	234千字
版　　次	2018年6月第1版　2018年6月第1次印刷
标准书号	ISBN 978-7-5506-2788-8
定　　价	56.00元

(本书凡印装错误可向承印厂调换,电话:0513-80237871)

袁行霈先生题辞

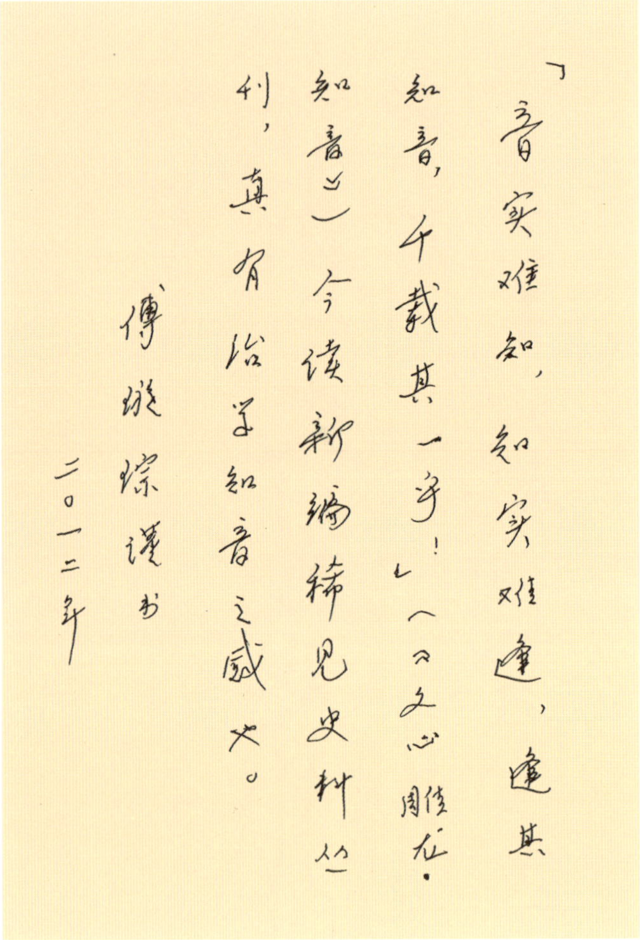
「音实难知，知实难逢，逢其知音，千载其一乎！」（《文心雕龙·知音》）今读新编稀见史料丛刊，真有治学知音之感也。

傅璇琮谨书

二〇一二年

傅璇琮先生题辞

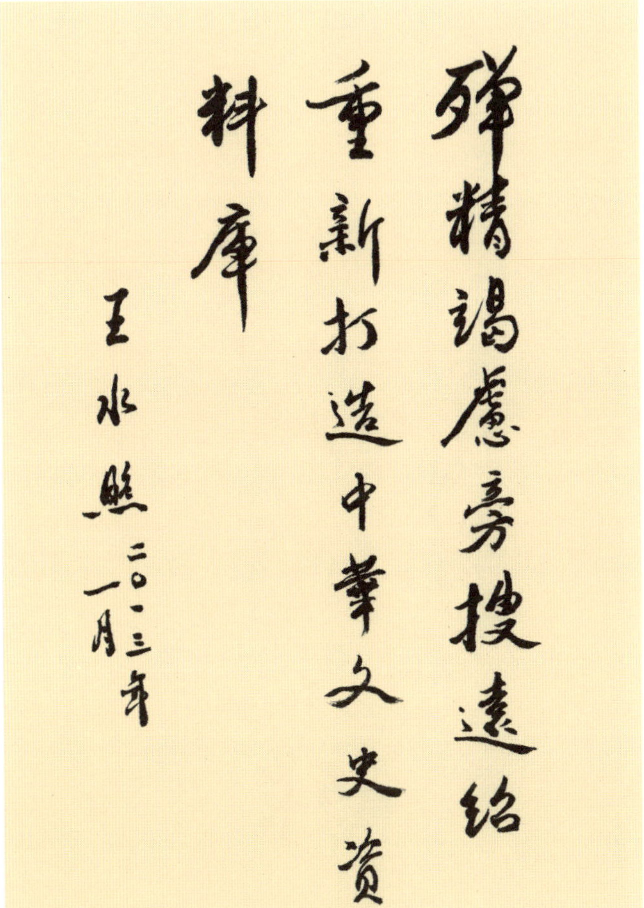

殚精竭虑旁搜远绍
重新打造中华文史资
料库
王水照
二〇一三年一月

王水照先生题辞

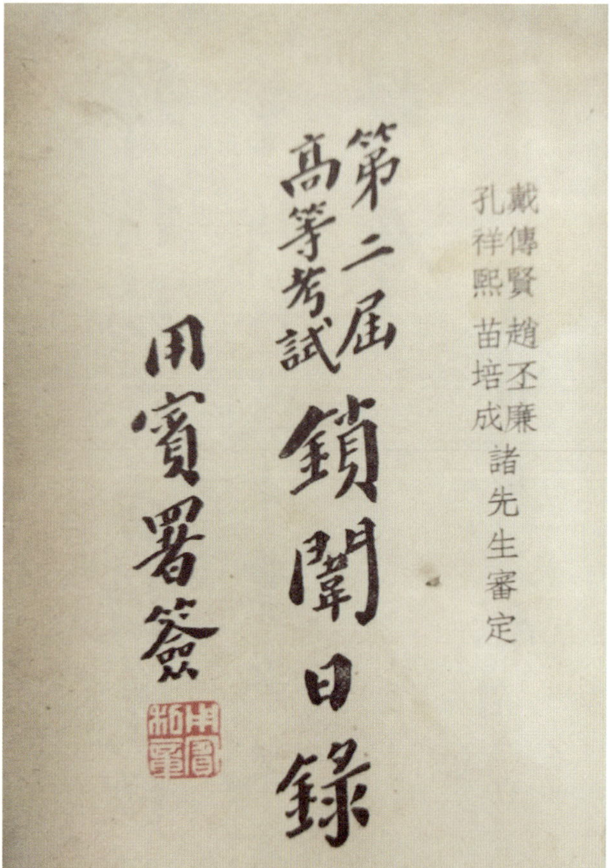

第二屆高等考試鎖闈日錄

戴傳賢 趙丕廉
孔祥熙 苗培成 諸先生審定

用賓署簽

书影一

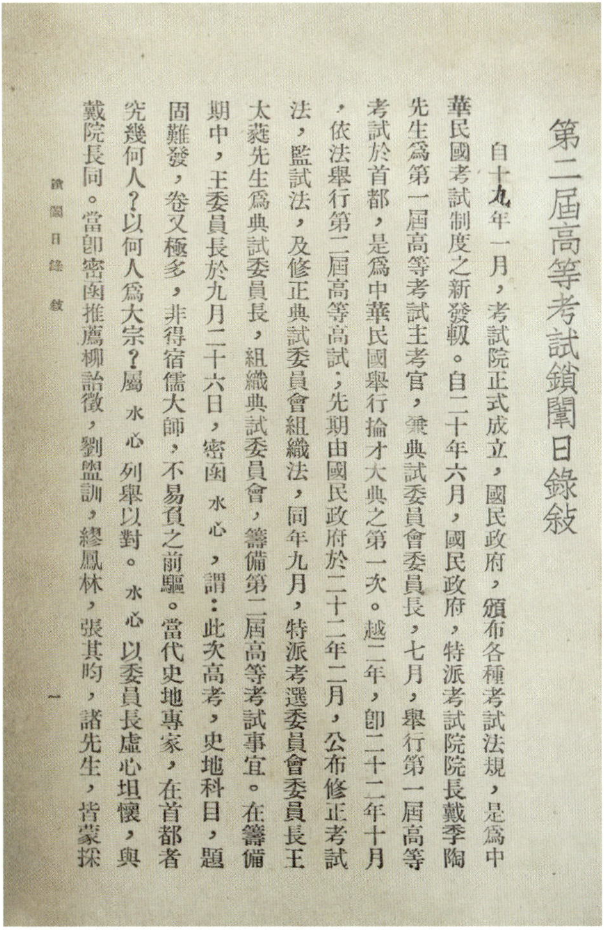

第二屆高等考試鎖闈日錄敍

自十九年一月，考試院正式成立，國民政府，頒布各種考試法規，是爲中華民國考試制度之新發軔。自二十年六月，國民政府，特派考試院院長戴季陶先生爲第一屆高等考試主考官，兼典試委員會委員長，七月，舉行第一屆高等考試於首都，是爲中華民國舉行掄才大典之第一次。越二年，卽二十二年十月，依法舉行第二屆高等高試；先期由國民政府於二十二年二月，公布修正考試法，監試法，及修正典試委員會組織法，同年九月，特派考選委員會委員長王太蕤先生爲典試委員長，組織典試委員會，籌備第二屆高等考試事宜。在籌備期中，王委員長於九月二十六日，密函 水心 ，謂：此次高考，史地科目，題固難發，卷又極多，非得宿儒大師，不易負之前驅。當代史地專家，在首都者究幾何人？以何人爲大宗？屬 水心 列舉以對。水心 以委員長虛心坦懷，與戴院長同。當卽密函推薦柳詒徵，劉盥訓，繆鳳林，張其昀，諸先生，皆蒙採

书影二

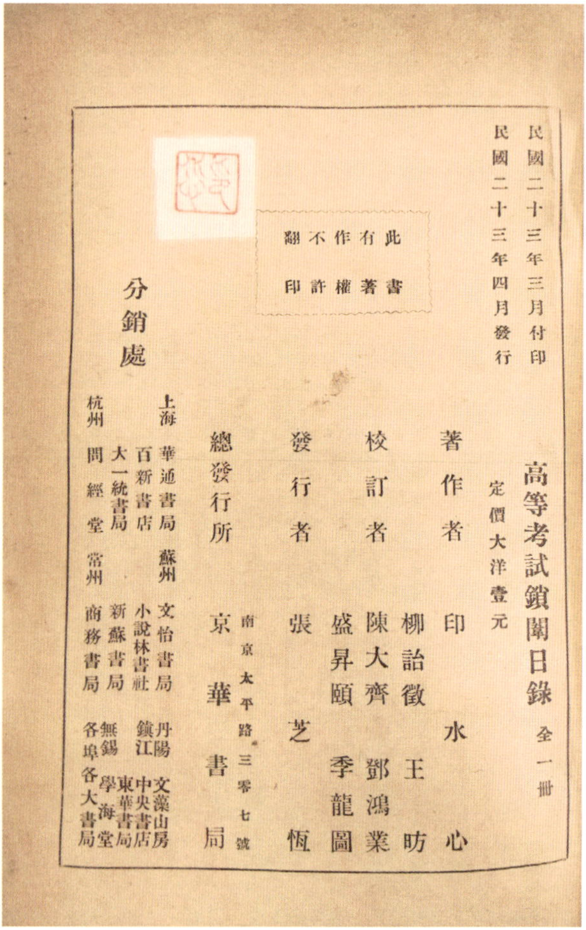

高等考試鎖闈日錄 全一冊

民國二十三年三月付印

民國二十三年四月發行

定價大洋壹元

著作者 印水心

校訂者 柳詒徵 王昉 陳大齊 鄧鴻業 盛昇頤 季龍圖

發行者 張芝恒

總發行所 京華書局 南京太平路三零七號

此書有著作權不許翻印

分銷處

上海 華通書局 百新書店 大一統書局

蘇州 文怡書局 小說林書社 新蘇書局

丹陽 文藻山房 鎮江 中央書店 東華書局

杭州 問經堂 常州 商務書局 無錫 學海堂

各埠各大書局

书影三

《中国近现代稀见史料丛刊》总序

在世界所有的文明中，中华文明也许可说是“唯一从古代存留至今的文明”（罗素《中国问题》）。她绵延不绝、永葆生机的秘诀何在？袁行霈先生做过很好的总结：“和平、和谐、包容、开明、革新、开放，就是回顾中华文明史所得到的主要启示。凡是大体上处于这种状况的时候，文明就繁荣发展，而当与之背离的时候，文明就会减慢发展的速度甚至停滞不前。”（《中华文明的历史启示》，《北京大学学报》2007年第1期）

但我们也要清醒看到，数千年的中华文明带给我们的并不全是积极遗产，其长时段积累而成的生活方式与价值观具有强大的稳定性，使她在应对挑战时所做的必要革新与转变，相比他者往往显得迟缓和沉重。即使是面对佛教这种柔性的文化进入，也是历经数百年之久才使之彻底完成中国化，成为中华文明的一部分；更不用说遭逢“数千年来未有之变局”、“数千年未有之强敌”（李鸿章《筹议海防折》），“数千年未有之巨劫奇变”（陈寅恪《王观堂先生挽词序》）的中国近现代。晚清至今虽历一百六十余年，但是，足以应对当今世界全方位挑战的新型中华文明还没能最终形成，变动和融合仍在进行。1998年6月17日，美国三位前总统（布什、卡特、福特）和二十四位前国务卿、前财政部长、前国防部长、前国家安全顾问致信国会称：“中国注定要在21世纪中成为一个伟大的经济和政治强国。”（徐中约著《中国近代史》上册第六版英文版序，香港中文大学2002年版）即便如此，我们也不能盲目乐观，认为中华文明已经转型成功，相反，中华文明今天面对的挑战更为复杂和严峻。新型的中华文明到底会怎样呈现，又怎样具体表现或作用于政治、经济、文化等层面，人们还在不断探索。这个问题，我们这一代恐怕无法给出答案。但我们坚信，在历史上曾经灿烂辉煌的中华文明必将凤凰浴火，涅槃重生。这既是数千年已经存在的中华文明发展史告诉我们的经验事实，也是所有为中国文化所化之人应有的信念和责任。

不过，对于近现代这一涉及当代中国合法性的重要历史阶段，我们了解得还过于粗线条。她所遗存下来的史料范围广阔，内容复杂，且有数量庞大且富有价值的稀见史料未被发掘和利用，这不仅会影响到我们对这段历史的全面了解和规律性认识，也会影响到今天中国新型文明和现代化建设对它的科学借鉴。有一则印度谚语如是说："骑在树枝上锯树枝的时候，千万不要锯自己骑着的那一根。"那么，就让我们用自己的专业知识与能力，为承载和养育我们的中华文明做一点有益的事情——这是我们编纂这套《中国近现代稀见史料丛刊》的初衷。

书名中的"近现代"，主要指 1840—1949 年这一时段，但上限并非以一标志性的事件一刀切割，可以适当向前延展，然与所指较为宽泛的包含整个清朝的"近代中国"、"晚期中华帝国"又有所区分。将近现代连为一体，并有意淡化起始的界限，是想表达一种历史的整体观。我们观看社会发展变革的波澜，当然要回看波澜如何生，风从何处来；也要看波澜如何扩散，或为涟漪，或为浪涛。个人的生活记录，与大历史相比，更多地显现出生活的连续。变局中的个体，经历的可能是渐变。《丛刊》期望通过整合多种稀见史料，以个体陈述的方式，从生活、文化、风习、人情等多个层面，重现具有连续性的近现代中国社会。

书名中的"稀见"，只是相对而言。因为随着时代与科技的进步，越来越多的珍本秘籍经影印或数字化方式处理后，真身虽仍"稀见"，化身却成为"可见"。但是，高昂的定价、难辨的字迹、未经标点的文本，仍使其处于专业研究的小众阅读状态。况且尚有大量未被影印或数字化的文献，或流传较少，或未被整合，也造成阅读和利用的不便。因此，《丛刊》侧重选择未被纳入电子数据库的文献，尤欢迎整理那些辨识困难、断句费力、裒合不易或是其他具有难度和挑战性的文献，也欢迎整理那些确有价值但被人们习见思维与眼光所遮蔽的文献，在我们看来，这些文献都可属于“稀见”。

书名中的“史料”，不局限于严格意义上的历史学范畴，举凡日记、书信、奏牍、笔记、诗文集、诗话、词话乃至序跋汇编等，只要是某方面能够反映时代政治、经济、文化特色以及人物生平、思想、性情的文献，都在考虑之列。我们的目的，是想以切实的工作，促进处于秘藏、边缘、零散等状态的史料转化为新型的文献，通过一辑、二辑、三辑……这样的累积性整理，自然地呈现出一种规模与气象，与其他已经整理出版的文献相互关联，形成一个丰茂的文献群，从而揭示在宏大的中国近现代叙事背后，还有很多未被打量过的局部、日常与细节；在主流周边或更远处，还有富于变化的细小溪流；甚至在主流中，还有漩涡，在边缘，还有静止之水。近现代中国是大变革、大痛苦的时代，身处变局中的个体接物处事的伸屈、所思所想的起落，藉纸墨得以留存，这是一个时代的个人记录。此中有文学、文化、生活；也时有动乱、战争、革命。我们整理史料，是提供一种俯首细看的方式，或者一种贴近近现代社会和文化的文本。当然，对这些个人印记明显的史料，也要客观地看待其价值，需要与其他史料联系和比照阅读，减少因个人视角、立场或叙述体裁带来的偏差。

知识皆有其价值和魅力，知识分子也应具有价值关怀和理想追求。清人舒位诗云“名士十年无赖贼”（《金谷园故址》），我们警惕袖手空谈，傲慢指点江山；鲁迅先生诗云“我以我血荐轩辕”（《自题小像》），我们愿意埋头苦干，逐步趋近理想。我们没有奢望这套《丛刊》产生宏大的效果，只是盼望所做的一切，能融合于前贤时彦所做的贡献之中，共同为中华文明的成功转型，适当“缩短和减轻分娩的痛苦”（马克思《资本论》第一卷第一版序言）。

《丛刊》的编纂，得到了诸多前辈、时贤和出版社的大力扶植。袁行霈先生、傅璇琮先生、王水照先生题辞勖勉，周勋初先生来信鼓励，凤凰出版社姜小青总编辑赋予信任，刘跃进先生还慷慨同意将其列入“中华文学史史料学会”重大规划项目，学界其他友好也多有不同形式的帮助……这些，都增添了我们做好这套《丛刊》的信心。必须一提的是，《丛刊》原拟主编四人（张剑、张晖、徐雁平、彭国忠），每位主编负责一辑，周而复始，滚动发展，原计划由张晖负责第四辑，但他尚未正式投入工作即于2013年3月15日赍志而殁，令人抱恨终天，我们将以兢兢业业的工作表达对他的怀念。

《丛刊》的基本整理方式为简体横排和标点（鼓励必要的校释），以期更广泛地传播知识、更好地服务社会。希望我们的工作，得到更多朋友的理解和支持。

2013年4月15日

目　录

前　言

一

本书是民国时期学者印水心参加第一、二届高等考试命题、阅卷期间所写的《第一届高等考试锁闱日记》与《第二届高等考试锁闱日录》的合编。

《第一届高等考试锁闱日记》所记，自民国二十年(1931)七月六日起，至八月九日止，“月有五日。公暇辄日有所记”，首尾完具，无一日空阙。《第二届高等考试锁闱日录》所记则“自(民国二十二年)十月十二日起，至十一月二十六日止，凡四十有六日”，举凡会议记录、条教设施暨典、襄各委诗文酬唱诸作，悉举而笔之日记，翔实可信，自可“别为一编”。1934 年 4 月，南京京华书局以“高等考试锁闱日录”为题正式出版发行，将《第一届高等考试锁闱日记》作为附录三，置于书尾。此次整理，则按自然时序进行了相应的调整。

印水心(1883—1968)，原名“鸾章”，“水心”系其笔名，号“立斋”，又署“云母山樵”，江苏省盐城县城厢人。印水心自幼聪颖好学，清光绪三十年(1904)考入当时的最高学府——京师大学堂(即今北京大学的前身)中国文学科，三年后以优异成绩毕业并留校任教。清宣统元年(1909)，他辞去北大教职，来到当时的中国新闻出版中心——上海，先后担任上海商务印书馆、中国图书公司、世界书局、上海广学会等机构的编辑，又曾任《神州日报》《民权报》《新民时报》记者及主笔。他在编校工作之余，还兼任东吴大学、沪江大学及明强中学等校的文史课程。后来,他加入国民政府公务员队伍,先后在工商部、实业部、财政部、考试院等机构任职。民国二十年第一届高等考试、二十二年第二届高等考试,他就是以考试院铨叙部部员的身份担任襄试委员的。

解放后,他定居苏州,在苏州观前街附近的调丰巷内"药草庵"中修行,1954年加入苏州市政协。

1959年,吴公退先生自编《纪年诗集》(甲集),前有印水心序一篇,署"那罗延窟弘道老人",颇有"不服老"之意,且录己诗二首:

龙飞凤舞红旗展,烂漫光华遍大千。愧我虚生七六载,未能快马着先鞭。

苦战三年跃进程,春风得意马蹄轻。铁花迸出万千丈,铁水长流压美英。

诗后自注:"戊戌作。"可知此诗写于1958年。此作流露出了"大跃进"时代的痕迹,深刻反映了印水心思想观念上的根本性变化。

1968年,印水心病逝于苏州。

另从极其有限的记载来看,印水心有一女名维芬,五十年代中期就读于苏州的护士学校,毕业之后分配去了成都从事医护工作。

关于印水心的著述情况,吴公退《纪年诗集》(甲集)书后附"印水心先生著作一览",计《水心精舍汇编》八十种、《续编》四十二种、《三编》佛化书二十四种,真可谓笔耕不辍,著作等身。而细绎其著述轨迹,即可发现,这三编的汇集,有着明显的阶段性特点:《水心精舍汇编》八十种,是他1918年以前任职上海商务印书馆、广学会、中国图书公司等机构的著述作品,译作如《大英议院考》《中国革命之政治观》等书二十种,撰作如《直省舆地韵言》《曲阜碑刻访古表》《哀鸿泪》等二十种,编辑如《大同报》《甲寅杂志》《谭浏阳全集》《曾文正公全集》《吴江县乡土志》等四十种，共计八十种；《水心精舍续编》，则收入自1919年至1950年三十年间先后任职世界书局、工商部、实业部、财政部、高等考试典委会时所著，包括《盐城县乡土地理》《盐城县乡土历史》《评注国史读本》《明鉴纲目》《清鉴纲目》《高等考试锁闱日录》《普通考试指南》等四十二种。他晚年在苏州“药草庵”修行期间又编著了佛化书如《仁王护国经疏解》《印光法师年谱》《近代高僧传》等二十四种，一并收入《水心精舍三编》，并且校刊了《沧海楼诗集》《栎寮词》《三九诗钟选》《陈公孟年谱》等书，反映了他在解放后著述选题取向的新变化。

印水心学识闳富，兴趣广泛，选题新颖，尤重保全文献，他在民国六年编辑出版的《谭浏阳全集》就是一个佳例。此书是他任职上海文明书局期间编辑的，共六册，体例严整，书卷首录梁启超所撰的《谭嗣同传》、陈乃乾辑的《谭嗣同年谱》，接着便是《文集》三卷、《诗集》一卷、《仁学》二卷、《笔识》二卷。这是谭嗣同殉难之后，世人为他编印的第一部全集，无论是在表彰维新先贤方面，还是在收集、整理文献方面，都做出了不可磨灭的贡献。

印水心著述，往往是有为而作的。例如，1915年5月，印水心返回盐城，给年届六十的父亲祝寿。出于出版人的职业敏感，他深感盐城地方乡土教材的缺失，遂萌生了编撰“盐城县乡土地理”“盐城县乡土历史”的想法。他专门雇了一条小船，对盐城乡土地理进行实地考察。在一个多月的时间里，他亲自考察并纪录了盐城各处的地形、山川、河流、物产、风俗、古迹等。返回上海后，他又沉浸书海，上下考索，完成了《盐城县乡土地理》一书的写作。与此同时，他充分利用各种地方文献，撰《盐城县乡土历史》一书，按盐城历史发展沿革划分为六个历史阶段，设置为六课，依次讲述盐城地方史。嗣后，他将书稿寄回盐城，请好友胡应更、胡毓彬等订正。此二书正式出版前，他曾持以求教于康有为，康有为欣然题诗：

瀛海东环古射州，孤忠双烈亘千秋。而今三子峥头角，又露文章在钓游。

康诗下署“为水心作”，表达了一位学术前辈对印水心乡土教科书编撰努力的肯定。

又如，上海世界书局于1926年1月印行的十二册本《评注国史读本》，也是一部“供初高中以上学生之用”的教科书，署“原编者咸阳李岳腾，增修者盐城印水心”。卷首自序言道：1922年，他在从事编辑工作的同时正兼任上海闸北明强中学的国文、历史二门课程，深感现行历史教科书在编写上存在种种缺陷，亟思改良。此年7月，刘障东、李万里在上海开《汉书》学社，邀他入社并主讲《汉书》列传。通过长达半年的《汉书》三十余列传的系统疏讲，他突然感悟到了中学历史教学的“活的灵魂”之所在，决心将传统史学的整体历史架构意识、再现历史事件的多方位视野、塑造历史人物形象的艺术手法等，灌注到中学历史教科书中去。他全面考察了当时流行的各种历史教科书，认为李岳腾的《国史读本》虽仅述及明史，为一未完之书，但在当时是最接近中学教学历史教学实际的课本，故他于1924年入职上海世界书局之后，便续编清史、民国史，所述史事止于定稿时的1925年，从而实现了编写一部真正意义上的通史教材的宏愿。该书体例充分汲取了纪传体和纲目体的优点，对全书所述若干重大史事详加评注，既能明晰纲目，又充分揭示出深层历史意蕴。这在当时的教科书中可说是别具一格，特色鲜明。

二

印水心在《〈第一届高等考试锁闱日记〉叙》中说：“民国二十年七月，时局粗定，政府乃秉承遗教，举行第一届高等考试于首都，期以甄拔真才，用襄治理。”这一举措，显而易见是秉承孙中山先生的遗训而进行的政治实验，必将深刻影响整个国家政治、文化、国计、民生等种种新建设，意义非凡。

1906年12月2日，孙中山先生在《在东京〈民报〉创刊周年庆祝大会的演讲》中正式提出了“五权分立”的宪政原则。他指出：美国的“有文”宪法和英国的“无文”宪法，虽是目前所见“最好”的，但美国宪法“不完备的地方”乃至“流弊”很多，英国宪法中的“三权分立”界限“还没有清楚”，实际上还是脱不了“一权政治”的“老套”，因而“不能”且“不必”完全师法英美宪法。而古代中国社会原有的若干政治制度是可以和英美的立法、司法、行政三权相配备的，同时拥有英美宪法设计中没有的考试、监察制度。古代中国的考试制度“最为公允”，能避免“盲从滥选”、“任用私人”之弊，有利于人才的发现和任用；古代中国的监察制度，在架构上极其完备，具有鲜明“独立”个性，对整肃官场风气、提高政府效率，行之有效。在英美宪政中，“三权是把考试权附在行政部分，弹劾权附在立法部分”。“五权宪法”就是“将三权再分弹劾及考试两权”，在“共和政治”中复活中国固有的“两大优良制度”，“创立各国至今所未有的政治学说，创建破天荒的政体，以使各机关能充分发挥它们的效能”。他认为，政治生活中实际上存在着两股相互逆反的力量——“自由的力量”和“维持秩序的力量”。前者类似物理学中的“离心力”，后者则类似物理学中的“向心力”，两者的辩证关系极难把握，“政治里头的自由太多，便成了无政府；束缚太过，便成了专制”，他提出在西方政体的三权之外应给予考选权、纠察权以独立的地位，他特别谈到了考选权，“所以将来中华民国宪法，必要设独立机关，专掌考选权”，“但是这考选权如果属于行政部，那权限未免太广，流弊反多，所以必须成了独立机关才得妥当”[①]。只有

① 广东省社会科学院历史研究室、中国社会科学院近代史研究所中华民国研究室、中山大学历史系孙中山研究室《孙中山全集》，中华书局1981年版，第一卷，第331页。

立法、司法、行政、考试、监察五权“机关分立”，“相待而行”，“无伤于统一”，期能“救三权鼎立之弊”，产生权力制衡的作用，需要积极融合“外国的规制”与“本国原有的规制”，从根本上解决“权力”的自由与平衡的问题。准此，他总结道：“兄弟的意思，将来中华民国宪法要创立一种新主义，叫做‘五权分立’。”[①]亦即未来的中华民国的国家体制当由行政院、立法院、司法院、考试院和监察院这五者所组成。[②]

“五权分立”中的“考试”一端，在当时仍沿用旧称叫做“考铨制度”，对公职人员还称为“官吏”。这里的“考铨”，包含考选（采用通过考试的方式选录公职人员）、铨叙（按照资历或实绩核定官职的授予或升迁）这两个层面的制度设计。显而易见，这一设计充分吸取了古代中国官吏制度、西方文官制度的有益经验。可是，自 1912 年 1 月 1 日中华民国正式建立后，南京临时政府、北洋政府、广州国民政府虽相继设置了考铨机构，颁布了一些人事法规，终因战争频仍，政局动荡，考铨制度一直无法正常运转，更无法发挥应有作用。1927 年，南京国民政府成立，这才开始有计划、分步骤地引进西方的公务员制度，重新设计文官制度，陆续修正、颁布了一系列考铨法规。

考试院就是在这一历史背景下建立的。据《考试院组织法》可知，考试院掌管高等考试、公务人员任免、考绩、级俸、升降、褒奖、铨叙、保障、抚恤、退休及相应的法制建设工作。考试院设院长一人，副院长一人，考试委员十九人，下设考选部、铨叙部等机构。戴季陶自

---

① 广东省社会科学院历史研究室、中国社会科学院近代史研究所中华民国研究室、中山大学历史系孙中山研究室《孙中山全集》，中华书局 1981 年版，第一卷，第 330 页。

② 《中华民国国民政府组织法》第一章第五条：“国民政府以行政院、立法院、司法院、考试院、检察院五院组织之。”（《考试院月报》民国十九年一月第一期，《民国文献资料丛编 · 考试院公报》第一册，国家图书馆出版社 2012 年影印本，第 1 页）

1928 年 10 月起，担任院长一职，直至 1948 年 6 月止。[①]

由于印水心角色担当的原因，此书对于考试院的构架及其运作的描述极少，我们试着将这些有限的文字与《考试院月报》的记录对照，从而“拼合”第一、二届高等考试的若干片段。

1931 年 6 月，国民政府特派考试院院长戴季陶为第一届高等考试主考官兼典试委员会委员长，准于 7 月举行第一届高等考试，此为国民政府第一次举行“抡才大典”。毕竟，这是遵循孙中山先生“遗教”而举行的一次必要而大胆的“政治实验”，上上下下都极其重视。印水心在《〈第一届高等考试锁闱日记〉叙》中劈头就引用了孙中山先生的话：“先总理孙先生云：‘官吏必经考试，铨定资格者乃可。’”继而又在《〈第二届高等考试锁闱日录〉叙》引用孙中山的话说：

> 宰相之子，与宰相佣工之子，平时不能同坐，考试之日，可以同坐，及至衡文，一以文字为优劣，不问宰相之子与佣工之子也。

他更进而引用了戴季陶和王用宾的话作为“政治理据”，戴曰：

> 考试制度为中国自古奖学励才、登庸官吏之唯一良制。

王曰：

> 欲使贤者能者，尽在其位，除采用考试制度以昭示天下为公外，别无他道。

---

① 详《考试院组织法》有关条文。（《考试院月报》民国十九年一月第一期，《民国文献资料丛编·考试院公报》第一册，国家图书馆出版社 2012 年影印本，第 17—19 页）

又云：

> 考试为总理手订五权宪法之一，俾人尽其才，而为国用，不致埋没真才。

这表明，孙中山先生早已认定通过考试选拔人才的“程式”，是最能体现“平等”精神的，自古就已显示了足够强大的社会效能，此后必将在新的社会体制中发挥更大的作用。自诩为孙中山信徒与后继者的戴季陶、王用宾，自然也是沿着孙中山“遗教”的既定路向，进行政治层面的申论与发挥。

如何将孙中山的这一“理论”，付诸实践，建设成为一个充分体现平等精神且行之久远的制度，确实是一个严峻的挑战。为保证考试院及其考选工作的合法性与权威性，国民政府相继颁布了《考试法》《监试法》及《修正典试委员会组织法》等法律文书，确立了这一公权力的运行机制。但是，当权者的“内心焦虑”，却时时涌现心头。《第二届高等考试锁闱日录》“十月十七日”条记录了一段与第二届高等考试典试委员会委员长王用宾谈考试制度的对话，其中，王氏援引了戴季陶的一段话：

> 戴院长尝言：考试行政机关之组织，在中国旧制，无可循之成规，在欧、美、日本，亦鲜可仿之先例。总理所以昭示吾人者，亦仅为五院制度之理论，并无考试行政之具体办法。此种伟大之建设工作，全赖吾人悉心研究与试验。在明清考试，仅试经义、策论及制艺、词赋等，简陋已甚，今则大加进步，除国文、党义、历史、地理、宪法等，为任何人必须考试外，并分别种类，试以专科。科目之多，为历来所未有，进步之速，可以推知。惟此种制度，仍在研究与试验中。

倜、章德菀、陈作忠、徐守清、陈家瀛、黄作新等十九人，录事是胡良瑗、赵志魁、汪天钧、张正元、黄浚源、徐仲卿等六人。

与此同时，考委会在北平设立了办事处，派驻若干名委员，负责北方考生的报名、考试及试卷保管、运送等工作。其考试科目、时间与南京完全同步，试卷由南京押送至北平，考试完毕即日运回南京，与南京考场的试卷统一批阅。

为了凸显这刚起步的高等考试的合法性，政府特地参照公务员就职仪式的若干要求，安排了高等考试典、襄试委员宣誓就职典礼。《第一届高等考试锁闱日记》"七月六日"条云：

> 上午八时，赴八府塘高等考试典试委员会正式办公。十一时半，主考官戴公季陶，典试委员陈大齐、刘光华、胡仁源、张默君、饶炎、黄序鹓、陈长蘅、谢健、冒广生、黄镇磐、黄慕松、戴修骏，监试委员于洪起，襄试委员余钟秀诸氏莅会，鸣鞭十万。十二时，襄试处主任邵元冲、副主任王用宾、秘书长沈士远、秘书龙潜诸氏别去，乃摄影、扃门。下午二时，开第一次会议。

从上述情形看，政府的这一安排既庄重大气，又简洁明了，符合新型民主制度的风格追求。相对而言，第二届高等考试典试委员、监试委员宣誓就职典礼，则过于隆重了，《第二届高等考试锁闱日录》"十月十六日"条记：

> 晨九时，典试委员长王用宾，典试委员徐谟、周览、陈长蘅、张默君、黄旭鹓、刘奇峰、柳诒徵、陈大齐、杨汝梅、吴大钧、饶炎、夏勤，监试委员郑螺生、田炯锦、王宪章、杨亮功、朱雷章等二十余人，均至国民政府，举行宣誓就职礼。各委员举右手宣誓，誓曰："余敬宣誓，余恪遵总理遗嘱，服从党义，奉行法令，忠心及努力于本职。余决不妄费一钱、妄用一人，决不营私舞弊及授受贿

赂,如违背誓言,愿受最严厉之处罚,此誓!”誓毕,林主席授印,王委员长接印,林主席赐各委佩带梅花章。随由中央监誓委员张继致训词,略曰:“高等考试,为国家抡才大典,王委员长及典、监各委,均属革命先进,自能为国努力,惟鄙人对此略有感想:盖民国肇造以来,常感人才缺乏,而怀才之士,又感学无所用,故总理五权宪法,特采取考试制度,由国家举行严格考试,一方在选拔真才,一方使才尽其用。至于选举制度,弊窦百出,在欧美各国,已不重视,而群趋于考试一途,政治上之原则,即在‘贤者在位,能者在职’八字。诸先生今日主持高考,责任异常重大,务期选拔贤能,为国家建新生之机,发挥民族光荣,中央实抱无穷之希望。”继由林主席致训词,略谓:“此次高等考试,政府请诸先生负典试及监试之责,以选贤重任,重托诸先生,今入闱在即,为国宣劳,在此国难严重时期,举行盛典,堪为国家前途庆幸,并祝诸先生健康。”末由王委员长致答词,略谓:“今日第二届高等考试典、监各委,举行就职礼,承中央代表及主席训词,用宾等敬谨竭诚接受。总理尝曰:‘教养有道,则无枉生之才,鼓励有方,则无抑郁之士,任使得法,则无倖进之徒。’又,《礼运·大同》曰:‘大道之行也,天下为公,选贤与能,讲信修睦。’是知欲使贤者能者,尽在其位,不贤不能者,决难倖进,除采用考试制度,以昭示天下为公外,则无他道。此次第二届高等考试,即中央慎选贤能、天下为公之至意,用宾等在院长领导之下,敢不竭智尽忠,从事于考试工作,以期为国家选拔真才。”

至于第一届高等考试派驻北平典试委员的就职典礼,印氏未加纪录,第二届高等考试派驻北平典试委员宣誓就职典礼,则在北平市原北洋政府外交大楼举行,由蒋梦麟主礼,来宾有市长袁良、公安局长余晋龢等三十余人。《第二届高等考试锁闱日录》“十月二十日”条:

京、平两处，同日考试。北平考务，由典试委员会驻平办事处办理。北平试场，假前众议院议场举行，典试委员沈士远、白鹏飞，监试委员高友唐、田炯锦等，先至北平，筹备一切。本月十九日晨十时，假外交大楼大礼堂，举行宣誓就职礼。国民政府派黄郛莅场监试，蒋梦麟主席，来宾有市长袁良、公安局长余晋龢等三十余人，首由典、监各委宣誓就职，次由黄郛、蒋梦麟分别致训词，由监委高友唐致答词。是日下午，典、监入闱，行封门礼。

通过上述记述可以发现，国民政府努力对高等考试制度加以体制化、正规化的建设，将其提升到常态化的国家行为的高度，因此，就职典礼的仪式化、政治化也就是必然的了。国民政府主席林森出席典礼并发表讲话，嗣后又曾多次视察闱场工作，正是这一政治意志的高度体现。

第三，考场、闱场建筑群的落成。

国民政府当时的首都是南京，高等考试典试委员会正式办公地点自然是设在南京了，但由于“时局粗定”，高等考试所需的建筑未能及时落实，因此，考试院最初定在八府塘办公，而命题、考试、评阅、统分等工作则是借南京中学二院进行的，诸多不便，可想而知。随着国民政府机构的建设步上正轨，考试院建筑群渐次落成，新闱场就设在考试院西。此地乃是明初国子监旧址，明永乐七年《赐进士题名记》碑依然矗立在考试院院部大楼之后、宁远楼之前。

新闱场前临铁路，后倚台城，左近覆舟山，右接鸡鸣寺，可遥见紫金山天文台。试场正门，建石牌楼，牌楼正面石刻“选贤任能”四字，背面刻《文官誓词》六十三字，皆为戴季陶书。入门便是一个大广场，再前为圜丘，正中为方坛，类佛教坛城，中植菊花。再前仍一圜丘，又前至问礼亭，中建石碑，嵌石刻《孔子问礼图》，刻国民政府主席林森所撰记文及吴敬恒篆首，民国二十二年(1933)十月十日立石。广场正后方是宁远楼，即典试委员会办公处。在宁远楼之西，与之一东一西并峙的是明志楼。这座落成于民国二十二年的宫殿式建筑,就是第二届高等考试的唯一的试场。明志楼层楼耸翠,绣闼雕甍,极类宫殿,高敞宏丽,朱碧辉煌,四围皆建石栏。楼止殿下为第一试场,可坐三百人,上为第二试场,可坐三百人,东殿为第三试场,可坐二百五十人,西殿为第四试场,亦可坐二百五十人,共四个试场,共可容一千余人。而在东、西两殿之下尚有一层,为典委会职员办公处。宁远楼后是民国十九年建的华林馆,与宁远楼廊道相连,其功能是藏图书,亦称图书馆,实则馆后才是藏书楼。藏书楼后是藏卷库,贮藏各届考试试卷。可贵的是,华林馆楼上有平台,登台远眺,钟山龙蟠,石头虎踞,皆在眼中,而北极阁气象研究所也近在咫尺。宁远楼西的退思斋,为第二届典试委员会委员宿舍,退思斋南卫生处对面的存诚养性斋,则是第二届典委员襄试委员宿舍,餐室设在宁远楼东楼。

这个新建的建筑群,彰显了国民政府"从头来"的政治决心与长远规划。

第四,考试科目与试题命制的探索。

第一届考试种类为普通行政、财务行政、教育行政、外交官领事官、警察行政五类,第二届则有所增删,计司法官、会计、财务行政、普通行政、教育行政、统计、外交官领事官七类。各类考生先要通过甄录试,即考公共必考课目,第一届高等考试考国文、党义,第二届则再加上中国历史、中国地理、宪法、经济学,共为六门,然后才进入正试。对此,典试委员、襄试委员,进行明确的分工,如第一届高等考试典、襄各委组成以下八组:一、国文组,二、党义组,三、法律组,四、政治经济组,五、财政组,六、教育组,七、外交组,八、军警组。

至于出题、阅卷、评定分数等流程,确定了明确的标准,作了详细部署。例如,第一届高等考试典委会作出了如下规定:

第一　出题。

一、出题总以便于评阅,答案确定者为佳,并须预拟每题评定分数之办法；

二、党义题目，必须以《总理遗嘱》所载四种著作为标准；

三、国文试题，必须用文言；其余各科答案，文体、语体随意；

四、各科试题数目，不必一致，以至少二题，至多五题为限，惟同一科目，而出题至两次以上者，各次题数务须相等。

五、各科目试题内容，理论与记忆并重，兼测量应考人之才识。

第二 阅卷。

一、襄试委员分阅试卷之数目，以平均分配为原则，但遇特殊科目，不能分阅，或兼他种职务者，不在此限。

二、试卷少者，由一人评阅；试卷多者，由二人以上分阅，先由阅卷人会同评阅若干卷，商定阅卷标准后，再行分阅。初阅分数在四十分以上之试卷，典试委员须详加覆阅。

三、凡试卷文字，有显著之反动思想者（反对三民主义、五权宪法、革命历史及国民政府）由评阅者在卷面注明，经提会议决后，该应考人之分数，不予结算；

四、各人阅过之试卷，必须用朱、蓝笔为已经全篇阅过之表示，或圈点，或批语，或别种符号，均可。

第三 评定分数。

一、第一、第二、第三三试分数之分配，第一、第二两试各作为五分之二，第三试作为五分之一；

二、第一试分数之评定，对于分数高者，不必特别从宽，但对于成绩较次者，除有特别显著之误点者外，总以不轻给四十分以下之分数为是。

同时，对国文、党义阅卷及评定分数标准作了更加明确的细化：一、国文：（一）论文题，最高六十分；（二）公文题，最高四十分。

二、党义:四题,每题二十五分。

值得注意的是,国文、党义提到了一个“先决”的地位上了,国文试卷的命制贯彻了反对“五四运动”以来“白话文运动”的核心价值观念,力主使用文言文命题与答卷,这其中的寓意不能不说是意味深长的。而党义则围绕《总理遗言》所指定的四本书来命题,突出了“党化教育”的最新动向。此前,清华大学学生驱逐新任校长罗家伦的学潮,代表了青年学子抗议“党化教育”的心声,但按当局的既定方针,“党化教育”终究还是不可逆转地强行推展开来并确定为必考内容了。

凡此种种,从不同层面表明,无论时局如何艰难,当时的政府一直在积极努力,试图将高等考试、公务员任选等工作纳入国家制度建设的正常轨道中来。

四

印水心对第一、二届高等考试进行详细的记述,除了正面描述考试的全过程之外,还记下了许许多多的人与事,简直令人眼花缭乱。例如,此书较为完整记录了第一、二届高等考试的操作流程及各科试题,又保存了若干文献,其中抄录的张默君《泛闱鸿雪》和戴季陶《先慈黄太夫人手写〈孝经〉拓本》,弥足珍贵。又如,闱中众人作诗唱和,极一时之盛,不亚于西昆酬唱,所作更能彰显民国旧体文学另一个重要的向度,颇可填补1930年代初期学术界、文化界的某些空白,别具一番趣味。

由于所涉及的人与事过多,无从一一枚举,现姑举二人为例,略加说明:

第一,曹经沅。

曹经沅(1891—1946),字纕蘅,四川绵竹人,近世著名诗人、书法家。长期任职中央政府部门,曾以行政院秘书身份担任第一、二届高等考试襄试委员。其宦辄所经，以诗会友，故诗友极多。1927 年 6 月起，曹纕蘅主持《国闻周报》之《采风录》，每期两版，前诗后词，专门刊登当时旧体诗词名家的新作，“高格雅言，选辑至精，每一刊出，艺林争传”①，卢冀野誉之为“近代诗坛的维系者”②。其《借槐庐诗集》卷二《八府塘试院乃文正书院遗址，许仙屏旧为湘乡所建》云：

> 八府塘前水月深，又看园树长新荫。贤豪倘为清时出，矩矱端从异代寻。想象万流归命日，蹉跎卅载瓣香心。青衿城阙能无叹，我欲重陈劝学箴。

此诗第三联自注：“予甫十龄，即读《文正全集》。”③但通观全诗，并没有流露出“衡文”的自得意绪，同闱冒鹤亭曾作《八府塘试院乃文正书院遗址，许仙屏旧为湘乡所建，纕蘅有诗，次和原韵》以和，也是寻常唱酬，并未透露衡文的“消息”④。而对比《第一届高等考试锁闱日记》“七月二十八日”条“曹襄试纕蘅，绩学能文，闱中日夕谈诗，所作亦富，是亦贤于博弈耳”记述，则可知此诗是曹纕蘅担任襄试委员锁闱时候的作品，但是，印氏所言“所作亦富”却在《借槐庐诗集》找不到相应的作品，到底是曹氏早已删毁，还是诗稿长期流播两岸而有所遗失，尚需进一步深究。因此，印氏日记抄录曹经沅《八府塘幕次，用〈牛山夜读试卷〉韵赋，柬鹤亭并呈太蕤先生两正》或可补遗：

> 廿二年前射策人，稍怜钝笔不能神。凉宵对月君还共，高馆程材世又新。犹有江湖供呴沫，相期文字返清真。南来落落贞

① 黄稚荃《曹经沅小传》，《杜邻诗存》，四川人民出版社 1990 年版，第 239 页。
② 卢前《悼纕蘅先生》，《中央日报》1946 年 10 月 16 日《泱泱》副刊。
③ 曹经沅著，王仲镛整理《借槐庐诗集》，巴蜀书社 1997 年版，第 120 页。
④ 冒怀苏《冒鹤亭先生年谱》，学林出版社 1998 年版，第 300 页。

元侣，锁院联吟亦夙因。

又，印氏在日录中抄录了张默君《汳闱鸿雪》一书，河南省政府主席刘峙题此集“选贤与能”，时为民国二十年(1931)八月二十七日。其中，《癸酉秋，大梁校士，次韵酬纕蘅》颇可留意：

寥廓高鸿举首知，中州间气仗撑持。何当玉节扶摇上，正是黄河浩荡时。棘院煎茶怀旧雨，夷门看剑有新诗。一泓秋水淇园渺，愧说雄文勒庙碑。纕蘅贻诗有“归程更下行窝拜，合有高文与勒碑”句。时河决，铁桥被水，百泉恐不果行。

张诗自注所赓和的曹诗，亦不见于《借槐庐诗集》，“归程更下行窝拜，合有高文与勒碑”句，赖以录存。

第二，汪辟疆。

关于汪辟疆入闱的记载，张亚权《汪辟疆学术简表》记云：

1933 年 10 月，在南京，兼任伪考试院第二届高等考试襄试委员，伪考试院向各大学各机关就需要调用，担任襄阅国文试卷。①

至于其入闱、出闱的具体时间以及命题、阅卷的细节，多可比照印氏此书加以补充：

十月十二日，委员长密函聘定高槐川、伍非百、印水心等四十余人为高等考试襄试委员。

闵按：汪辟疆先生必在邀请之列，并且接获函件。

① 张亚权《汪辟疆诗学论集》(下)，南京大学出版社 2011 年版，第 677 页。

十月十四日，甄录试出题之典试委员、襄试委员均入闱。同日，开谈话会，商定命题事项。

闵按：汪辟疆先生也应是上午入闱，下午出席谈话会。

十月十五日，甄录试试题均拟就，密呈委员长选定。

闵按：汪辟疆先生也按要求下午拟定试题。

十月十六日，典、监各委在国民政府大堂，宣誓就职。由戴院长领送入闱，行封门礼。是晚，甄录试试卷弥封完毕。

闵按：汪辟疆先生也同各委员一道参加宣誓仪式。

又，《第二届高等考试锁闱日录》"十月十七日"条记此日高等考试典试委员会开第一次会议，汪辟疆在列席人员名单内。

"十月二十日"条记第二届高等考试普通行政人员甄录试开始之第一日的下午确定国文组阅卷委员名单，汪辟疆先生名列其中。

"十月二十九日"条录汪辟疆所作《癸酉八月闱中晤默君女士，兼读其汴闱校士诗，依韵奉酬，即呈蕤公吟定》一诗：

曾向金梁说倦游，争传秀句峯高秋。忧时挟梦趋穷塞，得士多贤胜典州。越世玄言千载意，藏山文字一囊收。悬知胜会关天定，旧馆华林好倡酬。

又，"十一月六日"条记："午餐时，遇汪襄试国垣，同至华林馆论诗。国垣，字辟疆，江西彭泽人，历任中央、江西各大学教授，以能诗名，与彭襄试醇士、曹襄试纕蘅，均称当代名诗家。"次日又记："午餐后，复与汪襄试辟疆继续论诗。辟疆曰：'昨论诗之界限，今更言诗之意义。'"连续二日谈诗，可见汪辟疆先生于诗学痴迷之态。按，汪氏此论，系此年刊发《时代公论》第 14 期上的《何谓诗》一文的节要，对于深入把握《何谓诗》要旨，无疑很有参考意义。

十一月九日下午正试完毕，即进入阅卷阶段。"十一月十日"条记，上午九点整在华林馆召开教育组第二次会议，张默君主持。此次会议纪录显示，汪辟疆除了担任国文试卷评阅工作外，还要评阅“教育行政及教育法规”试卷。

“十一月十一日”条记：“本日上午，至宁远楼阅卷，与解襄试斐青同席。斐青阅政治试卷，予阅教育试卷。并晤汪襄试辟疆、彭襄试醇士、刘襄试孚若，请各书闱中诗，以资纪念。并为吴襄试星夫请醇士作书。午后四时，初阅完竣。”这是阅卷的最后一天，典、襄各委作诗作书留念，固是人情之常。

印书此后再无关于汪辟疆先生的记载，但从此后工作日程看，汪辟疆先生是参与了京闱试卷评阅、统分、及格人员面试工作的：

十一月十二日，上午，京、平两地正试完毕。当日午后，北平末次正试试卷解京。

十一月十四日，晨，北平正试末次试卷到京。

十一月十七日，上午，京、平正试试卷阅毕，下午核算分数。

十一月十八日，上午，正试分数，核算完毕。下午，典试委员会开成绩审查会议，开拆弥封，填名发榜，录取及格人员一百零二名。是日，典、襄各委均出闱。

十一月二十二日，北平及格人员抵京，与在京及格人员，同候面试。是日，典、襄各委员复入闱。

十一月二十三日，京、平两地及格人员齐集本京试场，举行面试。是晚，面试完毕。

十一月二十六日，上午，典试委员会，开总成绩审查会议，即日填发黄榜，计录取及格人员一百零一人。奖励未及格而所考科目有在八十分以上者三十四人。是日，典、襄各委均出闱。

十二月二日，在考试院大礼堂，举行授证典礼。

十二月三日，晨，戴院长、王委员长及典、襄各委，率及格人员，谒总理陵。正午，在考试院赐宴。

由此看来，汪辟疆先生至少在十一月二十六日下午才出闱的。至于是否参加了后续的授证典礼、谒陵仪式等项活动，则不得而知。

综上所述，可以肯定，印氏上述记述，对于日后汪辟疆先生年谱的撰作而言，具有较为重要的文献价值。

此外，柳诒徵、张默君、张其昀、缪凤林、卢前等现代学术名家，络绎笔端，活灵活现，给人无比深刻印象。这些生动记载，无疑能增进对学者其人其作的了解，对进一步研究中国现代学术史，同样具有很好的参考价值。

五

与此同时，对印氏此书存在的若干问题，我们也应保持清醒的认识。例如，印氏行文过于庄重，有意无意遗落了一些雅谑的细节，典、襄各委入闱时，仿清考官锁闱旧规，戴季陶在闱门前锁键，贴上封条，戏谓："委屈诸君入瓮。"[①]诸如此类，极能彰显戴季陶性情的细节，印书未能尽录，或许是为尊者讳吧。

又如，关于戴季陶《先慈黄太夫人手写〈孝经〉拓本》，印氏言："全册首为蒋中正先生亲笔题耑。"至于所题何字，并未记载，故实宜补"戴老伯母黄太夫人手写《孝经》"数字。次王一亭先生绘《贤母写经图》，并题句曰："不传砚而传经，不封鲊而教孝，以为子孙座右铭。金萱垂荫兰桂馨，为汗吾青，以绘其形，永留千古之典型。"却未具录其落款等项，实际上原件右上方题："万里云山一鹏飞。己巳孟春白龙山人写。"左下上述题句下署："戴母黄太夫人千古。己巳孟春王震敬写。"此类事关文献完整性的记载，实在是不应出现遗漏的。

曹经沅在第二届锁闱期间的诗歌，仅存《借槐庐诗集》卷三《戴母黄太夫人手书〈孝经〉，孝园属题》一首，但此诗不却见于《第二届高等

① 冒怀苏《冒鹤亭先生年谱》，学林出版社 1998 年版，第 300 页。

考试锁闱日录》"二十五日"条过录戴季陶《黄太夫人手写〈孝经〉拓本》一册，则可知曹诗当作于闱中，是戴季陶属题的，确切的日子应在二十五日之后，故印水心未能及时录入，当予理解。

尤其值得关注的是，印氏对于考试评估的体认，未必恰当。从评阅过程来看，印水心及几位相当亲近的委员对于考生答卷所表现出来的种种失望情绪非常明显，以至于对新兴的大学教育进行了并不全面、客观、科学地批评，发出了"以考试替代大学"的呼声。可从他与众委员的诗词唱和来看，"衡文"的喜悦与荣耀却是无以复加的，占据了日常言语交流的"绝对高位"，诗笔所及从不言考试之劣、试卷之差。这一描述，形成了一种典型的"矛盾修辞"，部分掩盖了真正的考试评估的要义。

六

关于本书的整理情况，简述如下：

(1) 本书以南京京华书局 1934 年 4 月版《高等考试锁闱日录》为底本进行整理。出于时序的考虑，将原本附于书尾的《第一届高等考试锁闱日记》，重新置于《第二届高等考试锁闱日录》之前，以期反映第一、二届高等考试之间发展的"内在理路"。同时，因此书仅此一刻，既无手稿本可校，亦无它本可参，故尽可能保留原作面貌，不轻改一字。

(2) 印氏著述体例、行文习惯、征引文献、标点符号使用等，皆有其个性特征，此次整理不拟一一是正，以期保留原貌。

(3) 原件偶有漫漶不清、难以辨识者，无从复核，即以□标示。

(4) 异体字、古今字的处理，悉依新版《通用规范汉字表》规范，如改动可能有碍文意者，一仍其旧。至于明显的错别字则径改，不出校记。

此书的整理工作，有幸得到张剑编审、徐雁平教授的支持与指点，感铭在心。责任编辑王清溪先生在一年多的编审过程中，无数次电邮、微信往来，大至文本处理，小到繁简字体转换、标点符号、引文出处，事无巨细，体会入微，令人动容。方冰瑶、陈玉纯、于慧敏、谭素怡、罗艳梅、郭群玉诸学友悉心校勘文本，复核引文，贡献良多，谨致谢忱！

闵定庆

2017 年 3 月 20 日于小谷围岛砚湖之畔

第一届高等考试锁闱日记

叙

先总理孙先生云："官吏必经考试，铨定资格者乃可。"大哉言乎！民国二十年七月，时局粗定，政府乃秉承遗教，举行第一届高等考试于首都，期以甄拔真才，用襄治理。考试院长戴季陶先生，遂拜典试委员长之命。余适官铨部，承荐辟，襄事闱中，月有五日。公暇辄日有所记，凡科名掌故，条教设施，以及同闱唱酬诸作，最录之，备遗忘也。试竣出闱，友人见者称善，属付手民，以纪抡才之盛事。整理既竟，爰缀数言，有道者幸辱教焉。云母山樵识。

七月六日　阴

上午八时，赴八府塘高等考试典试委员会正式办公。十一时半，主考官戴公季陶，典试委员陈大齐、刘光华、胡仁源、张默君、饶炎、黄序鹓、陈长蘅、谢健、冒广生、黄镇磬、黄慕松、戴修骏，监试委员于洪起，襄试委员余钟秀诸氏莅会，鸣鞭十万。十二时，襄试处主任邵元冲、副主任王用宾、秘书长沈士远、秘书龙潜诸氏别去，乃摄影、扃门。下午二时，开第一次会议。

本会设秘书处，秘书长陈大齐，秘书郭心崧、陈念中、黄忏华、潘凤起、郑逸庵。设一、二、三科，科长黄寿慈、张心一、萧子材，股长丑樾、刘毅夫、邱瑜、李耀商、沈学焕、张一宽、宁达蕴，科员徐鹤龄、谢绍元、方宝、钟奎一、郑伯高，事务员张任政、汪定宇、符贤、徐晓林、邵学铭、钱昌基、陈泽音、戴惕、方理琴、王家栋、任承宪、廖校培、刘世淦、苏倜、章德菀、陈作忠、徐守清、陈家瀛、黄作新，录事胡良瑗、赵志魁、汪天钧、张正元、黄浚源、徐仲卿。

七日　雨

监试委员订定收发公文、启闭大门办法，通知襄试处，凡各门锁钥，由监试委员掌之。

唐代试士，偏重词章，大都华而少实，其文浮靡。裴行俭“士先器识而后文艺”之言，学者奉为圭臬。彼一德格天阁、钤山堂辈，皆起自翰林，文采华赡，卒为神奸巨蠹。今也沧海横流，诐辞邪说，泛滥于天下，器识不益足重耶?

上午九时，开第二次会议，决定典试委员、襄试委员，分左列八组：

一、国文组，二、党义组，三、法律组，四、政治经济组，五、财政组，六、教育组，七、外交组，八、军警组。

又，典试委员、襄试委员，依照每人阅卷科目之性质，认定一组或二组以上。每组设主任一人，由委员长指定典试委员一人兼任，副主任一人，由襄试委员兼任。

八日 雨

霪雨连朝，闭门苦寂，治事之暇，偶忆前清科场故事，录一二则以解沉闷。

吾乡李君与江苏陆君为优贡同年，同官京师。会乡举之年，陆戏语李曰："余如主试贵省，当致君门下，以红毡白帖相见。"李笑询关节，陆指水烟袋以对，李乃假归乡试。未几，陆果拜湖南副主考之命，李意甚得，夫人异而问之，以实告，因窃为其弟言之，其妇又转语乃弟。场中得佳卷三，试帖中皆暗嵌"水烟袋"三字，文字亦工力悉敌，陆大惶恐，姑取中两正一副。迨拆卷填榜，李竟误中副车，乃大懊丧，改官道员去，终身执弟子礼甚恭。是科试帖题"惟善以为宝，得'书'字"，李首联云："烟水苍茫里，人才夹袋储。"工致可喜，侥得侥失，时人惜之。

光绪中，某省乡试，有魏生贿通关节，副主考某拒之，正主考陈太史受其请托，因以中隽。试帖题"人语中含乐岁声，得'中'字"，某拟作中一联云："卖花辞魏紫，积粟认陈红。"嵌姓极巧。事发，副主考某竟免严谴。

丁酉顺天乡试，余奉先公命，于三月二十八日自新疆省城出发，七月十三日始至北平，中历秦、陇、晋、冀四省，崎岖边塞，车殆马烦，劳费无算。今交通利便，高等考试犹将分区举行。昔之矮屋短檐，躬自炊爨，今则假校舍为试场，往返舟车，折半给价，劳逸苦乐，迥不侔矣。

九日 雨

上午九时，开第三次会议。日来工作紧张，夜间缮写榜册等件，往往至二三时始毕。秘书长宣示，各科职员夜间工作特多者，由各科按日列表详记，以备结束时考成之资，亦激励掾吏之道也。

阅蒲松龄《志》“何仙”一则云：何仙潜至学署，见幕客六七人，前世今无根气，曾在黑暗地狱中八百年，损其目之精气，乍出则天地异色，无正明也。形容尽致，谑而虐矣。盖留仙绩学能文，著述甚富，以贡生终，其磊落抑塞之概，时流露于文字中。今高等考试，典试十二、襄试四十一，大都学有专长，分科校阅，评定分数，开会审查，似不至屈抑佳士，如何仙所讥也。

十日　雨

上午九时，开第四次会议，通过考试科目日程，并决定中央党务学校第一期毕业生请求援照中央陆军军官学校军官研究班毕业生成案，准予报名应考。

下午三时，开第五次会议，通过关于考试科目日程：一、先举行普通行政人员考试，第二试完竣，再举行其他四种考试；二、每日五点钟开始点名，六点钟开始作题，先考必试科目，后考选试科目；三、必试科目，每日考两科，每科三小时，第一科与第二科之间，休息一小时；四、选试目科，除警察、行政人员考试外，作一天考完，每科考二小时，警察、行政人员之选试科目，每科考三小时，每日考两科，两天考完；五、国文、党义各作一科，各三小时考完；六、科目之排列，采用襄试处拟定案之大体，为办事之便利及与其他事务上之联络起见，仍由襄试处负责拟定，准于十一日十二点钟以前，送到典试委员会，决议后，由襄试处公布。

唐贺知章知贡举，知名士咸予及第，谓之“通榜”。下第者环而噪之，知章逾垣乃免。清李绂穆堂为会试总裁，场前采访名下士，后多中隽。落第者包围诘难，李大窘。好事者戏赠一绝，有“我为明公筹一策，墙头高立贺知章”句，见者胡卢不已。今科场异制，应考者必就所习学科，强记作答，不得稍越范围，多弛不羁者苦之，谁复能作豪语曰“天下英雄，入吾彀中”邪？

上午十时，襄试委员于能模、王伯秋、朱君毅、伍非百、杜曜箕、汪大燧、汪懋祖、李隆、郜爽秋、孟宪承、林襟宇、金延生、胡庶华、徐砥平、马宗霍、夏全印、庄浩、曹经沅、陈心铭、黄美涵、程其保、张镜欧、邬志陶、叶元龙、杨伯谦、端木恺、端木彰、熊遂、谢无忌、罗鸿绍、顾宝衡诸氏入闱。主考官候于门，肃客鱼贯入。时小雨廉纤，沾濡都遍。其兼任襄试之郭心崧、陈念中、黄忏华、郑逸庵、潘廉深诸氏，已于六日进场。

监试委员通知：从本日起，除致机关公文外，私人函件概不代为发送。

唐韦承贻诗："蓬巷几时闻吉语，棘闱何日免重来？"此应举者之感想也。我辈襄事闱中，闭门绝出入问讯，其苦恼倍于举子，崔护重来，亦非所望也。

昔有学使幕宾戏作歇后诗云："抛却刑于寡，来看未丧斯。且过子游子，弃甲曳兵而。"大可发噱。本届扃试，盛夏入闱，新秋放榜，始则苦雨连辰，继则秋阳肆虐，幕宾俳语，质之同人，谅亦深表同情也。

十一日　阴雨

本届高等考试，以试场未遑建筑，于暑假中，借校舍三处以试士。襄试委员会在南京中学第二院，该校成立三十年，大修久阙，阴湿渗漏，不可以居。襄试处捐国帑数千，鸠工庀材，兼旬而未毕，梓人圬者，亦严扃其中，与我辈同感拘束矣。

下午二时，开第六次会议，决定襄试处拟定考试科目日程表。又，凡证件不足，暂准应考者，限于七月底补缴齐全，过期不缴，或所缴证件仍不足证明者，考试概作无效，通知襄试处转布知之。又，决定襄试委员分配科目表。

铸陈典试出佳纸，遍索同人书，属余录旧，固辞不获。恰近兄览揆之辰，撰一律为寿，靦然涂鸦，殊汗涔涔下也。诗云：

谢公两鬓未成丝，盛府讦谟海内知。獬豸一官元峻厉，曾为武昌地方厅检察长。兜鍪六叶自权奇。祖、若父先后官宜昌总镇，有“儒将”之称。手提风雅持衡日，望重纶言珥笔时。旭日方中名藉甚，会看云雨遍敷施。

十二日　阴

上午九时，开第七次会议，决议各科题目，必试科目至少两天以前，选试科目三天以前，送委员长核阅。

赵恒惕长湘日，举行县长考试，礼聘章太炎为主考官，国文题“宰相必出于州部论”，诸生不知出处，就询于监场员，亦茫然不解。赵急延太炎入室纵谈，一面遣密使质之叶德辉奂彬，始知出某书，暗示于众，幸免曳白云。

清代帖括取士，士人束发受书，《四书》《五经》，诵之烂熟，成年以后，记忆力稍弱矣。戊戌，湖南岁试提覆题《物勒工名说》，出《礼记·王制》篇。诸童有临时忘却者，群起质问，督学徐研甫师莞尔曰：“汝辈并《礼记》亦未读过耶？”众为赧然。

历代以科目抡才，舍此无致身之途，凡中隽者乡里荣之。唐宣宗至题殿柱曰：“乡贡进士李某。”当时知贡举者，得人称盛，或号“龙虎榜”，或谓之“玉笋班”，隆重可知，未知今果异于古所云否？

十三日　阴

下午二时，开第八次会议，决定出题、阅卷、评定分数及面试办法大纲。其文如下：

第一　出题。

一、出题总以便于评阅，答案确定者为佳，并须预拟每题评定分数之办法；

二、党义题目，必须以《总理遗嘱》所载四种著作为标准；

三、国文试题，必须用文言；其余各科答案，文体、语体随意；

四、各科试题数目，不必一致，以至少二题，至多五题为限，惟同一科目，而出题至两次以上者，各次题数务须相等。

五、各科目试题内容，理论与记忆并重，兼测量应考人之才识。

第二 阅卷。

一、襄试委员分阅试卷之数目，以平均分配为原则，但遇特殊科目，不能分阅，或兼他种职务者，不在此限。

二、试卷少者，由一人评阅；试卷多者，由二人以上分阅，先由阅卷人会同评阅若干卷，商定阅卷标准后，再行分阅。初阅分数在四十分以上之试卷，典试委员须详加覆阅。

三、凡试卷文字，有显著之反动思想者（反对三民主义、五权宪法、革命历史及国民政府）由评阅者在卷面注明，经提会议决后，该应考人之分数，不予结算；

四、各人阅过之试卷，必须用朱、蓝笔为已经全篇阅过之表示，或圈点，或批语，或别种符号，均可。

第三 评定分数。

一、第一、第二、第三三试分数之分配，第一、第二两试各作为五分之二，第三试作为五分之一；

二、第一试分数之评定，对于分数高者，不必特别从宽，但对于成绩较次者，除有特别显著之误点者外，总以不轻给四十分以下之分数为是。

唐裴皞、贾孙，宋赵安仁，三主春闱，当时传为嘉话。清代京朝大官，叠膺文柄者，亦为朝野所歆羡。李鸿章翰苑起家，积军功至使相，生平以未掌文衡为憾。乙未后，解直督，专理阁务，会贡举之年，私觊拜总裁之命，清太后亦微闻之，顾以李公年高勋重，未欲以校阅相烦，竟不与选，李公大懊丧。

今考试院长戴，居古秩宗之地望，党政务繁，日不暇给，乃不辞况瘁，自兼第一届高等考试主考官，盖心切抡才，其风趣倜乎远矣。主考官念同人酷暑从公，星期、午夜工作不辍，思所以慰藉之者，凡星期六、日公膳，命倍其值，设醴以劳之。惜豪于饮者少数，大都皆沟洫之量耳。

十四日　晴

襄试委员朱文中、陈匪石、谭绍华因事却聘，以伍慧农、夏维松、韩汝绅承乏。伍兼通西班牙文，夏谙俄文，均曾在外交界服务者。韩警校出身，与逸庵兄同学云。

自六日扃门后，京、津、沪报纸均停送，同人以蔽聪塞明，惄如饥渴，经端木委员提议，得于监试同意，今日起照常订阅矣。

昨叠韵赠铸陈云：

棘闱深锁雨如丝，同直春司半故知。几辈孤寒归藻鉴，百年开济仗英奇。鲁公巨眼偏殊众，鲁国公谢深甫为考官，有"巨眼"之目。刘子精思正佛时。李赞皇为幕客，刘三复置精思亭。濠上观鱼能悟道，交期浑欲比周施。

十五日　晴

本日开始考试。

先试普通行政人员，试场分三组：一、中央大学礼堂，二、中央大学体育馆，三、南京中学第一院。应考人于每日午前四时赴指定试场地点齐集，听候点名。六时开始作题，逾时不得入场。是日到应考人一千一百余人。

下午四时，开第九次会议，决定国文、党义阅卷及评定分数标准：一、国文：（一）论文题，最高六十分；（二）公文题，最高四十分。二、党义：四题，每题最高二十五分。

南中二院，为文正书院旧址。相传曾文正开府金陵，僚属某于八府塘相地辟园亭，花木清幽，有小沧浪馆诸胜。友人戒之曰："中堂清俭率属，君大兴土木，劳费不赀，恐非公所憙也。"某悚然悟，亟榜之曰"曾太傅生祠"，文正置不问。洎文正卒于位，士民请于大吏，改建文正书院，以永遗爱。清季，南中成立，拨作二院校舍。此主考官语萧似村兄者，询之留校职员而信，但院中并无碑记，殊难详稔沿革耳。

十六日　晴

下午四时，开第十次会议，决定约法、民法阅卷及评定分数标准，约法、民法各卷试题分数，约各占全分数三分之一。

清代院试，有成年、幼童之别，出题各异，亦得失相半耳。昔华亭张文敏以幼童赴郡试，郡守占上联云："童子六七人，无如汝狡。"公应之曰："太守二千石，莫若公廉。"院试时，袖鲜花一朵，为学使瞥见，命属对以自赎，出联云："小学生暗藏春色。"张应声曰："大宗师明察秋毫。"学使激赏，遂入泮。今升学程序有定，无躐等之病，取得考试资格者，大部在成年以上。本届应考人有年十八者一名，亦可谓速化矣，但未知学力如何耳。

十七日　晴

下午四时，开第十一次会议，决定刑法、行政法阅卷及评定分数标准，照第十次会议讨论事项第一案之决议案办理。

又，近因天气炎热，连日继续考试，对于应考人之健康，恐有妨碍，应否将考试科目日程，稍予变通，藉资休息案。决议：本月十九日及二十六日星期日。其考试科目，按照原定日程顺延。

又，应考人在试场内得病，不得完卷者，应否准予补考案。决议：在试场内得病，不能完卷，经场内医生验明属实者，以后仍得进场应试，所缺学科部分，不计分数，不得补考。

又，决议每次接收试卷，开封查对无误，应照章开会讨论阅卷标准及方法，但该科目已有通则之决议案，是日并其他应讨论之议案时，得由委员长通知主管组典试、襄试委员，开本组会议讨论之。

本届应考人，有曾在日本早稻田大学毕业，复卒业于美国大学者，已具试官资格。犹记前驻法公使陈箓任先，清季第一届留生考试，为襄校官，及格者授编修检讨有差，陈君不胜歆羡。第二届自请赴试，成进士，授京秩，骎骎柄用矣。

铸陈典试成谐诗数首，最风趣者，如“主任三黄贵，黄镇磐、黄序鹓、黄慕松三典试，分充某某组主任。徵君二皓尊”。冒广生、胡仁源两典试，均清孝廉，曾举经济特科，年近六十。又，“人参功第一，牛乳种成三”。陈念中襄试所携食品。

又，王伯秋襄试戏成一律云：

> 主考群推戴，开门独苦于。谓于监试。量才双玉手，张默君典试诗：“玉尺还须玉手量。”张与张镜欧襄试，均女士也。襄试一胡须。胡典试庶华须髯如戟。索饭频敲碗，寻题竞索书。只怜班马笔，颜色未能朱。典试朱笔，襄试蓝笔，调马宗霍也。

此皆试前消闲之作也。

添聘襄校杨君开甲及新调科员张鹤村、刘照藜、陈铭之入闱。

十八日　晴

古之才女，为侍中学士者，尝旷代而一见，女状元黄崇嘏尤为后人所艳称。

典试湘乡张默君女士，为伯纯老友之女，宣统初即为南京女师校长，现在立法委员，兼考选委员会专门委员。本届典试京闱，有诗云：

> 天开文运此堂堂，玉尺还凭玉手量。青眼高歌迈前古，独怜崇嘏作男装。

夫女子主试，古所未有，宜默君顾盼自雄已！

十九日　晴

国府令：据考试院呈拟此次高等考试中试名额，至多不得过二百名，至少不得过五十名，若发现有不合实际需要时，主考官得加以调剂等语，应予照准，令会遵照。

宋淳化中立糊名之法，祥符中立誊录之制，惟吕申公试卷中自称名，有谓其古意尚存者。明、清糊名易书，未之或改。

马旭楼秘长归自日本，云：彼邦岁举高等考试，应考者恒数千人，中隽者给予及格证书。试卷经一人校阅后，或以打字机印出，别付一人覆阅，亦慎重关防之意。但应考者不问其学历，襄校者携卷出外评阅，从不扃门，亦无舞弊者，似可供我国参考也。

昔有某童于试卷中用《书经》“昧昧我思之”一句，误为“妹妹”，学使狂笑，眉批曰：“哥哥你错了！”闻者捧腹。委员中有得其夫人家报者，经监试委员依例检查，署名“你的妹妹某”，似可对“我的哥哥呀”，一笑！

二十日　晴

本届考试榜首，主考官戴公议以监察委员用，仿前清翰林得考授御史例也，时论疑为过骤。尝考清顺治乙未馆选，丙申特先授庶吉士王益朋等六科给事中、监察御史，已有先例。及顺治己丑会试后，以两广初定需人，遂用新进士候铨者，二甲授参议，三甲授知府，进士释褐，即为四品监司、郡守。今制科初举，破格登庸，亦寓鼓舞之妙用已。

唐进士张莒始于雁塔下题名，后书之于版，遂为故事。宋进士题名，皆刻石于相国、兴国两寺。明立题名碑于国学，题名记或学士或祭酒撰，其典始重，清代因之。今高等考试，在首都举行，及格者实同古进士，谓宜在考试院内建题名碑，院长当自撰碑记，以昭隆重，并著为例，亦右文之盛事也。

二十一日　小雨

前代外夷遣子入学，历史传为盛事，但未闻请一体与试者。昔总税务司英人赫德，见吾国科举以八股、八韵试士，部院督抚，群出其中，大惑不解，顾欲窥其有何神妙，特遣爱子从华名宿习吾国语言文字数年，所作制艺，居然墨卷正宗，请于清廷，准予一体应试。京僚考差者，佥冀得此外国门生，觊博重贽，讵总理衙门王大臣婉辞以谢，特奏给二品顶戴，以慰藉之，赫德大憾。今分科取士，崇实黜浮，与各国渐趋一致，倘有赫公子其人，志切观光，主持文柄者，未知乐于赞许否？

二十二日　晴

郑君逸庵、黄君忏华，均有俳体诗。余亦得《京闱杂咏》六首，写录如下：

闻道龙头属老成，好随典试叙同庚。如今顶戴都无著，恩榜何因沐宠荣。典试某、某两君，年事较高，诸生有年逾六十者，依清例得赐举人、进士矣。

贡举同知有令妻，临岐珍重握柔荑。连宵风雨撩人甚，咫尺蓬山不可梯。张典试默君入闱，襄试处主任邵翼如氏相与握手而别。

奈何监试故姗姗，襄校临门排闼难。金钥迟开同压轿，簇新娘子一般看。杨襄试开甲十七日始入闱。

锁院趋公礼数宽，联翩逐队劝加餐。毋忘设醴殷勤意，牛饮何妨笑语欢。戴公命星期六增馔置酒，以相慰劳。

翰墨因缘信有之，学书工拙寸心知。班门弄斧吾何敢，无那涂鸦绝可嗤。余未尝学书，闱中竟有索字者。

欲寄家书不自由，灯花暗卜几时休？使君为报平安讯，若问还期已近秋。戴公发表内闱消息云：各委员、职员入闱后，眠、食均安。除工作外，或诗文唱和，或讨论学术，兴致极好。至多二十日，便可出闱云云。

二十三日　雨

张默君氏入闱典试，其夫婿邵翼如氏书《天马赋》贻之。默君题于后云：

同梦生花笔一枝，抡才艰巨两心知。开张天马君挥翰，寥廓高鸿我咏诗。未渫井泉慵瀹茗，不平时局忍弹棋。门前桃李依然在，巨眼风尘定所期。

又，《月夜锁闱评定试卷二首，用半山韵，呈衡文诸公》云：

犹忆当时此地过，种成桃李百年多。敢将玉尺凭天定，傥失明珠奈尔何。异代风流未衰歇，上邦文运岂销磨？等闲莫作才难感，总有高鸿入网罗。

群彦翩翩吐属工，新诗哀感杂奇雄。来从虎踞龙蟠外，坐对瑶天玉海中。伯乐有心能识马，子云何意薄雕虫。诸生雨污青衫湿，我欲通明奏碧翁。

一结尤有意致。首联云云，盖默君于清季曾长南京女子师校，故以自憙耳。

君母氏何绍徽夫人，有《仪孝堂诗集》行世。尊甫伯纯部郎，清季民党，民初在宁沪时过从甚密。其人学堪经世，才亦过人。光宣间，志士、党人靡不殷勤结纳。辛亥苏州光复，有翊赞之功。赣宁事败，咄咄书空，民四赍志以殁。余时在汴，为诗哭之，写寄介弟仲纯，读之泪下，今其稿已佚。默君学有渊源，诗才甚富，宜其睥睨一时云。

又，记伯纯与何夫人结婚时，却扇之夕，夫人以“堂堂乎张也”五字，传语新郎，请为属对。伯纯绕室苦思，何止七步，久之，率尔而对曰：“伥伥其何之。”新人为之莞尔，当时争夸韵事云。

二十四日　雨

本届试题，主考官拟合印成册，并自撰序文，叙述本届考试之方针、选题之经过及感想，并请各组典试委员，就本组之出题、阅卷情形，各撰一序，题目之未与选出者，亦拟择尤附入，以资阅者参考。至于各学科题目之试卷，拟请各组每题选定最优秀之答案，各一二篇，以备将来汇印成册，一以资将来考试者之参考，一以表本届应试人之成绩云。

冒鹤亭氏典试京闱，胡展堂先生作《试士》一首以贻之，用荆公《读进士卷》韵，云：

> 子瞻讼当时，致君须读律。子云悔少作，自壮毋玩物。取士故多方，孰能免诃诎。九品号得人，尤使寒门屈。无类教弗先，有生气终郁。强聒起经纶，相忘惟道术。勿谓帝所难，贤才非闲出。

君和之云：

> 宝书异国来，旁行操不律。堂堂神明胄，古昔盛文物。学人尽弃已，怪事得毋咄。首科开大都，谓恐贤良屈。龙门峻在望，

稍冀通堙郁。浊流亦可清，所愧澄无术。斯文不坠地，傥复二三出。

冒君文学湛深，词藻瞻美，论调固有不同也。

二十五日　晴

逸庵索拙诗，珠玉当前，自惭形秽，偶有所触，率赠一章，劣字歪诗，铢两悉称，知闷损中，应破颜一笑也。诗云：

沉沉阴翳几时开，亚雨欧风卷地哀。惟大英雄求雪耻，是真怪杰解怜才。只凭黑铁思卑麦，肯散黄金始郭隗。我已华颠君玉貌，相期意气未全灰。

三日以来，大雨如注，宣泄无方，六街中悉成泽国，试场内外，水深没膝，士子入场，狼狈不堪，然并无退缩之色，其勇气可嘉，亦可念也。

发还应考普通行政人员证明文件，交襄试处来员点收，从诸生之请也。

二十六日　阴

下午四时，开第十二次会议，决议二十五日财务行政人员考试会计学一场，外场监试委员宣布变更题目数量，本会认为于现行法制上并无根据，未便承认，应函请襄试处注意，并设法不使嗣后再发生此项事件。

又，决议前项决议案内之试卷，应仍作三题计算，其只作两题者，就其所已作之题，酌定分数。

张君一宽，曩在粤省从戎，少年英俊，昨以笺纸乞主考官书，援笔写付，云：

军事教育，第一个动作，是立正，看来简单，做来也简单，他的意义，却是精微奥妙，到了不得，他的作用也伟大得了不得，可以说一切战略战术，一切统帅原理原则，一切教育精神和方法，都包含在立正一个动作当中，如果将他推广开来，格物致知，诚意正心，修身齐家，治国平天下的工夫，都在其中。一个人，要真能够时时处处事事都将立正的意义体贴尽致，实行到家，以之立身，便可为圣为贤，以之作事，则事无不成，功无不就，以之施于战阵，则战无不胜，攻无不克，以之求学，则无不能致之知，无不可解之理。古人说至诚之道可以前知，又说至诚如神，又说至诚无息，都不外是立正的学问发挥出来的。此理此事，最是紧要，宜切实体察而奉行之。

一宽又索余书，信笔成一首贻之，云：

金陵有干掾，生长全椒县。私淑薛先生，谓慰农太史。薰德而好善。壮年习韬钤，时还弄笔研。服膺求阙斋，嘉言手一卷。给事孝园公，诲人信不倦。循循帅以正，精微通教战。幸从贤者游，努力酬睐眷。

二十七日　雨

襄试处来函，据应考人某某等七十五人公呈，以旅费垂罄，请预示普通试榜示日期，当经秘书处备表通知各委员，将阅竣日期填明，以便转覆，旋覆函请襄试于三十日阅毕，典试于八月一日阅毕，三日放榜云。

一宽乞同人书，裒然成帙，属为题跋，因集数言归之：

怒猊抉石，渴骥奔泉。飞鸿戏海，舞鹤游天。一邦之妙，大笔如椽。宝为神物，翰墨因缘。

二十八日 晴

本届全体委员，留欧美者占十分之五，留日本也十分之四弱，本国学校出身者十分之一，国学自修者仅二三人耳。

冒鹤亭、胡次珊两典试，前清时均登贤书；张典试默君，国学湛深；伍襄试非百，邃于子学；曹襄试缵蘅，绩学能文，闱中日夕谈诗，所作亦富，是亦贤于博弈耳。

比来沿江各地淫雨不止，大水成灾，荡析离居，弥可轸念。主考官闻而悯之，发起捐赈，并捐俸五百元，以为倡率。咄嗟之间，得款二千余，当即汇送襄试处，转致首都水灾急赈机关发放矣。

二十九日 晴

自开始考试以来，写印题纸，由第二科人员在秘书室工作，辄至夜分。主考官、监试委员在场监视，其他职员概不得阑入，以免泄露。印竣由监试加封，于早四时交监场员携出，点名后始行发表。主考官兴趣甚浓，往往操钢笔亲写试题数则云。

考试院呈国府训令典委会酌定取额，小至九十人，多至二百人。加减分数一层，群疑易滋流弊，殊不知试卷皆弥封，仅一号数，其人名底册密存襄试处，典委会必俟试卷阅毕拆封，结分取定后，然后襄试处主任携送名册到会，公同对号，填名发榜。所谓加减分数者，深虑结分后，万一及格者有过少或过多时，该会于人名底册未开封以前，降低或提高阅卷之标准，于分数定一加减成份，普及一般。虽曰“调剂”，其实降低提高阅卷标准，亦典委会应有之权，且在未知姓名之前，又非对于某一卷有所厚薄，绝对不生流弊也。

三十日 晴

本日各种考试完毕。

本届考试，借校址举行，当局恐多士云集，供不应求，事前部署试场四处，讵报考者约二千人，仅用中大、南中两校。考官、学生分离两地，典试、襄试逾五十人，关通实无能为力，非如前清试政之简单也。典试规程，依前清科场事例一书，为绝妙蓝本，鲜所变通，扃门至一月以上，内闱供给，概归襄试处承应，亦犹行古之制欤？

于襄试能模，留法毕业，其夫人为法兰西产，伉俪綦笃。于君十日入闱后，未尝宁家，书问亦绝，夫人疑之，三诣八府塘内闱，格于门禁，怅然驱车去。盖各国举行考闱，从无扃门者，宜夫人之惶惑也。

谢铸陈典试，久任国府秘书，为府主所倚重，入闱数日，以庶政恐滋丛脞，下令调回。监试委员以试事未毕，考官未便出闱，主考官戴公借重方殷，綦维尤切，经考试院上请，俟试竣回府任事，竟得报可云。

黄襄试忏华出示近作一章，属为酬和，因奉答云：

左田昔掌春官日，藻鉴垂光拔隽材。清礼尚黄勤敏公钺屡典乡试，督学者再，君犹云"程初轫"耳。老辈风流犹未沫，宗师月旦岂非才。君为戴公所重，顾元作抝谦甚至。欣陪燕乐三生幸，愁听鸿嗷四野哀。笔底生花同入梦，朱衣一样点头来。张典试柬夫婿诗，有"同梦生花笔一枝"句，故云。

三十一日　晴

主考官以财务、行政人员等四种考试之第一、二试，业已考毕，应早日出榜，以免应考人久候。所有试卷，拟请襄试于八月二日前阅毕，典试于五日前阅毕，六日结算分数，七日放榜，以示体恤云。

白乐天应举，初至京，以诗谒顾著作，顾睹姓名，熟视白公曰："米价方贵，居亦不易。"乃披卷，首篇曰："离离原上草，一岁一枯荣。野火烧不尽，春风吹又生。"即嗟赏曰："道得个语，居即易矣！"今首都生活奇昂，襄试处商允社会局，取缔旅馆增价，违则处罚。讵馆人狡狯，率预将价码抬高，虽减折，仍嫌昂贵，莘莘学子，仍有"居不易"之感耳。

八月一日　晴

逸庵兄与管夫人名蠡，字丽清，吴兴人。情好甚笃，颇如高柔爱玩贤妻，有终焉之志。顷携示其夫人手札二通，绮语柔情，逸庵之心醉，并盛夸其性情才艺，迥越寻常，殊可赞叹，挥汗续《杂咏》四首以张之，归示细君，或不詈老夫饶舌耶？其辞如下：

瓜子些须抵万金，昨其夫人贻瓜子一事，逸庵欣然启视，罐底藏手书三，狂喜不置。回文织就总沾襟。为郎憔悴慵开眼，百折柔情海样深。

漫漫长夜恨如年，一觉梦腾意惘然。低唤郎君旋电炬，错疑鸳枕泥同眠。通首用书中语意。

女红嬴得誉针神，妙舞清歌也动人。细字蝇头和泪写，赚他夫婿说津津。

丁宁寄语惹惺忪，密纳毋忘九点钟。欧战时，有夫婿在行间，其妻亦服务后方工厂，相约于夜九点时互祝平安。屈指金鸡逢赦日，岂无膏沐与为容。

二日　晴

再续《京闱杂咏》四首，示逸庵如下：

妹妹清才亚左芬，悔教夫婿把房分。今之襄试委员同前清同考官，俗称房官，又称分校为分房。含毫揾尽相思泪，福慧双修羡此君。

巴黎艳地记归槎，美眷真如解语花。汉代官仪浑不识，闱前三度阻香车。彼姝者子固不识前清科场事例，疑门扃为訾语，故不惮仆仆道途，门吏卒不为通。

夫子如何轻别离，非用《浔阳行》语意。巫山迢递使侬悲。寄将百个香甜吻，情海深深试测蠡。调逸庵也。

弟弟闺房乐唱子，傲他京兆腻称呼。阿侬一日惭居长，情话公开笑矣乎。

下午二时，开第十三次会议，讨论普通行政人员考试第一、第二两试成绩审查案。决议：本案待其他四种考试第一、第二两试分数核算后，再行审查。

三日　晴

晨五时兴，七时举行总理纪念周。主考官报告工作大概云：校阅将竣，六日可揭晓，本届衡文所得经验匪鲜，但觉有两种感想：一、科目太繁，考生作答良苦；二、综观各门试卷，深感教育方面，有待改良。又，关于考试、襄试各部分办事及经费，有无缩减之必要，望诸君从容建议云云。

于襄试能模因病出闱。

先太君懿行，曾乞长沙黄宇逵吏部兆枚为文表墓，痛念弃养忽忽十二载。自清光绪十五年，吾母以郁感丛积，得肝疾，十六年春甫告痊，元气犹未回复也。会从兄泽孚归自新疆叶城先公官署，三月随侍出关，道西安，车马颠越，疾作，寻愈。至布告尔，古轮台国地。妹殇；至库车，古龟兹国地。伯兄殁，感伤寝疾者弥月，十二月始入疏附县署。古伽师国地。越六年，长嫂殁而疾时作。二十五年冬，自阿克苏古温宿国地。官舍还长沙，长途劳顿，复大病几殆。三十二年七月，迎养之江，宣统三年冬回里，民国六年秋迎养大梁，八年秋七月，寿终上蔡县公署内寐，年七十有七。综计三十年中，慎重调护，究无日不在病中。见背后，旅沪十年，每示梦，犹现病态，辄增凄惶。入闱之次夕如之，昨夕又入梦，慈颜和悦，从容言笑如生时，但谕以肝疾未除，胃纳不畅，慈当请命慎访良医，根本诊治。正依依侍语间，忽尔震觉，感怆久之。前四十年中，远离膝下者，仅六年耳。儿今逾五十，志事无成，丧乱相仍，拜扫久阙，罪滋重矣！噫！

逸庵兄晨夕过谈，大慰岑寂，忆昌黎《龌龊诗》，爰用其韵以贻之云：

铮铮振奇士，匪忧饥与寒。少挟幽燕气，块焉发永叹。曩时事戎轩，文采良足观。逢时异哀骀，舌底徒翻澜。杖策过冶城，牙琴空复弹。中岁不得意，堙郁谁为欢。憎彼龌龊者，众唾宁自干。群竖犹猖狂，谁欤障激湍。生才必致用，天意岂无端？愿如汉吏循，非徒耳目官。曾有以百里论荐者。葆兹百炼钢，声光比琅玕。超除倘可期，努力排万难。

四日　晴

《怀汉怀兄》一律云：

大隐金门历岁时，朅来声誉动京师。龙眠真迹人间少，凤翥清名海外知。如子应为山水县，昌黎《县斋读书诗》“出宰山水县”，谓阳山也。泥余遍读鬼狐辞。君嗜阅《聊斋志异》，每见必强余一读。其书原名《鬼狐志》。平居契阔还相忆，风雨鸡鸣系所思。

前清科举时代，有士子袭《孟子》语以解嘲曰：三场首号，九日晴天，一乐也；内不贴于堂，外不贴于墙，二乐也；赚三个月新老爷而呼之，三乐也。秀才有三乐，而中举不与存焉云云。本届考试，假校舍举行，距厕所甚远，惟苦雨耳，偷阅他人试卷，私携夹带及交白卷者，仅予扣分,幸未发贴蓝榜,老爷称呼,久归消灭,士子种种感想,今昔固自不同也。

陈泽普兄云:“川俗:每届乡闱,士子观榜者,均携灯笼,缀‘某科解元’字样,殆取吉羊之意,可谓妄人。”余笑询兄曾云:“少年时代预制双眼花翎、黄马褂,藏之笥中,以备腾达时之需,其妄之程度如何?”泽普应之曰:“其妄等耳!”相与抚掌大笑。

五日 晴

按照《考试法》第二条规定:凡任命之人员,均须经中央考试定其资格,本届应试人,属于现任公务员者,仅三百六十一人,其在国内外大学毕业,取得学位,现充委任公务员者,大多却顾不前,殊为可惜。明年《公务员任用法》施行,凡卒业于大学者,仅得为委任职,届时能毋懊丧耶?又,女子在政界任事者亦不乏人,此次报考者仅及二十人,亦殊欠踊跃耳。

三续《京闱》二首如下:

玉手量才见慧心,上头夫婿作监临。红毡白帖双双拜,旷典初逢喜不禁。张、邵贤伉俪同受新贵参拜,喜可知已。

林家妙玉琼林宴,更羡吾宗女状元。崇嘏。双十金门同射策,问谁织锦媲天孙。应考女生二十人。

逸庵又得管夫人书二通,大喜过望,并口占“一腔幽愤柔情化,满腹牢骚烈爱消”一联,旖旎可诵。戏为续《题管夫人书后》二首如下:

爱玩端应谢蹇修,书词清婉倍绸缪。一腔幽愤归乌有,百炼钢为绕指柔。

两小犹悭六礼成，尽他日日讯卿卿。一般咫尺相思苦，爱到浓时恨转生。某君在闱，其未婚妻以音问阻绝，书词怨望，故及之。

逸庵贻诗云：

叔度声华著上京，奇姿振拔笔纵横。高吟紫塞千秋志，射策京门万里行。文字有神惊后辈，弦歌称颂拜先生。得逢彭泽倾肝胆，冲淡无怀羡老成。

揄扬过当，愧汗交并，君能无失言之讥耶？因酬一律，云：

尊阳文运百年隆，宗伯清刚北斗崇。兄世居尊阳，高门科甲鼎盛，悫慎公正色立朝。筹笔昔曾纡上策，持衡今定识焦桐。不由科第侔权相，终领中书媲李公。兄绩学能文，未尝赴举，故以唐知贡举权德舆、李逢吉二人相况。欲效唐宣题殿柱，却怜铩羽感征鸿。

似村兄将赠余诗，因先贻一律，云：

吴霜点鬓尚风尘，锁院相逢意倍亲。迁客每因巴蜀重，清辞应与李温邻。从知大雅扶轮久，幸及明时建树新。四野鸿嗷凄欲绝，纵谈边事更酸辛。

夜八时，襄试处正、副主任邵、王二氏，监试刘委员三到会，同拆卷对号填名，早一时出榜，二、三时，诸公先后兴辞。五种考试，共取一百名，内兼考者二名。叙铨部员陈曼若、喻谟烈，前部员李飞鹏均中隽，三子学力甚佳。第一人为昆山朱雷章，二十七岁，上海交通大学电工科毕业，兼考获隽者二。曼若名字娟秀，众猜为女性，亦可发噱。

六日 晴

早七时放榜，计考取普通行政：朱雷章、夏范钦、方扬、冉鹏、张清源、薛铨曾、李飞鹏、朱德铨、伍极中、杨声昭、曾问吾、宋懋蓉、钱清廉、谢振民、陈曼若、朱治礼、李涤生、董辙、钟瑛、管欧、仲肇湘、吴养和、沈兼士、邵履均、曹锺麟、范师任、刘永生、沈维栋、陈壁光、李如霖、冯维崧、李登俊、夏骞、李元、姚朋士、叶广培、吴椴熙、金华、范寿臧、冯建堃、申庆桂、朱章、吴彬等四十三人；

考取财务行政：罗厚安、李健吾、施泽民、陈汉平、贺渊、张炯、吴万麟等七人；

考取教育行政：周邦道、王万锺、夏开权、顾良杰、薛铨曾、黄问岐、李祥生、黄龙先、张亶翔、周世万、张志熙、江之津、张右源、郭钦铸、陈庆梅、刘景韶、林挺杰、杨克敬、谢彬、张登寿、梁翼镐、谢恩皋、喻谟烈、蒋励材等二十四人；

考取外交官领事官：李铁铮、胡庆育、陈大器、邓赞标、冯至海、钱存典等六人；

考取警察行政：杨君劢、黄抱云、李寒秋、马元枢、师□舫、屠晋、华允琦、曹树钧、石毓嵩、杜经魁、冯仁、汪业洪、曹文麟、蒋天擎、孙广居、萧钧立、萧汉澄、陈爱奎、张闻乐、任乃赓等二十人。

八日上午八时到会，举行面试，下午三时本会全体摄影纪念。

七日 晴

主考官言：高试结果有优点五：（一）考取人员中有党员三十余人，占全体三分之一；（二）有职业者居十分之四，曾任职务者居十分之六，足征学问与经验并进。三各大学高材生，均有获隽者，北大、中大成绩素著，入选较多；（三）检定及格者亦有数人，足见检定制度甚善；（四）十六省中，均有及格者，边省亦得数人，惜女子未能取，殊为可惜；（五）诸生年龄，平均在二十七八，年富力强，正宜从政。上述五点，颇令人满意云。

考试院许代秘书公武、铨叙部马秘书长旭楼，承主考官命，来会商榷高考及格人员任用办法，入夜始辞而出。

八日 晴

上午九时，诸生毕集，分七组口试，至午后四时毕。

文章憎命，杜工部尝致慨焉。自古怀才不遇，槁饿以终者多矣。左文襄绩学不第，某岁乡举，伯兄宗植摒挡赴试，文襄请偕行，伯兄止之曰："汝年近四十，犹不能青一衿，顾望举耶？"文襄语塞，谋诸嫂氏，检付监照，并拔簪供旅费。文襄徒步诣省，领卷入场。放榜日，宗植私偕所识书吏，入试院，填榜至十三名，文襄获隽，乃窃喜，迨填至榜尾，须依例倒填第二人至第五人，无宗植名，又窃惧，最后填第一名，赫然左宗植也，不禁忘形狂噱，监临呵止之，书吏从容上白曰："此即新科解元左某也。"监临、主考、房官皆起立致贺。盖是科副主考为陕人徐太史，搜落卷，得文襄与巴陵吴南屏先生敏树二人，皆通儒硕学，其眼力有过人者。后文襄督师西征，迂道访徐氏，太史已归道山，徐公子出示太史出闱后家书，谓落卷中得左某必为名臣、吴某必为名儒。文襄嗟异，厚恤其家而去。

九日 晴

上午九时，邵主任来会启门，襄试处以汽车来迎，主考官、典试、襄试委员均于军乐、爆竹声中，风驰电掣而去。午刻，考选委员备公宴；晚，中央党部各委亦设宴相劳。

余于启闱后回寓休息。

放榜后，得诗一首，云：

文相抡才盛，书生报国难。棘闱千道撤，金榜万人看。秋士愁应减，春官梦乍阑。遗珠搜欲遍，敷教在能宽。

第二届高等考试锁闱日录

叙

自十九年一月，考试院正式成立，国民政府颁布各种考试法规，是为中华民国考试制度之新发轫。自二十年六月，国民政府特派考试院院长戴季陶先生为第一届高等考试主考官，兼典试委员会委员长，七月举行第一届高等考试于首都，是为中华民国举行抡才大典之第一次。越二年，即二十二年十月，依法举行第二届高等考试。先期由国民政府于二十二年二月公布《修正考试法》《监试法》及《修正典试委员会组织法》，同年九月，特派考选委员会委员长王太蕤先生为典试委员长，组织典试委员会，筹备第二届高等考试事宜。在筹备期中，王委员长于九月二十六日密函水心，谓此次高考，史、地科目，题固难发，卷又极多，非得宿儒大师，不易负之前驱。当代史地专家，在首都者究几何人？以何人为大宗？属水心列举以对。水心以委员长虚心坦怀，与戴院长同，当即密函推荐柳诒徵、刘盥训、缪凤林、张其昀诸先生，皆蒙采纳。十月九日，典试委员会成立。十二日，发表典、襄各委名单，水心亦列名在内。十四日晨，即偕诸典委入闱，襄理命题、阅卷等事。二十日，开始举行甄录试。十一月九日，举行正试。二十四日，举行面试。至二十六日，开总成绩审查会议，放榜出闱，先后锁闱四十余日。公余之暇，辄与诸同闱商讨学术，研究考政，以及会议记录，条教设施，暨典、襄各委诗文酬唱诸作，悉举而笔之《立斋日记》中。朋好见之，以为纪事纂言，昌洋试政，庆得人而昭盛典，将皆于斯文是赖。请自《日记》中摘出，自十月十二日起，至十一月二十六日止，凡四十有六日，别为一编，名曰《第二届高等考试锁闱日录》，用付手民，水心不能却。戴院长曰："考试制度为中国自古奖学励才、登庸官吏之唯一良制。”王委员长曰:“欲使贤者能者,尽在其位,除采用考试制度以昭示天下为公外,别无他道。”水心尝反复深思,觉在今日,统一之机运方启,国家之危难未除,举行考试,除为国求才外,似尚有其他之重大意义:一曰辅助国家政治之统一。盖全国人才,皆由中央考取,则强藩割据,自不易见。此其一。一曰推广中央文化之宣传。吾国边远文化,较腹地稍逊,举行考试,严订科目,纳全国人才于一炉而冶之,则于文化教育及中央政策之宣传,收效必大。此其二。一曰代表人民意见。欧美各国以选举代表民意,吾国则以考试代选举,所考官吏,来自田间,则人民利害情形,自然易达于中央。此其三。一曰铲除封建势力。吾国封建势力之铲除,政治上之原因固多,然官吏出于考试,而不出于世袭,实与有力焉。此其四。一曰发挥平等精神。总理尝曰:“宰相之子,与宰相佣工之子,平时不能同坐,考试之日,可以同坐,及至衡文,一以文字为优劣,不问宰相之子与佣工之子也。”又曰:“皇帝之权大矣,能予人以高官,不能予人以秀才,其平等之精神为如何?”此其五。一曰打破阶级制度。欧美各国,虽至近今,犹有变相之新贵族,社会阶级显分,而吾国士农工商,分职业而不分阶级,亦考试制度使然。此其六。准斯以言,则为国求才,不过为考试重要目的之一而已。然则此次高等考试,举行于国难方殷之日,影响整个国家政治、文化、国计、民生等种种新建设,顾不大耶?而况典、襄各委又皆当代宿学专家,水心猥以庸愚,凭藉宠光,得参盛典,偶有述录,敢自珍秘,而不使同闱诸公,嘉言美德,努力考政之欢愉奋勉情形,表之襮之,以与天下贤俊相感召也耶?既锓梓,因识数语,用质海内博雅,幸希匡正。

中华民国二十三年三月盐城印水心

提目

观杨典试舞剑　宁远楼开始阅卷

二十一日　与柳典试商定普通行政人员史地试题答案要点及给分标准　开第一次组务会议　在华林馆阅卷

二十二日　至宁远楼阅卷　读张襄试东北失地之经济概况

二十三日　在宁远楼阅卷　论大学毕业生成绩之幼稚　论天空发现强烈之光线

二十四日　分阅北平试卷　与柳典试商定财务教育等六类史地试题答案要点及给分标准　读委员长闱中漫题两章　锁闱联吟自此始

二十五日　开第二次组务会议决定财务教育等史地各题最高分数　至宁远楼阅卷　明志楼前散步　读柳典试和委员长闱中漫题一章

二十六日　在退思斋覆阅历史试卷　张典试闱中初度邵委员长寄诗劝酒

二十七日　在退思斋覆阅北平试卷　重九节日委员长置酒高会提议锁院联吟　华林馆话重阳故事　读两黄襄试和委员长闱中诗

二十八日　至宁远楼分阅北平试卷　读委员长重九闱中感怀　读张典试重九闱中晚宴有感　读冒襄试和委员长闱中漫题

二十九日　在退思斋覆阅北平试卷　开普通行政人员甄录试成绩审查会议　开拆弥封对号填榜

三十日　普通行政人员甄录试放榜　读委员长催考官阅卷诗　读刘襄试和委员长诗　读吴熊两襄试诗

三十一日　覆阅各科试卷　和委员长闱中漫题　读张典试大梁校士诗

卷三　十一月一日至八日

十一月一日　与典襄各委继续讨论兴考代学问题　论政治领袖引诱青年　读陈典试朱书和委员长闱中诗　读委员长和曹襄试诗

二日　开财务教育六类人员甄录试成绩审查会议填名发榜　决定正试典襄各委分组办法　读委员长详定试卷诗书后　读吴襄试和委员长长诗　柳典试分咏鸳鸯并蒂菊　张典试步原韵并祝楼王伉俪同榜

三日　阅国术考试点将录　正试出题之襄委入闱　读卢襄试明志楼曲

四日　制定正试试题　再致张典试函论借考试之力转移风气　读程龙骧柬卢襄试词

五日　阅教育组第一次会议纪录　委员长致慨大学教育　论前奉天教育厅长谢荫昌函　张典试慨谈学校教育　与柳典试商订改善教育具体方案　读委员长和许总监公武诗

六日　与张典试商教育组试题答案要点及给分标准　读张典试闱中新诗三章　与汪襄试论诗　读委员长送下第诸生诗　读阮襄试并蒂兰诗

七日　戴院长大会典　襄各委征题问礼亭诗　与汪襄试继续论诗　读黄典试寿兄诗

八日　与王襄试论本届正试手续　读邵委员长重九集清凉山诗　读刘黄两襄试问礼亭诗　夏典试邀翼谋至退思斋讲学　与典襄各委论翁常熟张南皮力争张状元事　读阮襄试近作九首

卷四　十一月九日至十五日

九日　开始举行正试　与孟朱两襄试至果园散步　观柳典试朱书屏联　与柳典试论志愿　读黄襄试续和委员长诗

十日　出席教育组第二次会议　讨论各科试题答案要点及给分标准　读陈典试闱中思亲诗

十一日　至宁远楼阅卷　与彭襄试论画　观彭襄试画竹　张典试邀彭襄试画红树寒鸦　读解襄试和委员长诗

十二日　正试完竣同闱摄影纪念　读张典试玉尺楼京闱诗稿

书邵委员长默君诗草序后

十三日 至宁远楼阅卷 与柳典试论龙秘书山水 读柳典试朱书问礼亭诗

十四日 书曾文正论忠勤 分阅北平试卷 与柳典试论四库全书

十五日 阅北平试卷 与郑襄试论影印四库全书始末 读黄襄试问礼亭诗

卷五 十一月十六日至二十六日

十六日 与陈典试论文 书柳典试逸事 与刘襄试论九一八事变 读王襄试癸酉高考竹枝词

十七日 试卷阅竣写致同闱告别书 读张典试汳闱鸿雪

十八日 典委会开第二次会议审查正试成绩 正试发榜 典襄各委均出闱

十九日 病卧京寓

二十日 草拟改善江苏县政计划 委员长报告本届考试经过情形 典委会开第三次会议决定面试分组办法

二十一日 接撰改善江苏县政计划 读戴院长手书阿弥陀佛经

二十二日 接撰改善江苏县政计划 典襄各委复入闱

二十三日 准备面试手续 读许总监手书重阳感怀诗

二十四日 举行面试 至晚完竣

二十五日 核算三场总平均分数 读戴院长母黄太夫人手书孝经

二十六日 开总成绩审查会议 填发黄榜 李学灯独占鳌头

卷一　民国二十二年十月十二日至十九日

十月十二日　晴　在京寓

晨起，写致景梅九先生函。午后，至高楼门，访赵芷青先生，谈宣抚内蒙事。四时，至玄武门，访高春如司长谈话。六时，返寓。接高等考试典试委员会委员长王太蕤先生公函，并聘书一件。函曰：

> 高等考试，业已筹备就绪。关于命题及襄阅试卷各事宜，亟应分别敦聘名宿担任，以树风声。素稔台端学问渊懿，群流仰镜，敬聘请为本会襄试委员，评阅史地组甄录试史地试卷，除分函外，相应将聘书一份，随函检送，即希查照。

附聘书文曰：

> 兹聘请印水心先生为本会襄试委员。

同日，接王委员长请柬，定本日下午七时，会宴于考试院之宁远楼。

是晚七时，至宁远楼，由陈秘书长芑荪招待，并晤陈副委员长大齐（考选委员会副委员长）、王监委宪章、朱监委雷章及郑监委螺生等。已而，柳先生诒徵、缪先生凤林、张先生默君、陈先生长蘅等皆至，相见甚欢。七时半，委员长来，而黄先生序鹓、刘先生奇峰、饶先生炎、杨先生汝梅、徐先生叔谟、冒先生鹤亭、黄先生右昌、周先生士观、寿先生勉成、余先生钟秀、黄先生国璋、雍先生家源、丁先生宇学等，亦相继至。此皆海内专门名宿、国学大师，由王委员长聘任为本届高考典、襄各委员者也。

八时半，入席，席设宁远西楼。楼为长方形，至宏敞。饮移时，委员长起立，报告本届考试筹备经过，略曰：

此次举行第二届高等考试，与第一届微有不同：

第一届高考，为（一）普通行政人员，（二）外交官领事官，（三）教育行政人员，（四）财务行政人员，（五）警察行政人员，计分五类；本届考试，为（一）普通行政人员，（二）财务行政人员，（三）教育行政人员，（四）会计人员，（五）统计人员，（六）外交官领事官，（七）司法官，计分为七类。其不同者一。

第一届考试，分第一、第二、第三三试，以国文、党义为第一试，分科考试为第二试，面试及成绩审查为第三试。第一、第二两试，皆为必试，其不及格者，不得应第三试。本届考试，则分甄录试、正试、面试三种。甄录试为第一试，正试为第二试，面试为第三试，凡甄录试不及格者，不得应正试，正试不及格者，不得应面试。其不同者二。

第一届考试，第一试科目止国文、党义两门，第二试分科较繁。本届考试，甄录试除国文、党义外，加中国历史、中国地理及宪法、经济学等，计分六科目，正试分必试、选试两种，每试亦分六科目。其不同者三。

又，七类考试，总计约一百二十余科目，各科目中，以中国历史、中国地理，最为繁重。此两科目，为前届所无，且为各类考试中主要科目，兹特提出，请诸君注意。

再者，本届考试为国家第二次抡才大典，所有弥封编号及试场布置等事，均已分配就绪，惟内闱命题阅卷，科目繁多，关系非常重大。幸诸君皆海内专家，经验宏富，务请缜密研究，提早入闱，襄此盛举。

语毕，众皆表示愿竭诚赞助，当即议定：凡出题之典、襄各委，均于十四日早晨入闱。自入闱日起，即与外间隔绝，以昭慎重。

议既定，委员长举杯为同人寿，同人起立，各敬委员长，遂大欢饮。适庖人进馔，食之肥美，张先生默君曰："此熊掌也。"柳先生诒徵撚其须曰："熊掌，我所欲也；鱼，亦我所欲也。"众大笑。至十一时散会，偕柳先生诒徵、缪先生凤林同车返寓。

十三日　晴　在京寓

晨起，写复韵梅函，又写致赵芷青先生函，俱发出。午后，接典试委员会委员长函，略曰：

> 依据昨晚商谈结果，各典试委员暨出题襄试委员，均于十四日入场住宿等由，敬请台端即于明日上午，移入内场，并订于是日下午二时，在典委会会议室开谈话会，商定命题事项，相应函达查照，即请届时出席为荷。

当即整理衣物零件，准备明晨入闱。

是日，国民政府明令发表本届高等考试典试委员十五人。先是，九月二十日，国民政府明令特派王用宾为高等考试典试委员会委员长；十月七日，任命高友唐、田炯锦、郑螺生、杨亮功、王宪章、朱雷章为监试委员；至此，以考期将近，遂发表典试委员令。令曰：

> 派徐谟、周览、陈长蘅、柳诒徵、白鹏飞、夏勤、杨汝梅、吴大钧、饶炎、陈大齐、张默君、沈士远、黄序鹓、辛树帜、刘奇峰为高等考试典试委员。

徐谟，字叔谟，江苏吴县人，为现任外交部政务次长。

周览，字鲠生，湖南人，为武汉大学教授。

陈长蘅，字伯修，四川荣昌人，为立法院立法委员，军需学校教官。

柳诒徵，字翼谋，江苏丹徒人，为江苏省立国学图书馆馆长。

白鹏飞，字经天，广西人，为北平大学法学院院长。

夏勤，字敬民，江苏泰县人，为现任最高法院刑二庭庭长。

杨汝梅，字予戒，湖北随县人，为国民政府主计处岁计局局长。

吴大钧，福建人，为国民政府主计处统计局局长。

饶炎，字伯康，四川成都人，为考试院参事。

陈大齐，字百年，浙江海盐人，为考选委员会副委员长。

张默君，湖南湘乡人，为中央执行委员前考选委员会委员长邵元冲先生之妻，现为立法院立法委员兼考选委员会委员。

沈士远，浙江吴兴人，曾任江西、湖北两省教育厅长，现为考选委员会委员。

黄序鹓，字季飞，江西萍乡人，前为立法院立法委员，现为考选委员会委员。

辛树帜，湖南长沙人，为教育部国立编译馆馆长，考选委员会委员。

刘奇峰，字凌霄，山东人，为中央大学文学院院长，考选委员会委员。

以上十五人中，张典试默君，女士也，而典试政，历掌文衡，且工吟咏。前届典试高考时，曾有诗自咏云：

> 天开文运此堂堂，玉尺还凭玉手量。青眼高歌迈前古，独怜崇嘏作男装。

盖女子主试，前古未有。此次复典京闱，掇珠抽玉，茂异无遗，多士倾心，群贤俯首，宜其青眼高歌，迈绝前古也已。

同日，由典试委员长密函聘定高槐川、伍非百、刘光华、张忠道、陈天锡、潘凤起、马鹤天、冒广生、曹经沅、缪凤林、张其昀、雷震等四十余人为襄试委员。

高、伍、刘、张，皆考试院参事；陈天锡、潘凤起，皆考试院秘书；马鹤天，为铨叙部司长；冒广生，字鹤亭，江苏如皋人，为考选委员会专门委员；曹经沅，字纕蘅，四川绵竹人，为行政院秘书；雷震，为教育部总务司司长；缪凤林、张其昀等，皆中央大学教授。

先是，本年二月，国民政府公布《修正典试委员会组织法》，规定高等考试典试委员长由国民政府特派，典试委员由国民政府简派，襄试委员由典试委员长聘任。所谓典试委员长、典试委员、襄试委员，其职务与明清会试时之正考官、副考官及同考官同，俱在考期前三、两日发表。

浙江李慈铭记庚辰会试殿试事，有曰："三月初六日《邸钞》：命户部尚书景廉为会试正考官，工部尚书翁同龢、吏部左侍郎宗室麟书、兵部左侍郎许应骙为副考官。内阁侍读学士胡聘之，右春坊右庶子王先谦，左春坊左中允裕德，翰林院修撰陆润庠，编修钱桂森、陈启泰、王祖光、龚履中、廖寿丰、袁善、韩文钧、鲍临、林绍年、谢祖源、陈翥、李桂林、陈琇莹，宗人府主事龚镇湘为同考官。"同考官凡十八人，分十八房，亦称"房官"。以例今制，所谓"房官"即襄试委员，"副考官"即典试委员，而"正考官"则典试委员长也。此外监试委员六人，由国民政府于监察委员中简派，则与明清之监试官由监察御史中简放，其例亦同。

十四日　晴　在京寓

晨起，理杂务。九时，雇车，曳行李入闱，居宁远楼西之退思斋，即本届典试委员会委员宿舍。由宿舍管理组管理员方天辅招待，住楼下第十四号房。对房十三号为饶典试炎，十五号为黄典试序鹓，十七号为辛典试树帜，十八号为刘典试奇峰。楼上十房，则为张典试默君、周典试鲠生、陈典试长蘅、杨典试汝梅、徐典试叔谟、陈典试百年、夏典试敬民等所居。

十一时，柳典试诒徵亦入闱，居楼下第十六号房，与余房斜对，时相过从。已而，缪襄试凤林、张襄试其昀、周襄试士观、王襄试去病等，皆相继入闱。

居退思斋南卫生处对面之存诚养性斋，即本届典委员襄试委员宿舍。宿舍分房法：凡典试委员，一人独居一房；襄试委员，则两人同居一房。

居既定，十二时，至宁远楼午餐。餐室在宁远东楼，典、襄各委员及王委员长等均同席，觥筹交错，谈笑甚欢。

午后二时，至会议室，开典试委员会第一次谈话会。典、襄各委均出席，讨论命题标准及分组命题阅卷等事，结果决议：

一　通过修正命题标准八则。

二　命题阅卷分十二组：（一）国文、（二）党义、（三）史地、（四）政治、（五）经济、（六）财政、（七）法律、（八）教育、（九）外交、（十）会计、（十一）统计、（十二）外国文。

三　推定各组正副主任。正主任由典试委员兼任，副主任由襄试委员兼任。

最后，讨论国文答案问题。张典试默君主张严取宽用，国文答案须用文言。

余极赞成，并提出三点：一、白话文不录，二、字体草率者不录，三、有别字或思想骛突者不录。因最近各学校学生多用白话文，字体草率，别字连篇，谬妄错误，几出人意料之外。颓风所播，不可挽救，期借国家考试之力，转移社会风气。

委员长及各典委均同意，遂决议：“国文答案，须用文言；其余各科答案，文言、语体随意。”

兹将本日会议详情列左：

高等考试典试委员会谈话会议纪录

日期　二十二年十月十四日下午二时

所在地　本会会议室(宁远楼)

出席委员　王用宾、徐谟、陈长蘅、饶炎、张默君、夏勤、陈大齐、柳诒徵、黄序鹓、刘奇峰、张其昀、黄右昌、黄国璋、周士观、缪凤林、印水心、寿勉成、王去病、陈有丰

主席　王用宾

纪录　秘书龙潜、副科长孟国华

速记　冯举安

主席恭读总理遗嘱——全体肃立。

甲　报告事项

(一) 主席报告开会理由。

(二) 主席报告:本会典试委员长、典试委员,定于十月十六日上午九时,在国府宣誓就职。

(三) 主席报告:本年高考甄录试,分两班先后考试,除社会学、财政学、第一外国文、法院组织法、中外史地外,其他各科目,均须同时出题两次。

(四) 主席报告:每一科目之试题,定为三道,故须拟定五道试题,密送选定。

(五) 主席报告:北平分场,与南京同时同题考试,故每一科目试题,须照写两纸,俾便分送两地监试委员保存。

乙　讨论事项

一　命题标准草案案　决议　修正通过。

二　推定命题及评阅试卷各组主任副主任案　决议　推定各组正副主任如左:

（一）国文组　正主任　陈大齐　副主任　伍非百
（二）党义组　正主任　饶炎　副主任　王去病
（三）史地组　正主任　柳诒徵　副主任　印水心、张其昀
（四）政治组　正主任　周览　副主任　未定
（五）经济组　正主任　黄序鹓　副主任　寿勉成
（六）财政组　正主任　陈长蘅　副主任　雍家源
（七）法律组　正主任　夏勤　副主任　未定
（八）教育组　正主任　张默君　副主任　未定
（九）外交组　正主任　徐谟　副主任　未定
（十）会计组　正主任　杨汝梅　副主任　丁宇学
（十一）统计组　正主任　吴大钧　副主任　朱君毅
（十二）外国文组　正主任　刘奇峰　副主任　朱世全

三　国文答案须用文言案　决议　国文答案，须用文言；其余各科答案，文言、语体随意。

四　试题交齐日期案　决议　十月十五日正午。

四时半，散会。因会议时，决定试题限明日正午交齐，即与柳典试诒徵、缪襄试凤林、张襄试其昀、黄襄试国璋，会商本组出题范围。

五时半，寿襄试勉成入闱，与余同住十四号房。

六时，偕典、襄各委至宁远楼晚餐。委员长入席，曰："自本日起，同闱诸委，中、晚两餐，皆在本楼。中餐便饭，晚餐具旨酒，藉劳群贤。"张典试默君曰："第一届高考时，主考官念同人酷暑从公，命星期六公膳时，倍其直，并设醴以劳之。今每晚皆具旨酒，豪饮者得所矣。"众大笑，惟在坐善饮者不多，且大半构思出题，无意轰饮。

餐毕，即回宿舍，当晚拟题十道，因须适合应考者之学力，又须质量相等，分配较难，至十二时始寝。

附录 命题标准八则

一 各科目试题，除国文命题二道外，其余均以三题为度。

二 同一种类考试之同一科目，命题两次以上者，各次试题，质量须相等。

三 题目以适合应考人之学力为原则，（大学毕业程度。）不宜过于艰僻。

四 党义题目，除测验应考人之思想及信仰外，兼须测验其学力。

五 为求评卷给分，趋于一致，以不设任意选作题目为原则。

六 各科目命题，应依《典试规程》第七条第二项，力求切于实际，以期答案确定。

七 各科目试题内容，推理与记忆并重，兼测验应考人之才识。

在测验推理部分，宜力避主观之暗示；

在测验记忆部分，宜就主要点设问；

在测验才识部分，应就实际问题设问，或用拟具计划方式行之。

八 各科目试题之评阅标准，及给分层级，得由各该组会议，于命题前，或阅卷时，分别议定之。

十五日 晴 在闱中

晨起，继续拟题十道，分别缮交柳典试翼谋，并商讨分组命题办法。因此次考试分七种类，考试日程亦先后不同，史、地两科目，须分三组出题：一，普通行政人员为一组，计题各五道；二，财务、教育、会计、统计、司法为一组，计题各六道；三，外交官须试中外史、地，另为一组，计题各五道。题目商定后，即由翼谋以手摺各缮两份，至十二时完成，密送委员长选定。

午餐后，偕翼谋、赞虞、筱峰及周典试鲠生等拜客。先拜访委员长王太蕤先生，次拜访典试委员陈百年先生，四时半再同拜访考试院院长戴季陶先生。

戴院长，名传贤，字季陶，一字孝园，浙江吴兴人，生于四川之广汉县，现年四十四岁。十五岁时，东渡留学。民国纪元前三年，卒业于日本大学。回国后，任江苏地方自治研究所教习一年。庚戌、辛亥间，任上海《中外日报》《天铎报》、槟榔屿《光华报》主笔，在槟榔屿支部加入同盟会。武汉革命军起后，回国致力于东北之革命运动。民国元年，任上海《民权报》主笔，时水心亦在《民权报》中撰社论。是年夏，总理辞第一任大总统职，回沪主持全国铁路事，任季陶为秘书。二年春，随总理访日。及赣宁之役，讨袁军失败，潜赴东北，谋起革命军，不成。仍回日本，助总理组织中华革命党，任浙江支部长，并主笔于《民国》杂志。五年，随总理归国。六年，任大元帅府秘书长、外交次长。八年，主办上海《星期评论》，并与胡汉民、廖仲恺、朱执信诸先生，助总理主持《建设》杂志。九年，至广东，任大本营法制委员会委员长。十二年，奉总理命，回四川劝慰各军，罢内战，兴实业。十三年一月，中国国民党改组，被选为中央执行委员，兼宣传部部长、中央政治委员会委员、黄埔军官学校政治部长。十四年七月，国民政府成立，任国民政府委员。十五年，第二次全国代表大会，连任中央执行委员，兼中山大学委员长。十六年，奉党命使日。是年夏，改任为中山大学校长，兼中央常务委员、宣传部部长、总司令部政治训练部主任。十七年八月，五中全会后，被选为国民政府委员，兼考试院院长，组织考试院。十九年春，考试院成立，惨淡经营，及今已四五年。二十年七月，举行第一届高等考试于首都，自请于政府，任主考官，兼典试委员长，锁闱三十五日，虚心坦怀，与诸典试、襄试、监试各委及执事员司，夙兴夜寐，竭忠尽诚，以从事于高考工作，成绩斐然，为民国成立以来，第一件大事。

本届高考，仍领导典委会典、襄各委，努力于考试制度之改进。

故本日偕翼谋等同往拜谒，并叩以本届考试应取之方针，戴院长曰："《礼》称：'化民成俗必由学。'自今欲确立考试制度，而学校教育之内容与行政，不求改良充实，断无良好之成绩可言。"又曰："前届考试，未第诸生，对于本院所发表不满之言论甚多，总觉自己满腹才华，可惜试官无识，政府不公！其实就余所知，落第诸生中，未必无遗才，然其所以见遗之原因，则皆由于成绩不佳。须知当日及第百人中，实数及格者，只四十名，其余六十名，均系由本院呈准国府，加分取录，并非其应得之及格分数。又有人谓：前届第一试分数，占全数五分之二，未免过于重视国文、党义，而委曲科学。殊不知科学成绩之不良，竟又出人意料之外，倘使国文、党义果与其他各科平列算分，则前届及格人数，五种合计，不能得十五人。此种情况，令人悚然！不独高等专门学校然也，凡曾经主持大学之入学考试者，皆知中学毕业学生程度之劣，尤其在沿江海以外各地，真令人不寒而栗。自清末兴学，至今三十余年，其结果乃若是，政府之受学生攻击，校长教员之受学生轻侮，皆为当然应有之结果，无可免也。"言时，深致慨于今日学校教育之不良，颇希望同人藉考试之力，挽回风气。

六时，至宁远楼晚餐。既毕，与诸典委谈委员长幼年应考及壮年从事革命事。

委员长，山西猗氏人，现年五十二岁。猗氏，古郇阳也。在晋省之南，旧属河东郡，以地理关系，与省外交通间阻，风气闭塞，清末废八股，改试策论。猗邑读书之士，犹穷年矻矻于五经、四子之书，每作文，必诡为优柔含浑以求售。委员长心窃非之，既入泮，益奋志读《史》《鉴》诸书，上下五千年，纵横数万里，恣意搜讨，每为文，必盱衡天下大势，推求古今得失成败之机，划然判析其起因与结果，同辈见之，多咋舌。已而，学使者某公，按临晋南，题为《商鞅变法强秦论》。委员长历举前乎商鞅之管仲、子产，后乎商鞅之王猛、王安石等变法图强之旨以对，纵横论辩，达数千言。学使者大惊，语人曰："此天地间遒劲之气，得于阳与刚之美者也。不图晋南，有此不世出之才。"立拔置第一，遂入贡。及科举废，学校兴，委员长东渡访日，加入总理所领导之中国同盟会，努力于革命工作。旋回太原，主编《晋阳公报》。自丁未之冬，至庚戌之夏，宣扬主义，传达消息，皆以《晋阳公报》为总机关。并在太原征求会员，宣布革命方略，宣誓加入者，达千余人。

先是，庚戌之春，交城、文水两县，发生禁烟案风潮。晋抚丁宝铨派兵惨杀，乡民死者数十人，晋省咨议局献媚官府，不敢言惨杀事。委员长愤甚，在《晋阳公报》振笔直书，大骂丁抚及咨议局，纵兵殃民，惨杀无辜。丁抚虽忿怒，顾以舆论激昂，无可如何。直至委员长因事入京，丁抚始密呈清廷，下通缉令，封闭报馆，捕拿记者。其后《晋阳公报》虽封闭，而晋南同志景梅九先生，即在北京接办《国风报》，为同盟会支部之总机关，舆论益激昂，宣传革命主义益烈。自有《晋阳》《国风》两报之继续努力，革命主义，遂透入三晋社会心理中。故辛亥八月，武昌民军一起，九月初八，太原新军亦随陕西而树起西北革命之旗帜。其后清廷起用袁世凯，与民军抵抗，袁命北洋将领曹锟、卢永祥等率清军攻山西，破娘子关，陷太原城，都督阎锡山仓皇北走，山西全省岌岌可危。时，委员长在河南，闻变遄归，间道回籍，联络诸同志，密谋恢复。恢复计划：一，潜在河东，以维持地方团练民军名义，召练民军，准备实力；一，密约陕北招抚使井勿幕，使即东渡，合击清军。当是时，清军西下，铁骑纵横，副都督温靖安走陕西，景梅九、李岐山诸同志，率晋军残部退守河津，晋省危迫，达于极点。委员长在河东一面密约旧友张实生，令速往永济，迎秦军东渡，一面亲率民团至河津，与晋军联合，奋勇夹击，遂破清军，克运城，光复河东，移设山西军政府于运城，委员长被推为民政长，力主不设都督。于是，命秦军领袖井勿幕、陈柏生，晋军领袖李岐山、张士秀等，分兵两路，北拒清军于韩侯岭，南拒清军于黄河岸，残兵破枪，赤手白刃，与清军血战月余，直至民国元年一月十二日，南北和议告成，清帝退位诏下，河东始宣告停战。

当晋、秦两军分拒清军时，委员长由运城单身入太原，以计驱走清伪抚张锡銮，撤退清军，恢复省垣，组织临时省议会，迎都督阎锡山回省，选举民政长，山西复归统一。其后省议会成立，委员长被选为议长，河东民政长一席，交由张实生接充，旋改为道尹。军事，则秦军井勿幕部，归陈柏生编为一旅，驻同州；晋军归李岐山编为一旅，驻运城。委员长在太原，统盘筹划，思以太原与长安、运城与同州，呵成一气，联络山、陕革命军人，与长江一带同志军人，秘密结合，一有机会，即可以长江、黄河两流域之革命军，与袁世凯所统辖之北洋军相对抗。使此计划果成，则癸丑赣宁之役，何至失败，国民党何至被袁氏解散！不幸民元之冬，晋南民党，忽起内讧，有所谓“河东案”发生，拘南佩兰，树反阎旗帜，致为敌人所乘，袁世凯立调豫、晋、陕三省兵队，围攻河东。委员长在太原闻耗，即偕刘朴忱、石玉如两同志，亲往运城调解，力劝河东道尹张实生、旅长李岐山顾全地方，约束军队，静候中央处置。张、李皆听委员长言。及中央军至，释南归省，执张、李送北京，系宪兵营，河东兵事虽免，而双方仇怨，依然未解。会第一届国会成立，委员长被选为参议院议员，遂于民国二年四月至北京，兼任天坛宪法草案起草委员，努力于制宪大业。及护法军起，国会播迁，委员长离北京，航海走广东，追随总理，从事护法工作。对于各种军事计划，帷幄秘筹，总理资之如左右手。至民国十一年五月，因奉直战争之结果，国会恢复，乃奉总理命回北奋斗，任中国国民党山西支部筹备处长，结纳同志，引导青年，复兴西北民党，造成北方革命之中心势力。及曹锟谋篡总统，委员长因拒贿反曹，复离北京南下，任大元帅府参议及大本营参议。未几，曹锟窃国，自知倒行逆施为大义所不容，乃与吴佩孚同恶相济，流毒川、闽，四海同愤。总理素以戡乱为职志，乃命委员长二次北返，联络北方诸同志密谋倒曹。迨曹、吴下野，委员长即与焦易堂诸同志在北京电请总理北上主持大局。

总理入京后，因积劳病故，委员长始随国民第二军入河南，任省政府秘书长。其后北伐成功，全国统一，改北京为北平，委员长复被任为北平政治分会秘书长，旋任国民政府立法院立法委员、中国国民党党史史料编纂委员会名誉编纂。十九年春，考试院成立，被任为考选委员会副委员长。二十年七月，第一届高等考试，任襄试处副主任。二十一年冬，晋升为考选委员会委员长。本年十月，举行第二届高等考试，复被任为典试委员会委员长，主持试政。

所谓典试委员长，同于旧制会试之主考官，前文已言之矣。而高等考试，同于旧制之会、殿试。旧制会试、殿试，皆在三月初举行，称为“春闱”。凡主春闱者，皆当朝首相，品格极尊，唐之裴皞、宋之赵安仁，三主春闱，千秋传为佳话。明、清枢府大臣，亦皆以得主春闱为荣。合肥相国李鸿章，翰苑起家，歼洪杨，平捻匪，积功至使相，生平以未主春闱为憾！光绪乙未，解直督任，专理阁务，值举贡之年，私觊拜总裁之命。（总裁即会试正考官，亦称“知贡举”。）清太后微闻之，以其年高勋重，不欲以校阅相烦，竟未与选，李大懊丧！

此次高等考试，委员长以革命元勋、党国柱石，出主试政，唐裴宋赵，不能专美于前矣！此为委员长于革命成功后，供职中枢，努力建设之新发轫。

言毕，诸典委皆肃然，为国家得人称庆。

八时半，回宿舍，阅缪襄试赞虞所赠《日本论丛》及《中国通史纲要》两书。赞虞，为翼谋高足，对于史学，肆意搜讨，东洋史研究尤深。此两书条理明晰，本末赅备。其《〈中国通史纲要〉自序》有曰：

> 予自胜衣就傅，读《史鉴节要》，稍长读《史记》《通鉴》，继而泛滥乙部，旁习六艺、百家，皆与史学相表里，光阴荏苒，忽忽二纪余年，持其业以教于国内各大学，亦将十载，讲义论著，不下百余万言，虽学愧专门，未尝有得，坊肆课本之弊害，知之尚审，爰忘其僿劣，草《通史纲要》，分为四编：首编导论，略述史学通义及国史上之民族年代与地理；次编历代史略，以说明各时代之重要潮流为主旨；三编政治制度；四编学术文化与宗教，则分门论述，自太古以至最近，以明今日之各种现象之所由，及其蜕变之所

以。凡所叙述，皆先通其大，标立节目，次就一己涉猎之正史、通鉴通考与百家传记之书，旁及中东时彦论著，扼要汇录，自惟识见，粗能赅通，而文章不足以镕铸，有所征引，多因仍旧文，鲜加润饰，略如《读史要录》之例，而顾氏《日知录》、赵氏《二十四史札记》及柳先生《中国文化史》三书，采录为最多。

又曰：

今日学生，能读《了凡纲鉴》《凤洲纲鉴》或《通鉴辑览》者，已为不可多得之通才，而有志之士，欲研究国家民族社会、文化政治演进构成之真相，求一疏通今古，信而不诬之史书，史学巨子，辄无以应。桀黠者以读史为畏途，束阁不观，则谓国史毫无价值；浅陋者安于提纲、便蒙，目空一切，则谓国史不过尔尔。一二逞臆之夫，肆其尧神禹虫之邪说，遂至举国风靡，而最近中央大学入学试验，二千五百余人中，以府兵为国家之卫队、青苗为青海之苗民者，多至二百余人，知崔浩、王应麟为何代人者，则仅十数人。噫！以吾民族积史之富、史类之繁，并世诸国，直无俦匹，今读书十二年，毕业中、小学之学生，不知国史顾如此！部颁高中课程标准，国史学分已减少至外国文十之一，(英文三十学分，国史仅三学分。)而教育家尚有提议再事削减，哓哓不休，岂今之从事教育者，皆如陈叔宝之全无心肝欤？抑二十世纪，百学昌明之日，国史之重要，尤待吾人之宣传欤？吁！可慨也已！

其言沉痛，与戴院长所言凡曾经主持大学之入学考试者，皆知中学毕业学生程度之劣，正相符合。附记于此，以见近今学校教育之一斑。

十时半，与郑监试螺生闲话。十二时寝。

十六日　晴　在闱中

今日为本届高等考试典试委员宣誓就职之日。

晨九时，典试委员长王用宾，典试委员徐谟、周览、陈长蘅、张默君、黄序鹓、刘奇峰、柳诒徵、陈大齐、杨汝梅、吴大钧、饶炎、夏勤，监试委员郑螺生、田炯锦、王宪章、杨亮功、朱雷章等二十余人，均至国民政府，举行宣誓就职礼。各委举右手宣誓，誓曰：

余敬宣誓，余恪遵总理遗嘱，服从党义，奉行法令，忠心及努力于本职。余决不妄费一钱、妄用一人，决不营私舞弊及授受贿赂，如违背誓言，愿受最严厉之处罚，此誓！

誓毕，林主席授印，王委员长接印，林主席赐各委佩带梅花章。随由中央监誓委员张继致训词，略曰：

高等考试，为国家抡才大典，王委员长及典、监各委，均属革命先进，自能为国努力，惟鄙人对此略有感想：盖民国肇造以来，常感人才缺乏，而怀才之士，又感学无所用，故总理五权宪法，特采取考试制度，由国家举行严格考试，一方在选拔真才，一方使才尽其用。至于选举制度，弊窦百出，在欧美各国，已不重视，而群趋于考试一途，政治上之原则，即在"贤者在位，能者在职"八字。诸先生今日主持高考，责任异常重大，务期选拔贤能，为国家建新生之机，发挥民族光荣，中央实抱无穷之希望。

继由林主席致训词，略谓：

此次高等考试，政府请诸先生负典试及监试之责，以选贤重任，重托诸先生。今入闱在即，为国宣劳，在此国难严重时期，举行盛典，堪为国家前途庆幸，并祝诸先生健康。

末由王委员长致答词，略谓："今日第二届高等考试典、监各委，举行就职礼，承中央代表及主席训词，用宾等敬谨竭诚接受。总理尝曰：'教养有道，则无枉生之才，鼓励有方，则无抑郁之士，任使得法，则无倖进之徒。'又，《礼运・大同》曰：'大道之行也，天下为公，选贤与能，讲信修睦。'是知欲使贤者能者，尽在其位，不贤不能者，决难倖进，除采用考试制度，以昭示天下为公外，别无他道。此次第二届高等考试，即中央慎选贤能、天下为公之至意，用宾等在院长领导之下，敢不竭智尽忠，从事于考试工作，以期为国家选拔真才。"云云。

礼毕，即由考试院戴院长、钮副院长，偕典、监各委，乘车至考试院，参加纪念周，并摄影纪念。随由戴、钮两院长，领送王委员长及典试、襄试、监试各委，暨各执事员司，鱼贯入闱。闱房即在宁远楼。登楼举行茶话会，戴院长复致辞嘉勉，王委员长复答词谦逊。

至十二时，与两院长握别，鸣鞭千响，行封门礼，由戴院长亲加封锁。自此，典、襄各委及监委等，俱深锁闱中，与外间隔绝，宿舍中之电话筒，亦由监委郑螺生监视粘封，不能与外间通话。

戴院长及王委员长，亦于本日登报宣告关防，文曰："本届高等考试，传贤、用宾自本月十六日起，至正试发榜日止，宣告关防。在关防期内，停止接见宾客及一切公私酬应，并停发私人函电，以昭慎密而严考政，特此布闻。"

午餐后，偕柳典试翼谋、陈典试百年、张典试默君、杨典试汝梅等，游观新闱场。场在考试院西，前临铁路，后倚台城，左近覆舟山，右接鸡鸣寺，为明初国子监旧址，有明永乐七年《赐进士题名记碑》，可资考证。碑在考试院后，宁远楼前。宁远楼即典试委员会办公处，东为委员长及戴院长办公室，西为典、襄各委阅卷室，中为正厅。由厅出，折而西，循梯下，先观楼前石碑。碑有二，东、西分立，东即《赐进士题名记碑》，西则《元卫国忠肃公祠碑记》也。

进士题名，昉于唐进士张莒。初在长安雁塔下题姓名，后书之于版，遂为故事。宋进士题名，皆刻石于相国、兴国两寺。至明，始立题名碑于国学，即国子监。其题名记，或为大学士撰，或为国子监祭酒撰，皆奉敕为之，多颂扬语。此碑为永乐九年立，碑文记永乐七年春考取进士事。始，成祖入金陵，改元永乐，由永乐元年至永乐七年，天下贡士至金陵，会试于礼部者，凡三次。据碑记所载，是年简拔之士，计一甲进士萧时中等三名，二甲进士杨慈等三十二名，三甲进士陈祚等四十九名，共计八十四名。题名记为大学士胡广撰、修撰沈庆书。碑阴刻是科读卷官为吏部尚书蹇义、户部尚书夏源等八人，监试官为山西道监察御史邓鉴等二人，提调官为礼部尚书吕震等二人，受卷官为翰林院修撰余鼎等四人，弥封官为鸿胪寺少卿孙伯坚等四人，点卷官为进士王英等三人，巡绰官为都指挥□□等四人①，印卷官为礼部郎中曾坚等六人。碑文完整可拓，玩此碑文，可以考见明初考试制度之一斑。

其西《元卫国忠肃公祠碑记》，则记元将死难事。先是，明兵克金陵，元江南行台御史福寿唐死之。太祖即位后，嘉其死难之忠，建祠于国子监之侧，洪武二十二年夏立碑，国子监祭酒宋讷奉敕作记。惟碑文已漫漶，不易认辨。

略事摩挲，即由东廊绕宁远楼侧，至华林馆。馆在宁远楼后，中藏图书，亦称图书馆，为民国十九年建。戴院长于二十年元旦，亲书“华林馆”三字匾额，悬于馆门。又有联曰：“万卷图书开秘府，六朝文物溯华林。”为前考选委员会委员长邵翼如先生撰，其夫人张典试默君书，字体潇洒秀逸，与联语称，诸典委称为双绝。馆后为藏书楼，门前有横额，题“读有用书斋”五字，为十九年秋，中央委员张人杰书。楼中藏书并不富，大半皆公报、杂志，古本书殊少少也。上有平台，登台远眺，钟山龙蟠，石头虎踞，皆在眼中。北极阁之气象研究所，近在咫尺，此中有人，可以呼语。藏书楼后，为藏卷库，在建筑中，将以贮藏各届考试试卷。张典试默君曰：“库房太窄，历年考试，积卷必多，

① 按：缺字符为底本照录。

数十年后，此库不敷用矣。”

出华林馆而东，有场圃焉。花木虽不多，足供玩赏。前有一园，植果颇夥，考试院秘书长许崇灏，榜其门曰“果园”，跋曰：“种善因者收善果，种恶因者收恶果，此自然之理也。教育，种因者也；考试，收果者也，有良善之教育，然后能取得良善之人材，教育与考试之关系，其深且切如此，治国者可不加之意哉！”其言颇可玩味。园东有草亭，题曰“望云”，谭延闿书。旁有联曰：“刈荆棘，辟草莱，作个小花园，让大家游玩；移秧苗，播种子，栽些好树木，给后人乘凉。”亦许秘书长撰书。亭东有闸，水声淙淙，盖玄武湖水，穿城入，由此南下珍珠河，即古御沟也。出果园而西，折至宁远楼前，远望朱碧绚烂，规模极为宏大，上悬横额，题“宁远楼”三字，为戴院长书。楼正门悬“宁静致远”四字匾额，又联曰：“养天地正气，法古今完人。”皆取总理生前所书联额制成，令人想见总理所以遗于吾人者，其精神之伟大，历百千世而不可磨灭也。

至此，环宁远楼一带，游览已尽，乃折而西，出便门，入试场。试场正中，层楼耸翠，气象巍峨者，明志楼也。明志楼与宁远楼，东西并峙，宁远楼为典试委员会办公室，明志楼则全国学子之试场也。宁远、明志，取先哲“宁静以致远，澹泊以明志”语意而命名。宁远楼为民国二十年建，明志楼则民国二十二年建，绣闼雕甍，类宫殿式，楼正殿，上悬“明志楼”三字匾额，戴院长书，中悬“忠孝仁爱，信义和平”八字匾额，为国民政府主席林森书。两楹有联曰：“作人当立大志，彻始彻终，有为有守；求学须定宗旨，知本知末，通古通今。”为戴院长撰，并跋曰：“《大学》教人以‘明明德’，又教人以‘知止’，而曰：‘物有本末，事有终始，知所先后，则近道矣。’总理亦教人以立志，又教人以立信，而曰：‘能彻始彻终，有条有理。’则为人为学，先圣后圣，所以教人者无异。吾道一以贯之，后学勉焉。”又有联曰：“取士务实不务华，敷奏以言，要能立功立德；得官可喜亦可惧，靖共尔位，应思为国为民。”则副院长钮永建撰书。其东殿有匾，题“详延楙异”四字，为委员长手书，又有联曰："守总理成规，教养有道，鼓励有方，任使有法，庶几天下才无弃；稽虞书遗制，敷奏以言，明试以功，车服以庸，从古知人哲则难。"亦委员长撰书。西殿有匾，题"用熙庶绩"四字，为铨叙部部长林翔书，并撰联曰："澹泊为宗，经世多由方寸净；圣贤是式，求才不着一毫私。"跋曰："明志楼告成，戴院长特撰联语，勖勉多士，谨推演其意，与总理'天下为公'之旨，续撰斯联，以纪其盛。"

楼四围皆有石栏，高敞宏丽，朱碧辉煌，为前古所未有。楼正殿，下为第一试场，可坐三百人；上为第二试场，亦可坐三百人。东殿可坐二百五十人，为第三试场；西殿亦可坐二百五十人，为第四试场，共可容一千余人，而东、西两殿，其下尚有一层，为典委会职员办公处。楼前石阶甚平广，历级而下，前为广场，再前为圜丘，正中为方坛，类佛教之坛城。中植菊花甚夥，均含苞未放。

再前，仍一圜丘。又前至一亭，曰"问礼亭"，中建石碑，嵌石刻《孔子问礼图》于碑内。国民政府主席林森，撰文记此石刻之由来。文曰：

> 洛阳，古九代名都，时有古物出世，残碑断碣，得者珍同拱璧。然土人工于作伪，市上所陈，半皆赝品，罕觏其真。季陶同志去岁入洛，得永明二年石刻《孔子问礼图》一方，完整无缺。书法刻工，朴茂无比，石文斑驳，而又极其润泽，金石家谓为古刻，久湮于水中者，断非伪造所能及。今季陶特为建亭于考试院，用资保护，且藉以昭示先圣求礼之殷。以余驻洛经年，亲见其值此奇逢，嘱为之记，余亦喜瑰物之得主也，爰述其缘起如此。

石刻之上，篆"孔子问礼图"五字，中央委员吴敬恒书，民国二十二年十月十日立石。

亭前为试场正门，建石牌楼，因门已扃锁，不能出外，牌楼正面，石刻"选贤任能"四字，其里面则刻《文官誓词》六十三字，皆戴院长书，书法绵和雄健，于娟秀之中，露劲拔之气，姿势奕奕，神采飞扬，令人叹绝！亭两旁草地甚多，杂植花木，宽畅宏大，徜徉其中，如履琅嬛福境，于以知戴院长之擘划经营，其风趣倜乎远矣。

晚餐后，与翼谋谈江苏省立国学图书馆。翼谋曰："省立图书馆，在盋山之阳，前临乌龙潭，后倚清凉山，山水清澄，储书讲学，藏修息游，号为胜地。馆舍大都承惜阴书院之旧，清道光间，陶文毅公澍，总督两江，建造书院，课诸生以经史词赋，咸丰中毁于兵，同治五年，始复修建，嗣有增葺，仍为书院。光绪二十九年，改为上元县高等小学堂，三十四年四月，始改为图书馆。先是，苏抚端方自欧洲考察归国，谓图书馆为传播文化，牖启民智之大事业。及督两江，适钱塘丁氏欲售其藏书，缪艺风先生言于端方，以事关国粹，不忍见其继皕宋楼藏书之后，再沦于东瀛，遂筹款七万三千余元，购其书至金陵，就前惜阴书院，即当时之上元高等小学堂，添筑后楼二幢以储之。宣统二年九月工竣，定名为'江南图书馆'。制定规章，布置阅书室，开始阅览。民国元年二月，改名'江南图书局'，二年七月，复改'江苏省立图书馆'。中经兵事，仅派专员保管。至八年秋，改称'江苏省立第一图书馆'。十年七月，复开放阅览，而善本书仍慎重保管，限制借阅。至十六年六月，江苏教育厅聘余为馆长，始清查整理，更定新章，九月二十日起，全馆之书，均可阅览。寻改名为'第四中山大学国学图书馆'，十七年二月，第四中山大学改名江苏大学，五月又改名中央大学，图书馆亦随之一再改名，十八年十月，恢复省辖，教育厅更定名为'江苏省立国学图书馆'，直至于今。"此该馆历年沿革之大概也。

至其藏书，亦有惊人之数字，全馆所藏，与钱塘丁氏、武昌范氏、桃源宋氏三家之书，又山阴薛氏之清中兴名人手札墨迹、南陵徐氏之书画，并开办时调取各官书局之官书，以及历年来该馆所添购公私团体、中外作家所赠送，截至民国十九年底止，旧储新增，计得善本书六千余部、普通书一万五千余部、图表六百余部、金石影片四百余幅。兹列藏书统计表于左：

类别	部数	卷数	册数	内不分卷部数	幅数
善本书	二六一二	六一〇〇六	一八九一九	三一	
续提善本书	四一五一	九〇八六五	三一八〇八	二一六	
普通书	一五〇三三	二九〇四一二	一〇八八五九	一七八八	
图表		二二	六〇八		七一九
金石影片					四四八
杂志期报	七〇九		八二〇〇		
总计	二二五〇五	四四二三〇五	一六八三九四	二〇三五	一一六七

右表共计藏书二万二千五百有五部，四十四万二千三百有五卷，合计十六万八千三百九十四册。内不分卷者二千零三十五部，金石影片及图表以幅计者一千一百六十有七幅，而书画之件数，尚不与焉。较之《四库全书》，著录者仅七万九千余卷，存目者仅九万二千余卷，相去不可以道里计矣。

溯该馆成立，迄今二十五有年，薄海内外，多所称道，惟自开创之始，即未尝有大规模之计划，期其造成一完善之图书馆，因陋就简，以迄今兹，不第不足语于发展，抑且不克善其保存，书楼书橱，纯系木质，且已窳旧，危险堪虞，补苴罅漏，款复支绌，澈底改造，费更不赀。阅览之室，仅容三十人，设备简略，难求美观，宋元旧椠，明清孤本，大部名著，多未印行，装潢修补，辟蠹祛霉，一二书工，日不暇给。至于广购新书，盛钞藏本，供专门之研究，应时世之需求，则更有所未逮。

近五六年，在事诸人，竭尽心力，履厥职责，编摩整饬，稍稍改观，请加经费，年有预算，建议当轴，贡策乡贤，冀无负于藏书，或颉颃于他馆，空言积尺，实现无期，憬总理恢复民族精神之训，值全国提倡社会教育之殷，省政日即恢宏，教费年有进展，惟兹馆款，仅敷维持，以云改良，则同画饼，此亦邦人君子所深致慨叹者也。

至于印书一项，尤为急务，母金售价，既可循环，存货亦有实价，子母相生，初非消耗，但得一二十万元为印书基本金，则大宗秘籍，流布天壤，昌明国学，即所以振兴民族精神，而子息所储，兼可裨益公款，亦何惮而不为，保存旧籍，发皇国光，胥是利赖，此则对于该馆所抱几微之希望也。

谈至十时半回宿舍，十二时寝。

十七日　晴　在闱中

晨起，接通知，本日上午八时，在会议室开第一次会议。即偕典、襄各委，至宁远楼会议室出席。九时开会，委员长主席，报告事项八，讨论事项五，关于典试委员会议事规则、考试日程表、典试委员会秘书处办事细则，及北平办事处办事规则、典试委员会监场规则等案，均决议通过，并议决典试委员分组表。席间，黄襄试右昌、陈典试大齐、张典试默君等发言极多，至十二时散会。

兹将本日会议《议事录》列左：

高等考试典试委员会第一次会议议事录

日期　二十二年十月十七日上午八时

所在地　典试委员会会议室

出席　委员长王用宾、典试委员周览、陈长蘅、柳诒徵、夏勤、杨汝梅、吴大钧、饶炎、陈大齐、黄序鹓、张默君、辛树帜、刘奇峰

列席　监试委员郑螺生、襄试委员刘克儁、谢无忌、曹冕、徐天啸、黄忏华、寿勉成、胡定安、黄右昌、罗篁、林彬、黄寿慈、金庸、罗鼎、张策安、郄朝俊、郑鹤声、阮毅成、卢前、诸葛麒、章诚忘、陈锡符、朱偰、周光倬、余钟秀、张一清、汪国垣、乔启明、史维焕、朱孔文、朱世全、王讷言、潘凤起、黄华表、林文琴、孟广照、杨宙康、印水心、戴鸿猷、高槐川、狄膺、周士观、罗鸿诏、张毓骢、丁

宇学、李隆、秘书长陈有丰

主席 王用宾

记录 秘书龙潜、副科长孟国华

速记 冯举安

主席恭读总理遗嘱——全体肃立

甲 报告事项

（一）宣读前次谈话会记录；

（二）考选委员会函送高考事务日程一览表及考试院令布民国二十二年高等考试典试委员会处务规程希查照由；

（三）考选委员会函送奉考试院令布典试委员会阅卷规则希查照由；

（四）考选委员会函送襄试委员分组担任阅卷科目表希查照参考由；

（五）考选委员会函为派在北平服务之典试委员遇必要时得不拘束其外出经呈奉院令照准函达查照由；

（六）考选委员会函送试场规则希查照由；

（七）考选委员会函为议决各种修正高等或普通考试条例内所列各种法规命题一案经呈奉院令准如拟办理函达查照由；

（八）秘书长报告每一科目试卷收齐后由秘书处函请各委员阅卷办法由。

乙 讨论事项

一 高等考试典试委员会议事细则草案案 决议 修正通过，并改标题为《民国二十二年高等考试典试委员会议事规则》。

二 考试日程表草案案 决议 甄录试考试日程表，照案通过；正试考试日程表，暂行保留。

三　高等考试典试委员会秘书处办事细则草案、高等考试典试委员会北平办事处办事规则草案案　决议　修正通过。

四　高等考试典试委员会监场规则草案案　决议　修正通过。

五　委员陈大齐临时提议依据《典试委员会阅卷规则》第七条之规定请订定每日阅卷时间案　决议　阅卷时间：每日上午八时至十二时，下午二时至六时。

午餐后，与柳典试翼谋、缪襄试赞虞、张襄试筱峰、陈典试长蘅等，至华林馆东场圃内观菊，并有梧桐、芭蕉、紫荆、蜀葵、鸡冠、海棠等，百花杂莳，佳气郁葱，因谈及明清会试事。清人李慈铭于光绪庚辰科至北京会试时，其第二场日记有曰："三月十三日，黎鸣结束，日加辰，始启门，缴卷出闱后，即雇车出城。检视寓庭花树，海棠、碧桃、紫丁香正盛开，秧梅一树已零，一树正秾，白丁香尚止半放，惟鸾枝已过烂漫，杏花、李花俱落耳。裴回花下，风日晴佳，以视矮屋灰堆，奚啻天上。十四日已刻入闱，坐西李字第十二舍，本在第七十六舍，臭秽不可入，立俟扃门，幸空一舍，因得居之，已过午矣。"云云。可见当日举贡会试矮屋灰堆，生涯甚苦，尤以号舍中臭秽之气，令人难受。以视今之明志楼考场，高敞宏丽，朱碧烂然，虽北平之帝王宫殿，无此光洁，相去何可以道里计哉！

又，清代考试制度，举贡会试，名曰"春闱"，自三月初八日起，十六日止，共九日，分三次入场，初八日晨入场，为第一场，试四子书两艺一诗，凡三题。初九日晨子时得题，初十上午或下午出场，在闱中凡三日。十一日入场，为第二场，试五经义五题。十二日晨子时得题，十三日出场，在闱中亦三日。十四日晨再入场，为第三场，试策问，亦五题，十六日出场。三场共十三题，试九日，故当时有"三场首号，九日晴天，一乐也"之语。今之高等考试，第一场（即甄录试）自十月二十日起，至二十二日止，凡三日，每日须试六题，计共十八题。以视清时第一场三日，止试三题，难易已不平均。清代考试三场，连考九日，应考者手续已毕，可各返乡里，而今之应考者，自十月二十日头场试毕，俟至十一月九日始考第二场(正试)，又俟至十一月十八日始考第三场，面试日期与初试日期，相差至一月之久，此亦考试日程中所宜斟酌修订者也。

晚餐后，与委员长谈考试制度。委员长曰：

戴院长尝言：考试行政机关之组织，在中国旧制，无可循之成规，(明清考试制度，与现在考试制度，完全不同。)在欧、美、日本，亦鲜可仿之先例。总理所以昭示吾人者，亦仅为五院制度之理论，并无考试行政之具体办法。此种伟大之建设工作，全赖吾人悉心研究与试验。在明清考试，仅试经义、策论及制艺、词赋等，简陋已甚，今则大加进步，除国文、党义、历史、地理、宪法等，为任何人必须考试外，并分别种类，试以专科。科目之多，为历来所未有，进步之速，可以推知。惟此种制度，仍在研究与试验中。戴院长又曰："考试制度，与学校教育，关系甚巨，苟学校教育，内容不求改良，则考试举行，必无良好之成绩。"此言已可由历届考试试卷中，证明确实。盖学校教育，内容腐败，至今日已无可为讳，尤其教者学者，立于倒置之地位，以致学风败坏，学生气习嚣张，不可挽救！他省姑勿论，吾山西人，即以山西言，山西学风之坏，已达极点，学校之中，学生权势最大，教员权势最低，因教员各事，皆秉承校长，而校长则秉承教育厅，教育厅则秉承省政府，省政府则又秉承于学生。故学生权位，立于最高级，而教员则立于最低级。以是之故，学生侮教师，殴校长，反对政府，越轨胡行，皆为当然不可避免之事实，而成绩之恶劣，学业之空浮，尤其次焉者也。

各典委皆曰："此种现象，非仅山西一省，几于全国皆是，中国学校教育之危机，实伏于此。”

九时，返宿舍，回念委员长之言，及十五日下午戴院长之言，觉今日学校教育，已无维持之必要，欲谋挽救，非提高考试权，改善教育，转移风化不可。沉思苦索，彻夜未能成寐。

十八日　晴　在闱中

晨起，接典委会秘书处函称：高等考试甄录试襄试委员，分组阅卷，业奉派定，相应检同史地组阅卷委员名单，暨阅卷规则各一份，随函送达。分录如左：

阅卷委员名单

史地组　主任　柳诒徵　副主任　印水心、张其昀

中国历史　宋湜、缪凤林、印水心、罗篁、杨宙康、刘盥训、周士观、章诚忘、郑鹤声、吴台、高槐川、黄振华、雷震、彭养光、汪剑翔、熊正琦

中外历史　（仝前）

中国地理　马鹤天、黄国璋、张其昀、张一清、张毓骢、诸葛麒、周光倬、周世屏、印水心、黄振华、彭养光

中外地理　（仝前）

典试委员会阅卷规则(二十二年十月二日考试院公布)

第一条　典试委员会评阅试卷，除另有规定外，依本规则之规定行之。

第二条　典试委员、襄试委员评阅试卷，得依科目之性质分组为之。

第三条　每组设主任、副主任各一人，由典试委员长就典试委员、襄试委员中指定之。

第四条　各组主任得召集本组会议于必要时并得开联组

会议。

第五条　试卷之分配由典试委员长定之。

第六条　每一科目之试卷，由委员二人以上分阅时，应先议定评阅标准，再行分阅。

第七条　阅卷期限及每日阅卷时间，由典试委员会决定之。

当日未经阅毕之试卷，应由阅卷委员亲自固封、盖章，交秘书处保管之。

第八条　评阅试卷应由典试委员、襄试委员各自单独负责拟定分数，不得互相参加意见。

第九条　评阅试卷初阅用蓝笔，覆阅用朱笔。

典试委员长抽阅时亦用朱笔。

第十条　卷面记分应用本国大写数目字。

记分后如有增减之必要时，应书明改为若干分字样并加盖私章，不得将原分数涂改。

第十一条　评阅试卷发现有左列情事时，应报告典试委员会：

一　文字内容确有反动思想者；

二　应考人于试卷上署名盖章者；

三　试卷上有潜通关节嫌疑者；

四　其他认为有疑义者。

第十二条　初阅、覆阅完毕之试卷，由秘书处点收之。点收后，典试委员、襄试委员不得再行调取。

第十三条　典试委员、襄试委员及其他会内人员对于试卷内容及阅卷情形不得在会外泄漏。

第十四条　本规则自公布日施行。

又，典委会附送油印第一届典委会决议之"阅卷及评定分数办法大纲"如左：

一　阅卷

一、襄试委员分阅试卷之数目以平均分配为原则，但遇特殊科目不能分阅或兼他种职务者不在此限。

二、试卷少者由一人评阅；

试卷多者由二人以上分阅，先由阅卷人会同评阅若干卷，商定阅卷标准后，再行分阅。

初阅分数在四十分以上之试卷，典试委员须详细覆阅。

三、凡试卷文字有显著之反动思想(反对三民主义、五权宪法、革命历史及国民政府)者，由评阅者在卷面注明，经提会议决后，该应考人之分数不予结算。

四、各人阅过之试卷，必须用朱、蓝为已经全篇阅过之表示，或圈点，或批语，或别种符号，均可。

二　评定分数

一、第一、第二、第三三试分数之分配　第一、第二两试各作为五分之二，第三试作为五分之一(即第一、第二两试各四十分，第三试为二十分)。

二、第一试分数之评定　对于分数高者不必特别从宽，但对于成绩较次者，除有特别显著之谬点者外，总以不轻给四十分以下之分数为是。

阅后，随以委员名单、阅卷规则及评定分数办法大纲，访柳主任翼谋，磋商召集本组各委，开组务会议，规定答案要点及给分标准，当即议定：办法大纲，交大会议决；答案标准，俟考试开始，题目公布后，再召集会议，决定办法。

午餐后，翼谋邀至果园望云亭，听石闸涛声，见有二少年，在亭内读书，状至勤勉，因谓翼谋曰："青年读书，不必一定在学校，随时随地，皆可奋志求学。"翼谋曰："然！今夏五月，中委吴稚晖先生在中央纪念周报告谓：'现在人才教育，只要在四百兆人民中，有四百万人，能造钢帽，恢复固有制造火药之精神，即可为国家御外侮，平定内乱；至于读书，不在乡下去读，而要到学校里来求：麇聚于一校一室，断教不出什么好人才，即有好的，亦不过三四等脚色而已。'其意正与君同。"

晚餐后，阅报，又有感触，决自本日起，为"兴考代学"之运动，即以晚近学风败坏，纪纲废弛，非藉考试之力，替代学校，严订考试科目，任学者自由教学，以谋改善教育，转移风化，不能挽救中国危亡之主张，向同闱典、襄各委，分别讲述。此种主张，蕴蓄已久，当民国初年，前奉天教育厅长谢荫昌发表其致某公书，论学校弊害，及改革教育计划时，即有此意，惟方法不同。在未入闱前，曾以此种主张，向委员长提及，委员长极表赞同。此时在闱中，与全国教育专家，萃聚一堂，拟正式提出，与诸贤商讨。

是晚，先向柳典试翼谋表示意见，翼谋初不赞成，互相论辩，历两小时之久，翼谋卒改变词锋，同情于余以考试代学校之主张，但恐时机未至，未易实行，因询水心最近学校教育之弊害何若？水心曰："自前清张百熙奏定学堂章程以来，废考兴学，已三十余年，为期不能谓不久，论时论事，宜有非常之进步，然而，结果如何？他姑勿论，据最近教育部派遣国立编译馆编审陈可忠、国立浙江大学教授张树忠等，视察上海暨南、沪江、复旦、光华等六大学之报告；其结论则谓：各校学生服饰，多数习于奢侈繁华，衣履则竞尚新奇，体态则趋于柔靡，女生服饰，尤多新奇，苟不加以矫正，质朴刚强之风气，绝无由养成，而家庭与社会，将均受其害。又曰：关于学生智识方面，会于视察时，择一二校，召集学生自治会代表谈话，询以学生在国难期间，应作何准备工作，并询以自治会领导同学之具体方案，而学生代表，均无辞以对。久之，始略表示其意见，但多空浮错谬，不切实际云云。其不满意于学生智识之浅薄，与夫学校教育方法之谬误，已情见乎辞。夫大学学生，为全国千万人中之选手，而领导学生自治会代表，又为数百大学生中之选手，其智识竟不能答复国难期间，学生应如何准备救国之问题，又不知身为自治会代表者，应有如何领导学生工作之方案，则其平日所学，均为空浮错谬，无补实用之学，可以推知；而各校当局，平日之所以教导学生者，均为空浮错谬，不切实际之欧美智识皮毛，亦可概见。盖尝思之，国立大学，教育学生之目的，不外培养质朴刚强，为国效力之人才；私立大学，教育学生之目的，亦不外培养质朴刚强，智识充足之青年，备国家社会之需用。今各大学所培养者，竟为衣履新奇，体态柔靡之少爷小姐，空浮错谬，不切实际之浮滑青年。夫岂国家岁糜千百万帑，以兴学育才之本意耶？殷忧之士，至比此衣履新奇，体态柔靡之少爷小姐，空浮错谬，不切实际之浮滑青年，为明星化、小生化、舞女化、娼妓化，而以各大学，为此少爷小姐，浮滑青年之制造场、娱乐院、歌舞团，以如此学生，如此教育，而占领全国所谓神圣最高之学府，则今日之大学教育，又安得不为亡国之教育也耶？”

翼谋曰：“然！平心而论，从学校本身方面研究，数十年来，我国学校教育，确极窳秕，民风日劣，士气销沉，倭寇入侵，束手无策，虽不能尽归咎于学校，而教育不良，实为其重大原因，即言实用，大学分科，偏趋文法，中学设校，轻视谋生，学不致用，用非所学，每年成千累万毕业生，输入社会，不惟不能领导社会，反而造成社会许多失业游民，增加社会恐慌及不安宁程度，致社会时时责难学校，则学校更何能得社会信仰，结果如此，无怪从事教育者，均抱极大之杞忧，而谋澈底改善教育，转移风化。君今主张以考试代学校，严订考试科目，以为改革教育之先声，自是颠扑不破、砭俗救时之正论，惟在本届考试方开始之时，学生成绩，尚未表现，不妨稍缓数日，俟甄录试完毕后，较有余暇，再从容商讨具体办法何如？”水心曰：“善。”

遂辞翼谋，至郑监试螺生处，论学校教育，为害社会情形，郑监试曰：“最近人心败坏，风俗窳秕，皆由于学校教育，宗旨不纯，思想骛突，欲谋挽救，非废止学校，提高考试权，以考试代学校不可。”言至此，张典试默君至，亦同情于水心兴考代学，严订考试科目，以谋改善教育,转移风化之主张。十时半,返宿舍,与寿襄试勉成,讨论此问题,寿襄试亦点首称善。

十九日 晴 在闱中

晨起,接通知,本日上午九时,在会议室,开第二次谈话会。届时出席,到典委十二人、襄委六人,讨论阅卷及评定分数办法大纲。委员长主席,报告阅卷及评定分数意旨,张典试默君提议:"本届阅卷,分数宜严,不可过宽,惟初场甄录试应取相当之严格,而不取绝对之严格,俾应考者得有参加正试之机会。"又曰:"名器不可过滥。"委员长曰:"然!初场录取卷数,拟以百分之五十为标准,最高限度不得过百分之六十。因《考试法施行细则》第十七条规定,甄录试及格,正试不及格者,或正试及格,面试不及格者,下届在同地应同类考试时,得免除其甄录试或面试。是甄录试取卷,不宜过多,盖取多则考者对于国文、党义、史地等门,皆可不加研究,取少则可使考者,多读几部书,为下届再来之准备。故初试多取,于考者无益而有损,少取于考者无损而有益。"夏典试敬民曰:"初试尚非主要科目,不妨多取,藉以测验其正试时主要科目之程度如何?"委员长曰:"不然,使某考生而对于国文不及格,党义不及格,历史、地理不及格,宪法及经济学等不及格,虽正试之主要科目,成绩稍优,亦不可取。总之,阅卷标准,可由各组自行决定,不宜过严,亦不宜过宽。"

结果议定评阅试卷注意事项七条左:

评阅试卷注意事项

一、各科目试卷之评阅标准,由各组会议,自行决定之。

二、各科目试题,应由命题委员拟定答案、给分层级,以便阅卷委员比照给分。

三、试卷初阅,用蓝笔,全篇圈点,或加其他符号;覆阅用朱笔,择要圈点,或加其他符号。

四、襄试委员，分阅试卷之数目，以平均分配为原则，但遇特殊科目，不能分阅者，不在此限。

五、试卷少者，由一人评阅。

六、典、襄委阅卷时，一科目之试卷，亦得按其题数由数委员分阅之。

七、典试委员覆阅卷时，每科目六十分以上之试卷，由本组主任委员评阅，六十分以下之试卷，由其他典委评阅，但各组得按情形变通之。

十二时，散会。午餐后，在宁远楼与各典委闲话，即以昨晚向翼谋、螺生、默君、勉成等所表之意见，告知各典委，各典委皆赞成水心以考试代学校之主张。余襄试钟秀、黄襄试右昌，论及晚近教育不良，风俗败坏等事，尤为愤慨。

二时半，国民政府主席林森至闱中，慰劳典、襄各委。由戴院长、王委员长导主席登宁远楼。主席南向坐，典、襄各委，分坐两侧。司役进茶点，谈半小时，主席频注目楼东壁《戴院长侍母讽经图》，问为何人所作？戴院长曰："林风眠绘赠。"主席曰："甚佳。"旋谈闱中办理经过情形，主席甚欢。三时半，主席辞出，典、襄各委恭送至闱门而止。戴院长、钮副院长暨王委员长，陪侍主席，参观新建试场。四时出闱。典、襄各委，返至宁远楼，相与评论林风眠作品之超异。

林氏所绘《戴院长侍母讽经图》，张宁远楼东壁，吾人朝夕习见，不以为异，此时经主席注目，始各重视。图高丈余，阔亦近丈，笔意生动，色彩鲜美，为林氏生平有数之矩制。余对绘事，虽为门外，然观此图，亦知爱好。是图正中，绘戴院长之母黄太夫人，端坐沙发(椅名)，手持佛珠，含笑讽经。戴院长亦手持佛珠，侍立太夫人之侧，意态肃穆。在美丽之天空中，仿佛见释迦世尊趺坐听经，罗汉尊者十数人，环侍左右，更有两天女，捧盘盌，盛鲜花，似自云气中，呈献太夫人。更有神、佛二人，似自东南来，参谒世尊，白云冉冉，喧腾满纸，珍禽异卉，又纷呈太夫人座前，盖一极伟大宏丽而含有艺术神秘化之洋画作品也。

中国今日洋画家，最能以作家内在之精神，支配一切之自然形态，在构图上，表现出美好理想意境之人物，厥有二氏：一为庞薰琴，一即林风眠。庞氏之画，乃倾向于素描方面之理想派作家，故其色彩轻淡，线条明晰，在近代美术史中颇称能手。庞氏最初顶礼恩格尔，其次顶礼沙苑纳，再次顶礼特尼，以后虽习立体派之构图，但在立体派中，所受之影响，与所生之关系不大，故庞氏之画，在整个作风上，恩格尔之冷静严肃态度，给予以不少助力，而在线条与色彩上，沙苑纳给予以更深切之刺激，至特尼，则为其后援之补充而已。同时，庞氏富于理智之精神，以冷静之头脑，观察沉思，思以自己之全部精神，支配画中之对象，所谓美妙理想中之意境，即在其静穆清澄之色彩中，均衡柔和之线条中，以及和谐自然之构图中，使庞氏成为理想派作风之人物。

至林风眠氏，亦理想派之作家也。其在构图上，亦偏重于美妙理想意境之人物，如本图所绘释迦、罗汉，及天女、神、佛等，皆为美妙理想意境之表现。其与庞氏不同之处，则在所受师法之各异。林氏早年作品，在国画上，系受折衷派作家高奇峰氏（为岭南四大画家之一）之影响，在洋画上，则受现任巴黎美术学校教授西蒙氏之指示。虽其后在色彩上，受前任美专校长培那氏之洗礼，以至采用过立体派初期之形式，然其笔锋与大幅构图，始终为高氏与西蒙氏势力所支配，而其色彩，有时生硬，且缺少素描之风味，此则与庞氏不同之大者也。闻林氏作品，其题材往往采取劳动大众或无产者之生活，冀以引起人类一种不平之共鸣；惟其所画，以立场不同，不能将劳动者，以至无产者，切身所受之痛苦，与内在之力量，完全画出，以告诉读者，斯其缺憾！惟此图，描写戴院长及太夫人，以至释迦、罗汉、天女、神、佛等，一切与其他作品不同，因是可以推知林氏在未动笔以前，必经过长时间之沉思、分析、考虑，最后始徐徐用笔调色，构成此一幅美妙理想意境之伟大画图。吾人在此伟大画图之色彩上,处处可以感觉到一种静穆庄严之情绪,线条上处处可以感觉到一种均衡柔和之旋律,而在全副之空间,亦处处皆能领略到一种弥漫和谐之诗趣。最后,吾人可以推知林氏以前作品,所受种种之影响,以至此次作风转变之过程,并能以作家内在之精神,支配一切之自然形态,而与庞薰琴氏,同为理想派作风之人物,可断言也。至其笔力之深沉,与气势之雄伟,犹为余事。

晚餐时,张典试默君,以闱中新著《登华林馆平台》诗见示,如左:

癸酉秋,再典试京闱,登华林馆平台,
次孝园韵,并简衡文诸子

会心良弗远,华林郁高秋。四海集英彦,噬肯新都游。何以康世屯?乃在纾民忧。文光盈太虚,得士邦之休。飞鸿眄寥廓,一网散千愁。

翼谋、敬民、伯修、序鹓、百年诸典试,皆极赞赏。

八时,返宿舍,读翼谋所著《中国文化史》两册。此书原为翼谋前在东南大学史学系教授时所用之讲义课本,数经改订,曾刊登于《学衡》杂志,极为学者所欣赏。全书分中国文化为三大时期:第一期,由邃古以迄两汉,是为中国民族本其创造之能力,由部落而建设国家,构成独立之文化之时期;第二期,自东汉以迄明季,是为印度文化输入中国,与中国固有文化,由抵牾而融合之时期;第三期,自明季以迄今日,为中、印两种文化均已就衰,而远西之学术、思想、宗教、政治,以次输入,相激相荡,而卒相合之时期。叙述详明,议论宏达,缪襄试凤林称:“此书以六艺、诸史为经,而纬以百家,举凡典章、政治、教育、文艺、社会、风俗,以至经济生活、物产建筑、图画雕刻之类,皆就民族全体之精神所表现者,广搜列举,以求人类演进之通则,以明吾民独造之真际。体例虽为近代史著,而性质则与无锡顾亭林《日知录》之中篇《治道》、阳湖赵翼《廿二史劄记》之第四类综论历代史迹相近，其议论亦在二氏之间，涵蕴富而义类宏，近百年来所未有之大著作也。”

读第一册未完，倦甚即寝。

卷二　十月二十日至三十一日

十月二十日　晴　在闱中

今日为本届高等考试普通行政人员甄录试开始之第一日。

报名应考者，计共二千六百余人，南京、北平两处，同时举行。在京报名者，计一千六百四十九人，在平报名者计约一千人，而本京新建之考场，仅可容一千人，经考选委员会决定：自二十日起至二十二日止，凡三日，为普通行政人员甄录试考试之期，考科分六门，每日考试二门，每门三题全作；自二十三日起至二十五日止，凡三日，为财务、教育、会计、统计、外交、司法官等六类人员甄录试考试之期，另出考题，亦分六门，与普通行政人员同。

在此日期中，京、平两处，同日考试。北平考务，由典试委员会驻平办事处办理。北平试场，假前众议院议场举行，典试委员沈士远、白鹏飞，监试委员高友唐、田炯锦等，先至北平，筹备一切。本月十九日晨十时，假外交大楼大礼堂，举行宣誓就职礼。国民政府派黄郛莅场监试，蒋梦麟主席，来宾有市长袁良、公安局长余晋龢等三十余人，首由典、监各委宣誓就职，次由黄郛、蒋梦麟分别致训词，继由监委高友唐致答词。是日下午，典、监入闱，行封门礼。惟北平止办外闱，举行考试，不阅卷。各种试卷，仍由北平运京，由典委会典、襄各委，分别评阅。其录取之及格人员与本京应考者，同榜揭晓。至录取名额，由典委会决定，凡满六十分以上者，无限制录取。

本京试场，在明志楼，分第一、第二、第三、第四四场，每场皆有监场人员，监试极严。每日上、下午点名入场，上午七时点名，下午十二时半点名。点名次序，五十名为一组，每组有一点名牌，依牌上名次唱点。此点名牌，先期分布场门外东、西两廊，应考人员须于点名前，各自认名牌上本人姓名，依序立候，不能远离，在点名时间，四场同时唱点。第一场点名者为监场总主任许崇灏，第二场点名者为监场副主任马洪焕，第三场点名者为监试委员王宪章，第四场点名者为监试委员杨亮功。点名后，各应考人验证领卷，鱼贯入场。其监场人员，第一场由王宪章监试，第二场杨亮功监试，第三场朱雷章监试，第四场郑螺生监试，皆国府简派之监试委员也。至监场总主任许崇灏，则为考试院之秘书长，副主任马洪焕，则为铨叙部次长。四场各派监场主任，第一场监场主任胡定安，监场员金恒、华学珩、郁剑碧、黄以煃、邱濬、陈宗熙等十五人。第二场监场主任赵钚，监场员俞俊珠、焦芬、陈人隽等十四人。第三场监场主任朱德铨，监场员王一峰、景崇文、王止峻等十四人。第四场监场主任黄问岐，监场员杨庆华、高寿崧、贾文林等十人。

是日晨起，偕柳典试翼谋、夏典试敬民、杨典试汝梅等，在场外竹篱边，远看诸生点名入场，分组唱点，秩序井然，中有女生数人，又一老生，短发苍然，亦挨次入场，因有所感，回宿舍作函致张典试默君。函曰：

默君先生吟席：晨起与翼谋、敬民等在场外观第二场点名，见有女生二人，轻裾独曳，持卷入场，亦本届考生中之麟凤也。又见一老生，头童齿豁，须发皆白，俯首随诸生后，鱼贯入，因忆浙江李慈铭记光绪庚辰春闱事，有曰："是日场中，见胶州人庄姓，自云年九十二，实年八十四，戊辰入学，庚午赐副榜，去年赐举人，今年例得赐检讨衔。盖当时风气，老困童子试者，往往冒增年岁，至二十余年，夤缘入学，或捐监入闱，以冀恩泽。各省乡试后，大吏奏年老举人，动至数十，公然诬妄，不为怪也！庄君眉发皆黄，当是八十外人，而贫甚，藉官给粥饭以食，号军复揶揄之，不为炊爨。"今观此老生也，须发皆白，不冒增年岁，反故截短其须，以示少壮，先生见之不知作何感想？前在敬民处，见翼公所选军国民诗极佳，希检赐一册为荷。手此即颂吟祉。

十时，赞虞来，邀往卫生处草地上，观杨典试汝梅舞剑。汝梅任国民政府参军有年，温温如儒者师，然精技击，又善太极拳，拳罢舞剑，剑光闪烁如电，有陈同甫倚天而号，拔剑而舞，推倒一时豪杰之概。剑罢，复与王襄试去病推手，回旋上下，柔软如棉。同时，周襄试士观亦提双刀，盘旋飞舞，极淋漓酣畅之至，观者皆鼓掌。翼谋、默君联诗赞美，诗曰：

杨侯温温儒者姿，授书廿载称大师。养生国术尤权奇，易筋功力韬须眉。应官会计当不疑，身手虽好世莫知。华林试士开晴曦，秋园翠溢钟山陲。广场列坐请试之，侯颔其请群解颐。剑光起处惊电驰。熊伸猱攫鸟挂枝，屹如山岳不可移。忽如波涛涌天地，又若轻飔鼓柔丝。潜气内转色不疲，观者动色相嗟咨。王生角技重娱嬉，推手柔如棉裹脂。阴阳太极涵两仪，纵横决荡无巇危。或知其雄或守雌，两贤兴致弥淋漓。我于技击百不宜，自维荏弱惭霜髭。敬为杨侯歌以诗，更乞默君加斧斯。兼向王生求师资，试场故事他年垂。

是日上午，试国文，题目如左：

一、论文　孟子谓："入则无法家拂士，出则无敌国外患者，国恒亡！"其理由安在？试申论之。

二、公文　拟铨叙部拟具《公务员保障法》原则，呈考试院转送中央政治会议审核文。

下午，试党义，题目如左：

一、民族主义与固有道德之关系如何?

二、说明民生主义与社会问题之关系。

三、《建国方略》中之第五计划,共分几部?其内容如何?试详述之。

试场关防严密,除监试委员及监场人员分别监场外,戴院长、王委员长亦亲临监试。

同日,国文、党义两组试卷,由收卷员收齐,送秘书处第三科,平均分配,送交各襄试委员,在宁远楼分组评阅。阅卷委员名单如左:

国文组主任　陈大齐　副主任　伍非百

阅卷委员　陈大齐、伍非百、陈天锡、潘凤起、徐天啸、曹冕、黄寿慈、王讷言、冒广生、汪国垣、曹经沅、彭醇士、卢前、黄华表、熊正琦、汪剑翔

党义组主任　饶炎　副主任　王去病

阅卷委员　饶炎、王去病、罗鸿诏、谢无忌、黄忏华、李隆、戴鸿猷、狄膺、朱文中、卢前、陈锡符、彭养光、张炯、雷震

史地组主任　柳诒徵　副主任　印水心、张其昀

中外历史阅卷委员　柳治徵、印水心、张其昀、宋湜、缪凤林、罗篁、杨宙康、周士观、章诚忘、刘盥训、彭养光、高槐川、吴台、郑鹤声、黄振华、雷震

中外地理阅卷委员　柳诒徵、印水心、张其昀、马鹤天、黄国璋、张一清、张毓骢、诸葛麟、周光倬、周世屏、熊正琦、汪剑翔

法律组主任　夏勤

阅卷委员　朱孔文、谢健、余钟秀、王龄希、洪文澜

政治组主任　周览

阅卷委员　张忠道、林文琴、朱孔文、郄朝俊、黄右昌、端木恺、阮毅成、马文焕、解树强、胡文柄、吴祥麟、余钟秀、孙本文

经济组主任　黄序鹓　副主任　寿勉成

阅卷委员　金庸、史维焕、胡希瑗、寿勉成、张策安、孟广照、朱偰、刘光华、张梁任、雷震

财政组主任　陈长蘅　副主任　雍家源

阅卷委员　雍家源

外国文组主任　刘奇峰　副主任　朱世全

阅卷委员　周士观、朱世全、卢毓骏

二十一日　晴　在闱中

今日为普通行政人员甄录试第二日。

上午，试中国历史，试题如左：

一、卫遭狄难，文公复兴，越事强吴，勾践以霸；迨秦灭诸国，而卫、越之裔，享祚特长。能就《鄘风》及《春秋》内外传、《史记》诸书所述，历举其要欤？

二、秦之内政，见称于孙卿，至始皇时，令民以吏为师，世多讥之，而章学诚独谓其合于古制，能历举其说，以明服官者宜励道德，讲学术欤？

三、秦汉东北疆域，达今何地？所置郡县凡几？其户口之数，货殖之利，有可考否？明初广建卫所，东北远届何地？有何纪载之文字？能缕述之，以明吾国东北疆域，从古广远欤？

下午，试中国地理，试题如左：

一、我国目前开发西北，应以何地为大本营？使近自青海、宁夏、陕西，远至绥远、新疆、西藏，无论经济、军事，皆可以此为居中策应之地。试就过去之形势，以卜未来之发展，根据事实而推论之。

二、欲言中国之棉业统制，应包括农、工、商诸方面。中国棉花之生产区域，棉纺织业之中心都会，国棉运输之孔道，外棉进口之来源，以及中国棉业在世界上所占之地位，英、日棉货在中国市场上竞争之情形，皆为谈统制者之先决条件，试各举其荦荦大者以对。

三、北洋良港，大半在辽东、山东二大半岛，如旅顺、大连、龙口、烟台、威海卫、青岛，或为商港，或为军港，或以商港而兼为军港，其海港之天然形势，工程设施，及与内地之连络，试加以比较，明其优劣之点。

上午九时，得悉历史试题。（因最初出题时，各出五题，密交委员长选定，不知所选何题，至今晨题目公开，始悉为上列各题。）即与柳典试翼谋商定历史试题答案要点及给分标准如左：

第一题　最高三十五分；
第二题　最高三十分；
第三题　最高三十五分。

第一题　能略述卫、越之事者，十分至十五分；能举卫文务材训农，通商惠工，敬教劝学，授方任能，及勾践生聚教训，前马尝胆等事者，十五分至二十分；能述《鄘风·定之方中》诗中要语，如“秉心塞渊，騋牝三千”等句，及《国语》勾践、范蠡等人之言论者，二十五分至三十分；能举《日知录》论卫、越后亡，兼有精辟之议论者，三十分至三十五分。

第二题　能举秦烧书坑儒，令民欲学法令，以吏为师者，十分至十五分；能述章实斋之说，推论古之学术，出于王官者，十五分至二十五分；能举《荀子·强国》篇之语，推明秦之政治及服官之要义者，二十五分至三十分。

第三题　能述汉有辽东、玄菟、乐浪等郡，明置都司于辽东者，十分至十五分；能述临屯、真番、玄菟、乐浪四郡变迁，及明之极北有奴儿干都司者，十五分至二十分；能举汉代边界，有朝鲜中部，及明之北境，抵西北利亚之特林，兼能知汉之郡县数、户口数，载在《汉书·地理志》；商业之利，载在《史记·货殖传》及《汉书·地理志》者，二十五分至三十分；能述奴儿干都司之故迹，有永宁寺碑文者，三十分至三十五分。

附记：给分之法，不必拘泥五进，或给十二分、十四分，或十六分、十八分均可，当酌视其答案内容如何而定。凡不能答正文，而略能举述类似之点者，亦可觇其读史所得。如不能答卫文公而记及卫武公之道德，不能讲越事而记及夫差而忘越王之杀而父之类者，亦可酌给相当分数。缘全部历史，本非尽人皆能记忆，所命之题，不过在全部历史中，抽举几条，觇其记忆力及理解，能知此几条者，未必能记得其他事迹，若命题太多，又恐时间不敷，不得不为此等抽象的测验，以云史学，固不能专恃记忆也。

午后一时，得悉地理试题，即与张襄试筱峰商定地理答案要点及给分标准如左：

第一、第二两题，最高为三十五分，第三题，最高为三十分。

第一题　分七点，每点五分，如左：

（一）地名　（点题）甘肃兰州，即总理所谓“陆都”。

（二）位置　黄河上流，最大都会，陇海铁道之终点，京兰航空路之终点，西北出海之捷径。

（三）历史　古之金城郡，自汉以来，东西交通之咽喉重镇。

（四）对内蒙　现在自兰州经宁夏至包头，有汽车路可通，黄河谷地，乃一长廊形之地。方向自西南至东北，中间宁夏，冲积平原，为黄河上流第一耕种区。

（五）对新疆　自兰州经肃州至新疆哈密之大道，亦一长廊形之地，方向自东南向西北，祁连山北麓，甘、凉一带，为漠南沃壤，大有垦辟之希望。

（六）对西藏　自兰州至青海至西藏，较自成都经西康入藏为近便易行。西宁一带，湟水谷地，为青海省唯一农业区，青海四周，水草丰美，最宜畜牧。

（七）实业　昔左宗棠首创甘肃织呢总局于兰州，虽因资本人才关系，未能发达，将来果欲发展西北工业，自以毛织业为最有希望。

第二题　分七点，每点五分，如左：

（一）生产区域　(1) 江苏省长江三角洲，(2) 湖北省江汉平原，(3) 河北省海河平原，(4) 陕西省渭河平原，(5) 新疆省天山南路水草田。

（二）棉纺织业之中心都会　(1) 上海，(2) 天津，(3) 汉口，(4) 济南或青岛，(5) 郑州。

（三）国棉运输之孔道　(1) 水运（海轮、江轮），(2) 陆运（陇海、平汉等线）。

（四）外棉进口之来源　(1) 印棉，(2) 美棉。（对美棉，取其品质之佳；对印棉，取其价格之廉。）

（五）中国棉业在世界所占之地位　中国占世界人口四分之一，仅有世界纱锭数百分之二强，织布机不到百分之一。

（六）英、日棉货在中国市场上竞争之情形　英、日二国，竞争最烈，欧战以前，英居首位，欧战以后，日居首位，日本对华输出，棉织物占半数，每年价值一万万两上下。

（七）在华日本纱厂，尤为我国棉业之劲敌，我国纱锭总数，日厂约占半数。

第三题　分六点，每点五分，表列如左：

地名	一、大连	二、旅顺	三、龙口	四、烟台	五、威海卫	六、青岛
性质	商港	军港	商港	商港	军港	商港兼为军港
天然形势	海水甚深，口门较宽	海水甚深，口门甚紧	海水较浅，口门较宽	同（惟不及龙口有天然防波堤，以御北风）	海水甚深，口门有刘公岛，故关锁亦严	海水甚深，口门较旅顺略宽而适于防御
人工设施	经俄人、日人相继经营，成为世界港之规模	经俄人、日人相继经营，成为北洋第一军港	为我国自辟商港，仅有三等港之规模	为一条约商港，有二等港之规模	经我国及英国先后经营，为二等军港	经德人经营，商港与军港之设备，均居最优等
内地连络	南满路（优等）	南满路（优等）	汽车路（次等）	汽车路（次等）	汽车路（次等）	胶济路（优等）

二时，在华林馆，举行史地组第一次组务会议。柳主任翼谋主席，行礼如仪，主席报告阅卷规则，并分期阅卷办法毕，即讨论答案要点及给分标准，略加修改，照上述商定之标准通过。最后，张典试默君提议：襄试委员初阅试卷，只加点圈及记分，不必加批。理由谓：本席今夏在河南典试时，有一卷，为初阅襄试委员，加一不好批语，及覆阅时，觉其卷尚可取，而碍于前批，竟使该卷落选，尝引为遗憾，故本届初阅，似可不必加批，至覆阅时，由各典试，再会同各襄试加批，以定甲乙。众无异议，遂通过。兹将本日会议记录列左：

史地组第一次会议记录

时间　十月二十一日下午二时

所在地　华林馆

出席委员　吴台、张毓骢、缪凤林、印水心、夏勤、柳诒徵、张其昀、刘盥训、黄振华、罗篁、饶炎、高槐川、周世屏、周士观、黄国璋、章诚忘、郑鹤声、张默君、张一清、诸葛麒、周光倬、杨宙康、雷震

主席　柳诒徵

记录　贾文林

行礼如仪

一、报告事项

柳主任委员报告委员阅卷规则，并阅卷分期办法，凡分四期：第一期，阅首都普通行政人员史地卷，第二期阅北平普通行政人员史地卷，第三期阅首都财务、教育、司法、外交等六类人员史地卷，第四期阅北平财务、教育、司法、外交等六类人员史地卷。

二、讨论事项

1. 历史三题分数分配案　决议　第一、第三两题，最高各三十五分，第二题最高三十分，合为一百分。

2. 历史答案要点及给分标准案　决议　依原案略加修正通过。

3. 地理三题分数分配案　决议　第一、第二两题，最高各三十五分，第三题最高三十分，合为一百分。

4. 地理答案要点及给分标准案　决议　依原案略加修正通过。

5. 张典试提议试卷初阅不必加批案　决议　通过。

四时半，散会，即在华林馆开始阅卷。六时，晚餐，晤国文组伍襄试非百、冒襄试鹤亭、卢襄试冀野，党义组王襄试去病、谢襄试无忌、朱襄试文中、彭襄试养光等，问有佳卷？俱云不佳！满八十分者，殊鲜其选。惟曹襄试经沅言得一佳卷，给八十二分。七时，回宿舍，接阅历史卷，至十二时寝。

二十二日　晴　在闱中

今日为普通行政人员甄录试第三日。

上午试宪法，题如左：

一、在训政时期，中央统治权，由何机关行使？《约法》上所谓统治权，与普通公法学上所谓统治权，有无区别？

二、中央与地方之权限，采均权制度，均权之方式如何？均权制度与联邦制如何区别？试从法理及实用两方面推论之。

三、列国关于宪法之解释，有种种不同之制度，试举其重要之例而评论其优劣。训政时期《约法》之解释权，由何机关行使？

下午，试经济学，试题如左：

一、试略述斯密亚丹 Adam Smith 自由竞争学说之理论的根据及其思想的背景。

二、问货币何以有价值？详述其发生价值之因素。

三、何谓生产过剩？其发生之主因影响与补救对策若何？

本日由华林馆迁至宁远楼阅卷。各科试卷，分组评阅：国文、党义两组，在楼之东南隅；历史、地理组，在楼之西南隅；宪法、经济组，在楼之正中，皆列长桌，而各标其四围，曰国文席、党义席、历史席、地理席、宪法席、经济席等。各组阅卷委员，挨次就席阅卷，秩序井然。

襄试初阅，皆用蓝笔点句，虽极不佳之卷，亦必点阅到底，无中途搁弃之弊。每得一佳卷，必互相传观，如获至宝。

由上午八时起，至下午六时止，均埋头阅卷，分得之卷，均经细阅，惟佳卷极少。尤奇者，历史卷中第一题，卫遭狄难，文公复兴，越事强吴，勾践以霸，令其就《诗经·鄘风》《春秋》内外传及《史记》诸书，述其概要，而各卷中，不惟不能历举诸书，且有并卫文公亦不知其为何如人者。中有一卷，竟认卫文公为晋文公！又有一卷，认卫文公为战国时之滕文公！更有一卷，认卫文公为南北朝之魏文帝，而拉杂叙述南北朝传闻故事，以与越王勾践相提并论。至第二题、第三题，错误更多，不可殚述。卢襄试冀野亦曰："国文卷首题，孟子谓：'入则无法家拂士，出则无敌国外患者，国恒亡。'试申论之。中有一卷，大书'经书未读，做不出来'八大字，交卷了事。又有一卷，中写不知所云之四句坏诗，并不作文，交卷了事；更有一卷，文中竟有'饱暖思淫欲'等句，悖谬荒唐，达于极点。"类此者多，阅卷者皆摇首浩叹！甚有顿足大骂者。刘襄试盥训曰："阅卷如理乱丝。不能动气，气动则神驰，虽有佳文，不能入目矣。"老成练达之言，可书诸绅。

晚餐后，回宿舍休憩，连日评阅史、地各卷，皆式遵功令，详细衡阅。惟佳卷不多，颇觉苦闷，因翻阅张襄试其昀所赠《东北失地之经济概况》一小册，藉沁脑际。张襄试为中国地理学研究最力之一人，其所编著之《中国地理教科书》及《人地学论丛》，均为一般学者视为最善教本。此一小册，乃为《钟山学术讲座》之第一辑，开卷即曰：

> 自九一八事变以后，辽宁、吉林、黑龙江三省，相继沦陷，至去年(二十一年)三月九日，"伪满洲国"成立，定都长春，中国领土及行政完整，已公然为日人破坏，同年九月十五日，《日满议定书》签字，日本认此项条约为对满洲国之正式承认。同时由伪国出面，声称自后满洲国对中国，完全以外国待遇。同月二十五日起，伪国更于山海关，设立海关，征收中国与满洲国间货物进出

口税，至此日本已实行并吞我东三省。及今年三月四日，承德失陷，长城战役之结果，热河一省，亦同归于尽。总计东北四省失地，占全国面积百分之十一点五，丧失人口，占全国人口总数百分之八。兹将东北失地及人口与日本之土地人口，列表比较如左：

区别	土地（以平方公里计）	人口（以千计）	人口密度（以每平方公里计）
东北四省	一二八五〇七五	三五三六六	三〇
日本内地	三八二二六五	六四四五〇	一六九
日本帝国	六七五〇六九	九〇三九六	一三四

据此表则东北四省之面积，实达日本内地三倍以上，或日本帝国之二倍弱。其人口密度，尚不及日本内地五分之一，或日本帝国四分之一弱。此广大之土地，一朝丧失，实为开国以来，未有之奇变。

卷末复曰：

东北四省，面积之大，超过德、法二国合并之幅员，其对于中国本部经济上，意义之重大，夫岂法之阿尔萨斯、洛林二州所可同日而语？然而，法人固已光复故物矣，吾人将如何？

其言深致惋慨！全书不满五十页，而图表占百分之十，阅之最为动目。十二时寝。

二十三日　晴　在闱中

普通行政人员甄录试，昨已试完。今日开始举行财务行政人员、教育行政人员、会计人员、统计人员、外交官领事官，及司法官六类考试。

上午，试国义，试题如左：

一、论文　儒家重礼治，法家重法治，试述其梗概，并论其得失。

二、公文　拟考选委员会呈复考试院，奉令核议公民赵甲条陈考试舞弊，刑法应定专章一案，经会决议，请转咨立法院订立专章文。

下午，试党义，试题如左：

一、民生主义中所讲加增农业生产之方法有几？试详述之。

二、试述《建国方略》中之交通计划。

三、建设程序何以必须经过训政时期？

本日上午至宁远楼，接阅普通行政人员历史卷完，计得八十分以上者一本、七十分以上者二本、六十分以上者廿二本、五十分以上者廿一本、四十分以上者十八本、三十分以上者五本、二十分以上者四本、零分以上者二本。

其中，对于三题，不作一字者有之；仅作一二题不能完篇者有之；字迹潦草至不可认识者有之；句读不明，至不能成句者有之；格式参差不齐，或添注涂改，勾跨乙勒，如作文草稿者有之；即有数卷，较为整洁，而语意浮廓，不能就题发挥者有之；别字连篇，所问非所答者又有之。其真能切合答案要点及给分标准而兼能发挥题旨者，殊鲜其选。严格评衡，能满六十分者，不及二十本，设本典委会第三次谈话会议决初阅应取百分之六十办法，实不可能。只得就能勉强终篇，文理稍通顺者，宽加分数，仅得百分之三十，略如上列。

同组各委，所阅之卷，亦大率类是。刘襄试盥训、彭襄试养光与余坐最切近，各出卷示余，中有一卷曰：

本人由小学、中学以至大学毕业，对于本题（历史第一题）所举《鄘风》《春秋》内外传及《史记》诸书，从未读过。家庭及学校教师，亦从未指授应读此种书籍，故一时不能答出。深望考官原谅，并望考官请教育当局，在各中学、大学中，关于此种历史上应读之书，加入课程，免使后之应考者，至考场时，再如吾人今日感受无限之痛苦也。

其言至深慨痛。

午餐时，言于翼谋、百年、默君、伯修诸典委，皆曰："此今日各学校中实在情形也。"刘典试奇峰曰："中央大学校长罗家伦，尝言前次大学考试口试时，曾亲问一大学毕业生曰：'张居正何人？'答曰：'司法院长！'（因司法院长姓居名正也。）又问：'于谦何人？'则曰：'监察院长。'（误指为于右任也。）又问：'井田是何制度？'则曰：'日本人。'又问：'赤峰在何地？'则曰：'日本一海岛。'罗校长叹曰：'大学毕业生，并井田、赤峰，亦不知为何制何地，程度如此，中国不亡，不可得矣！'"张典试默君曰："教育一日不改良，吾国青年即不能一日有高深之造诣。"众皆曰："然。"附录于此，以告世之为人师者。

午后，头痛如刺，且欲吐，急至卫生处诊治。服药后，复至宁远楼，接阅中国地理卷，计得八十分以上者一本、六十分以上者八本、五十分以上者七本、四十分以上者十本。地理一门，佳卷较多，然及格者，亦止百分之三十强。

是晚六时五十分，天空忽发见光芒万丈之强烈光线，由东北高处，向西南疾驶，历两秒钟之久，照耀大地，如同白昼，速力极快，刹那即灭。同闱见者，皆惊异，或谓太白经天，或谓悬狐坠地，议论纷纭，莫衷一是。余适头痛，在阅卷室中，未能睹及。夏典试敬民曾目见其状，言发光者，形似一球体，先现红光一道，疾驶后始放白光，光度猛烈，与日光同，几不可以目视。惟发光时无声，地面并不震动，问余是否太白经天，余曰："否！此盖流星，在低空陨坠耳。以热极，故发强光，近地面，受地心吸力，故没落，且时正黑暗，其光彩故益猛烈，绝非太白经天。明日天文研究所必有报告，谣言不足信也。"敬民曰："然。"

是晚，头痛未愈，早寝。

二十四日　晴　在闱中

今日为财务行政人员、教育行政人员、会计人员、统计人员、外交官、司法官等六类考试之第二日。

上午试财务、教育五类人员中国历史，题三：

一、自汉以降，赤眉、黄巾流寇、教匪之类，充溢史册，而秦以前罕见匪患，其故何在？试举各代匪患成因，推之古史，博考深思以对。

二、清代尊崇黄教，影响于西北边疆甚大，试述其略史，并推论之。

三、计然之论平粜，李悝之尽地力，皆可考见春秋、战国时农村经济之状况，试述其说，并推论赋税、商贾与农村之关系。

下午，试中国地理，题三：

一、总理《实业计划》以北方大港为起点，举其要旨，于滦河口附近，开辟一世界港，沿滦河河谷，修筑铁道，于滦河上流之多伦，建设屯垦事业之大都会，凡所规划，皆具深谋远虑。自长城战役以后，循诵遗著，曷胜怆感！试就《实业计划》中第一计划所述，以地理事实，具体解释之。

二、近代工业，有多种原料，皆产于热带地方，海南岛为我国惟一大岛，且完全位于热带区域，纵目四顾，强邻环伺，每念台湾，不胜忧惧！今欲积极经营，以作南海之屏藩，应从何者着手，能就人地关系，详加说明否？

三、中国水利，以江、淮、黄、浑(永定河)四河为最要，中国水灾，亦以四河流域为最巨，欲言治导之方，须明成灾之故，而谋因地制宜之道，又各有特殊之计划焉，试分别述其梗概。

又，外交官领事官，上午试中外历史，题三如左：

一、春秋时，郑之卿大夫，多善于外交，乃至商民，亦能知敌情，卫国权，试举其事迹之最著者，并就地形、国势申论之。

二、欧洲与中国之直接交通，始于中国何时？其原因为何？元代所建汗国，远达欧洲何地？其所生之影响何若？试并详之。

三、略述清光绪甲午年(西历一八九四年)迄今，中国所受外国之侵略及世界变迁之大势。

下午，试中外地理，题三如左：

一、中国之东南部份，颇感人口过多，其移殖之区域，可分边疆与海外两种，就目前国内状况观之，移殖边疆，是否轻而易举？又就国外情形观之，究竟有无此种可以移殖之区域？试就各区之地理状况而详论之。

二、论中日两国之地理关系，并绘略图以表明之。

三、中国出口货物中之比较重要者为何？试就其在国际市场之运销情形，分别略述之。

昨晚，北平普通行政人员试卷，已由北平办事处，派专员押运抵京。今晨八时，至宁远楼，分阅北平试卷。(北平办事处，只担任外场考试事，各种试卷仍须运京，由京闱典、襄各委，分别评阅，与在京应试人员，同榜揭晓。)开卷衡阅，觉字体格式，皆较整齐，惟文字并不甚佳，且甚简短，似不能终篇。至十一时，章襄试诚忘得一佳卷，对第一题，能就《鄘风》及《春秋》内外传，引证明确，互相传观，认为优异，并互相庆贺，为国家得一贤士。然其他各委所阅之卷，均不甚佳。全楼阅卷，五十余人，皆平心静气，详细衡阅，每遇佳卷，辄欣然色喜，举以告人。反之，遇一不佳之卷，辄摇首蹙额，满心不快。衡文之苦，较作文者为尤甚。望得佳卷，较应试者之望得及第，尤为恳切。而不及第者，每谓试官疏忽、政府不公，呜呼冤矣！

至下午五时，北平卷阅完，计得六十分以上者七本、五十分以上者四本、四十分以上者十四本、三十分以上者八本、二十分以上者三本，及格者仅百分之二十强。

晚餐后，与柳典试翼谋商定财务、教育、会计、统计、司法等五类考试历史、地理答卷要点及给分标准，如左：

历史卷答案要点及给分标准

第一题，三十五分；

第二题，三十分；

第三题，三十五分。

一、能述赤眉等事迹者，十分至十五分，历举成因，如新莽、奄官，及饥馑等类者，十六分至二十五分；较论秦以前，仅有蛮夷戎狄，及列国构兵之事，而无所谓土匪。由于教养之善，及人能自卫者，二十六分至三十五分。

二、能述藏、蒙皆事黄教者，十分至十五分；能述黄教之起源，及清代崇奉喇嘛之事迹者，十六分至二十五分；能详述西藏、青海、蒙古政教之关系，及最近之情形者，二十六分至三十分。

三、能知春秋、战国时农村经济之大概者，十分至十五分；能知计然、李悝之说者，十六分至二十五分；推论赋税及商贾与农村之关系者，二十六分至三十五分。

附录　计然、李悝之说，见于《史记·货殖传》及《汉书·食货志》。

《史记·货殖传》：计然曰："夫粜二十病农，九十病末，末病则财不出，农病则草不辟矣。上不过八十，下不减三十，则农末俱利，平粜齐物，关市不乏，治国之道也。"

《汉书·食货志》：李悝为魏文侯作尽地力之教，以为地方百里，提封九万顷，除山泽邑居，叁分去一，为田六百万亩。治田勤谨，则亩益三斗，不勤则损亦如之。地方百里之增减，辄为粟百八十万石矣。今一夫挟五口，治田百亩，岁收亩一石半，为粟百五十石，除十一之税十五石，余百三十五石。食，人月一石半，五人终岁为粟九十石，余有四十石，石三十，为钱千三百五十，除社闾尝新、春秋之祠，用钱三百，余千五十。衣，人率用钱三百，五人终岁用千五百。不足四百五十，不幸疾病死丧之费，及上赋敛，又未与此，此农夫所以常困，有不劝耕之心。

地理卷答案要点及给分标准

第一题　实业计划　此题分七点，每点五分，共三十五分。

一、北方大港　东距滦河口二十余里，海水甚深，可通航洋巨舶，冬令不冻，远较天津商港为佳。

二、滦河铁道　沿滦河河谷而行，南自北方大港，北至多伦，长三百英里，总理主张建筑双轨铁道。

三、多伦　即元代之上都，元代诸帝，每值夏季，避暑于此。民国成立，察哈尔都统驻所，原定多伦，其地当汉、蒙贸易之冲。

四、西北铁道系统　总理主张以多伦为西北铁道系统之中心，第一线达呼伦，第三线达库伦，可称之为“三伦政策”。

五、国防计划　总理主张移被裁百余万之军队，安置于长城内外，而以有军事才者统率之，实具深意。

六、屯垦　塞上屯垦不必限于务农，因滦阳区域，负山濒海，果园、造林、畜牧、海产，均有发展之希望。

七、工业　总理主张利用开滦煤矿及滦县铁矿为原料，于北方大港，建筑伟大之钢铁厂，以立基本工业。

第二题　海南岛　亦分七点，每点五分，共三十五分。

一、琼崖与台湾之比较　面积人口，大致相同，岛之腹部，同为高山，惟琼州海峡，较台湾海峡为狭。

二、经济　海南岛，为中国热带原料之宝库，于椰子、树胶、蔗糖之类，为近代工业所必需，宜积极经营，本岛又富渔盐之利。

三、交通　海口，为海南岛唯一之商埠，惜港口不良，停泊不便，宜加疏浚，又在环岛铁路未筑以前，宜速完成环岛公路。

四、民族　岛心五指山，为黎人所居，即为未开化民族之窟宅，雄厚富源，委弃其中，查黎人最大之弱点，在缺乏手工业，宜用经济政策，使之同化。

五、政治　宜将琼崖，划为特别区域，以为改建新省之筹备。

六、国防　榆林港，位于本岛南端，为我国与南洋群岛航路必经之道。该港关锁甚严，港内山高水深，可容巨舰，宜开辟为军港。

七、东沙岛与西沙岛　为我国著名磷矿产地，为农田肥料，乃大利所在。西沙群岛，又为著名渔场，可经营远洋渔业。（南海九海，在北纬十度，距西沙群岛尚有三百海里，常有海南岛居民往捕鱼，虽系珊瑚小岛，于太平洋西部大战，大有关系。）

第三题　中国水利　凡分六点，每点五分，计三十分。

- 甲、一般治理
  - 1. 水量：夏季雨量过多，则洪水为灾，人力不能操纵雨量，然可调剂水量，例如水库之用，即以泛滥为害于平地之水，储蓄之于山谷，潦水既过，复可供冬春旱季农田之所需。
  - 2. 沙量：水灾又由于河流挟沙太多，以致易淤易决。治导之方，宜从节源开流入手，历代司河务者，但知以巩固河防为能事，而不知去沙，所谓爱之适以害之。
- 乙、特殊计划
  - 1. 长江：长江之病，在于中下游沙洲太多。沙洲成因，由于附近地方河身骤宽，同时流速减少，故泥沙易于沉淀，夏季苦于洪水，冬季则航运维艰。整理之道，须酌量裁弯取直，使有相当曲折，而保一定之河槽。
  - 2. 淮水：淮水大病，在下游故道，曾为黄河所夺，又为所弃，不可复用。淮失归海之路，遂郁积于洪泽湖中，排泄不及，则滨湖之地，皆成泽国。导淮要点，在因其趋势，引通渠，至长江，排淮入江，而使江不受淮害，一方亦利用洪泽湖蓄水，以发展灌溉。

乙、特殊计划

3. 黄河

黄河泥沙之多，世界各河，未见其比，在上游为山势所限，水势湍急，泥沙随之而去，至孟津以下，突入平原，泥沙沉淀愈厚，河床高于两岸，堤防肇祸，即险工所在，治河宜先重下河之疏浚，并须于上流植林，以防止泥沙之侵蚀。

4. 浑河

永定河下流，为近中国第一水灾区域，永定河特性，类于黄河，其最大弊害，尤在集河北省五大河，归纳于海河，一口不胜负担，天津商埠大受其累。考之于史，永定河之由大沽入海，纯以人力为之，非天然也。现宜为永定河另辟入海之道，由北塘口入海，如此浑河重沙，不致再入海河，天津商港赖以保全。

中外历史卷答案要点及给分标准

第一题　能知子产及弦高之事者，十分至十五分；能详举裨谌、子太叔等，及郑商人卖玉环之事者，十六分至二十五分；能就郑之地形、国势申论者，二十六分至三十五分。

第二题　能知大秦与后汉通使，及元建钦察汗国者，十分至十五分；能详述其何时何地者，十六分至二十五分；能举其原因及所生之影响者，二十六分至三十分。

第三题　能述甲午以来所受外患之大概者，十分至二十分；能述世界变迁之大势者，二十一分至三十五分。

以上各科答案要点及给分标准，俟明晨开组务会议时，提请公决。

是日，委员长以《闱中漫题》两章，索内外同闱诸君子酬和。其诗分咏宁远、明志两楼，敬录如左：

癸酉高考闱中漫题两章，奉呈内外同闱诸君子吟坛

其一

高会文宗宁远楼，梅花分咏故忘秋。高考可拟春闱，今举于秋。又，典监委就职日，国府特赐佩梅花章，故云。正逢国难思群策，欲访逸才到野谋。公取抗怀高礼部，昔高湜为礼部侍郎，士多由权要干请，湜不能裁，既而抵帽于地，曰："吾决以至公取之。"品题窃愧韩荆州。诸君信有如椽笔，未许朱衣漫点头。

其二

大校群英明志楼，万言试马正高秋。人才异代今安借，天下名贤渴待求。内外棘闱连月扃，短长玉笋一班收。文章未必无凭据，伫着何人夺状头。

委员长不以诗名，而右诗就闱中所感，发为歌章，信手拈来，不事雕缋，正如太原公子，裼裘而来，神气扬扬，令人气慑。

二十五日　晴　在闱中

今日为财务行政人员、教育行政人员、会计人员、统计人员、外交官领事官、司法官六类考试之第三日。

上午，试宪法，题三如左：

一、何谓宪法？训政时期《约法》不能称为宪法，其理由安在？

二、宪法学者尝设为政治的主权与法律的主权之区别，其区别之点何在？在训政时期《约法》之下，法律的主权与政治的主权,是否亦各分寄于不同的机关?试讨论之。

三、何谓行政诉讼?关于行政诉讼的审理,英、法两国制度之差别如何,试指出而评论其优劣。中国现今关于行政诉讼的审理,采用何种制度?

下午,财务行政人员、统计人员试经济学,题如左:

一、试略述李嘉图 Ricardo 地租学说之理论及其对后世经济思想之影响。

二、试说明价值学说中之劳动价值说 Labour Theory of Value 的意义及其谬误。

三、试各就本人所见论述过去经济学说之一般的缺点及今后应有的改革。

教育行政人员试社会学,会计人员试财政学,外交官领事官试外国文。(题均略。)

司法官试法院组织法,题如左:

一、试述司法行政监督权与裁判权之关系。

二、检察官之职权如何?其地位是否独立?试详言之。

三、合议裁判案件,其评议之方式及决议之方法如何?

至晚六时,七类甄录试已试完,闱内同人,赶阅试卷。

本日上午九时,在华林馆开史地组第二次组务会议,本组各委均出席,讨论答案要点及给分标准,会议录如左:

史地组第二次会议录

时间 十月二十五日上午九时

所在地 华林馆

出席委员 周世屏、柳诒徵、印水心、张默君、周光倬、吴台、章诚忘、罗篁、张毓骢、张一清、张其昀、缪凤林、周士观、黄国璋、饶炎、诸葛麒、夏勤、高槐川、杨宙康、刘盥训、彭养光、郑鹤声

主席 柳诒徵

纪录 贾文林

行礼如仪

报告事项

柳主任委员报告开会讨论财务行政人员等五种考试及外交官领事官考试史地卷答案及给分标准。又,外交官领事官考试中外史地,卷数不多,拟请缪委员凤林、黄委员国璋担任初阅,不再分送各委员,故中外地理给分标准,由黄委员酌定,不必另拟。

讨论事项

1. 财务行政人员等五种考试,中国历史地理及外交官领事官考试中外历史地理各题分数如何分配案 决议 中国历史第一、第三两题,最高各为三十五分,第二题最高为三十分,中外历史三题之分数,同样分配。中国地理,第一、第二两题,最高为三十五分,第三题最高为三十分。

2. 中国历史、中国地理及中外历史答案要点及给分标准如何规定案 决议 中国历史、中国地理及中外历史照原定标准,修正通过。

十一时散会,即至宁远楼,分阅财务、教育、会计、统计、司法、外交等六类考试历史试卷,至晚阅完,计得八十分以上者一本、七十分以上者一本、六十分以上者三本、五十分以上者三本、四十分以上者一本、三十分以上者五本、二十分以上者一本。文字较普通考试略

优，司法教育，成绩尤佳。

晚餐后，夏典试敬民请介绍解襄试斐青与论下河江泰轮船事。

是晚，天气晴明，星月灿烂，与陈典试百年、夏典试敬民、陈典试长蘅、杨监试亮功，至明志楼前散步。绕圜丘及坛城而至问礼亭，盆菊层叠，俱在幽默中，待人赏玩。周典试鲠生、辛典试树帜，联袂继至，自吾辈数人后，疾驰而前，瞬息绕圜丘坛城及问礼亭三转，气喘汗流，而驰益疾，不知其并力狂奔，就为何事。已而力渐竭，步渐缓，余与百年、敬民等，视之而笑，鲠生、树帜于喘息中，亦相视大笑。而问礼亭中之菊花，似仍在幽默中，待人玩赏。复徐步绕问礼亭一周，觉寒气侵人，乃各归宿舍休憩。

是日，闱中有言朱监试雷章岳丈某，亦入闱应试。朱适监试，以女婿而监临岳丈，为本届试场佳话，柳典试翼谋戏成一绝曰：

冰清玉洁本同心，薢茩风檐隽不禁。准拟抡元追快婿，朱监试为前届高考录取之第一名，即旧时状元也。龙头何必逊监临。

又，委员长昨日以闱中诗索和，翼谋首成一律，步原韵如左：

严城雄倚豁蒙楼，校士新都诩我秋。比屋文通兼武达，同闱诸公多精国术。量才杜断戒房谋。阅卷条例禁商他人。芋吹敢薄三千客，彗拥欣谈大九州。地理多佳卷。为想题名登雁塔，宴游不让曲江头。

二十六日　晴　在闱中

晨起，助柳典试翼谋，在退思斋宿舍，覆阅本京普通行政人员中国历史试卷，至晚八时，未稍停息，计得：五十分以上者一本、四十分以上者廿八本、三十分以上者四十四本、二十分以上者四十七本、十分以上者廿七本、零分以上者四本。以上各卷，皆从三十分以下，提出覆阅，谋拔升者，因本届普通行政人员及格之卷甚少，不得已思一救济办法，于不及格各卷中，着意磨勘，加宽分数，俾能提升数十卷，以示广纳英贤之意。不料一再磨勘，卒因各卷文太幼稚，一百五十余卷中，提高至五十分以上者，仅得一卷，余皆在三十分上下，而零分者竟有四卷之多，沧海珊瑚，不能入网，人类果不齐耶？抑教育之无方耶？十年树木，结果如斯！覆阅既竟，为之怃然！

晚餐后，与夏典试敬民谈话，又与寿襄试勉成论江苏县政得失事。

前两日为旧历九月六日，乃张典试默君四十初度诞辰，其夫婿邵翼如先生于今日午后，命家人赍酒馔入闱，并媵以寿诗，殷勤劝觞。张典试邀诸同闱在退思斋轰饮，即席赋诗一律，如左：

癸酉季秋初度感赋，时典试京闱

放眼苍茫玉尺楼，攘夷大义凛《春秋》。此次国文、历史试题胥重"攘外安内"意。栋梁选为明堂用，忠孝知从乱世求。问礼犹悬十载业，试场前新建孔子问礼碑亭。树人端赖百年谋。吾生多难逢今日，留取丹心照白头。

又，翼如先生寄祝默君诗如左：

癸酉夏历九月六日，默君揽揆之辰，时正典试京闱，寄诗祝之

霜飞大江秋，霞蔚钟陵树。锁院闳清严，济跄集鹓鹭。之子秉文钧，群才出陶铸。奎光夺紫微，明堂奏韶护。庆兹揽揆辰，秋色清且嫭。金精可驻颜，繁英凝仙露。殷勤劝一觞，芳尊酒深注。

九秋气之肃，景星萃天河。北江耀文采，洪稚存诞于九月初三。莲峰激颓波。王船山九月初一。龙川气岩岩，陈同甫九月初七。独漉节峨峨。陈元孝九月二十五。晦翁九月十五。与阳明，九月三十。名德孰与多。一老文潞国，九月二十九。黄耇朱颜酡。大哉古今彦，与子相应和。子其再晋觞，酌子金叵罗。

晨起步东篱，秋英繁且好。持此岁寒心，与君恒相保。君才丽以则，君气清而灏。鸾凤翔高旻，文禽泛兰沼。刚健涵流利，新辞敦古抱。诒子黄金华，翠袂擎仙葆。菊以引昌龄，诗以侑难老。劝子觞三多，祝子长寿考。

二十七日　阴　在闱中

今日为旧历重阳节日。

晨起，助翼谋覆阅北平运来之普通行政人员历史试卷，计得四十分以上者二本、三十分以上者六本、二十分以上者八本、十分以上者二十五本。以上各卷，皆着意磨勘，而无法可以使之提升。满怀苦闷，较昨日为尤甚。各卷中对于第一题"卫遭狄难，文公复兴"，不知卫文公为何如人者固多。而第二题"秦之内政，见称于孙卿，始皇令民以吏为师，世多讥之，章学诚独谓其合于古制"云云，竟有认秦始皇为五胡十六国时之秦王苻坚，更有谓章学诚为章太炎，又有谓章学诚为秦始皇时代之大臣。对于始皇令民以吏为师，而独谓其合于古制者，乃迎合始皇心理，以免杀身之祸。又，第三题问秦汉东北疆域达今何地，则答称达今帕米尔高原，又谓达暹罗、台湾，更有谓秦始皇命郑成功带领童男童女三千人，赴东海求佛未还，其疆域东至于大海为止。荒谬绝伦，至于如是。至各卷中文句之幼稚，思想之鄙陋，更不待言。

所谓高等文官考试，依国民政府颁布之《考试法》第七条，应试者皆须有左列资格之一：一、国立或经立案之公私立大学、独立学院或专科学校毕业，得有证书者；二、教育部承认之国外大学、独立学院或专科学校毕业，得有证书者；三、有大学或专科学校毕业之同等学力，经检定考试及格者；四、确有专门学术技能或著作，经审查及格者；五、经普通考试及格四年后，或曾任委任官，及与委任官相当职务三年以上者。并经过考选委员会极严格之审查，而其成绩竟如此，可见徒凭大学毕业证书或其他文件，以衡量天下之士，未有不为此大学资格所蒙蔽者也。善乎吴稚晖先生论学校制度之弊曰："麇聚于一校一室，断教不出什么好人才。"又谓："至于读书，不在乡下去读，而要到学校里来求，就有好的，亦不过三四等脚色而已。"今观此次高考成绩，对于吴先生之言，令人不能不服其有先见之明。

午餐时，委员长曰："今日重阳佳节，同人深锁闱中，刻意衡文，鸡鸣寺、钦天山，近在咫尺，虽不能效前人作登高盛举，然文宗高会，不可无诗，晚间特备醴酒，以增长诸君吟兴。"众皆欢笑。

餐后，偕朱监试雷章、陈典试长蘅、周典试鲠生等，徐步至华林馆，登平台，凭石栏远眺，权作登高之举。朱监试曰："在此平台，东望钟山，西顾石头，龙蟠虎踞之胜，悉收入眼帘，虽未登高，亦觉顾盼自豪矣。"陈典试曰："今日秋高气爽，菊逸花黄，不可辜负此清秋天气。"遂相约诸同闱，于本晚齐集华林馆，开茶话会，各述重阳故事，以资谈助。众曰："善。"

二时，仍至宁远楼阅卷。

是晚，委员长特备盛馔，大会典、襄各委于宁远楼，戴院长亦入座，席间谈重九故事甚欢。张典试默君曰："第一届高考，余在闱中，所居房间，为第九号。本届在闱，所居房间，亦第九号，可云'重九'。"戴院长曰："第一届考试，未能录取女生，颇为遗憾！本届希望能录取一二女生，以见今日女同胞，不弱于男士。"因以鱼骨为卜，卜今年高考，必得女生，且得二人。张典试大悦，众咸欢悦。八时，散席。委员长约自明日起，典、襄各委，于衡文之余，各就所感作诗，锁院联吟，用光盛典，众皆曰："诺。"

晚餐后，典、襄各委及监委，齐至华林馆品茗，各举重阳故事一则，以有出处可考者为限。吴襄试星夫曰："重九佳话，最著者为桓景避灾、孟嘉落帽两事。先言桓景，《续齐谐记》曰：昔有仙人费长房，谓桓景曰：尔家九日当有厄，宜作绛囊，盛茱萸系臂，令家人皆登高，饮菊酒，祸可消。景如其言，已而还家，则鸡犬牛羊皆暴死。事虽怪诞，然今日之重九登高，即自桓景始。又，《晋书·孟嘉传》：孟嘉为桓温参军，九月九日，温游龙山，僚佐毕集，有风吹至，嘉帽堕落，不自觉。温命孙盛作文嘲之，后人因称之曰'龙山落帽'。龙山在今湖北江陵县东十五里，上有落帽岩，今圮。"

朱监试雷章曰："重九高会，始于魏文帝。《魏志》：文帝与钟繇书曰：岁往月来，忽复九月九日，九为阳数，两明并应，俗嘉其名，以为宜于长久，故以宴享高会。杜甫诗曰：'明年此会知谁健，醉把茱萸仔细看。'即指此也。"

夏典试敬民曰："南北朝时，齐武帝建都金陵，九月九日，出商飚馆登高，宴群臣，馆在孙陵冈，世呼为'九日台'者是也。见《南齐书·武帝纪》。置酒高会，及时行乐，当时南朝君臣之文恬武熙，可见一斑。"

周典试鲠生曰："重阳食糕，由来已久。《荆楚岁时记》曰：民间九日食糕，糕上置小鹿数枚，号'食禄高'。又曰：九日以片糕搭小儿头上乳之，祝曰：'百事皆高。'又，唐刘梦得尝作《九日》诗，欲用'糕'字，思六经中无此字，辍而不为。宋祁诗曰：'刘郎不敢题糕字，虚负诗中一代豪。'因白居易常推禹锡为'诗豪'也。见《唐书》。"

柳典试翼谋曰："即以诗论，重九诗，最著者为'满城风雨近重阳'句，此句为黄州潘大临作。大临工诗，临川谢无逸向索近作，大临报之以书曰：'秋来景物，件件是佳句，昨日闲卧，闻搅林风雨声，欣然起，题壁曰：满城风雨近重阳。正写至此，忽催租人至，遂败兴，只此一句奉寄。'事见《冷斋夜话》，所谓催租败兴，此或潘氏因见当时赋税繁苛，故借催租人以示警，然即此一句，遂传为千古佳话。"

卢襄试冀野曰："昔人咏重九诗，率皆借重东篱处十等名词，以中吟兴。徐秀芳女士《重九》诗曰：'满篱秋色正重阳，懒去登高倚绣床。旧日愁怀尽抛却，近时诗思已全荒。庭梧落叶寒初动，畦菊花开晚更香。一卷残书聊自遣，消闲此外别无方。'即其一例。又，南宋词人李清照《醉花阴》词，咏重阳曰：'薄雾浓云愁永昼，瑞脑销金兽；佳节又重阳，玉枕纱厨，半夜凉初透。　东篱把酒黄昏后，有暗香盈袖；莫道不消魂，帘卷西风，人比黄花瘦。'"语未毕，众呼曰："好个'帘卷西风，人比黄花瘦'，可谓绝妙好词。"

余曰："因论重九诗，偶忆民国十九年秋，于役北平，与于将军先廷登西山高处，将军口吟《古诗》：'强欲登高去，无人送酒来。遥怜故园菊，应傍战场开。'今东北四省已失，诵此诗而忆前景，令人感痛。"众皆默然，不欢而散。

是日，接黄襄试右昌和委员长闱中诗两首，录如左：

奉和王委员长癸酉高考闱中漫题，
即次原韵，奉呈内外同闱诸先生吟坛

其一

诸葛一庐化两楼，静宁淡泊各宜秋。大江东去风流在，吾道南来俊乂求。秋水为文湖水接，墨光如靛鉴光收。微风细雨过重九，醉把茱萸插满头。

其二

心平如水令严霜，古寺钟声报蚤场。共看龙门祯尾艳，定多马氏白眉良。前山爽气随人紫，满院菊花为我黄。往岁殷勤桃李植，而今乐得品题忙。

又，黄襄试忏华和委员长两首，曾刊《中央日报》，如左：

和蕤公高考闱中漫题，步原韵

衡文合在最高楼，万朵黄花灿素秋。医国正需刀济策，兴贤具见老成谋。早传巨眼同前哲，定得英才胜益州。愧我滥竽群彦里，追随骥尾凤池头。

载笔来登五凤楼，饱看多士战高秋。娉婷讵乏良媒托，琬琰原须善价求。浪涌金鳌争独占，光腾珊网待兼收。龙津指日张仙榜，竞说梅花在榜头。

二十八日　晴　在闱中

晨起，至宁远楼，与诸同闱分阅北平运来之财务、教育、司法、外交等六类试卷。至晚，计得八十分以上者一本、七十分以上者一本、六十分以上者四本、五十分以上者一本、四十分以上者四本、三十分以上者二本、二十分以上者十本、十分以上者七本。

是日上午，阅卷未完，委员长以重九闱中，感赋一律，柬同闱诸子索和，如左：

重九闱中感赋，柬奉同闱诸公

露草霜花报九秋，集贤学士喜清游。台城堞绕湖千顷，钟阜云开月一楼。佳日衡文传韵事，今宵煮酒洗边愁。锁闱犹有登高意，且上华林最上头。

午餐时，张典试默君曰："委员长一再以闱中诗，向同人挑战，同人衡文之余，似不能不厉兵秣马，以与委员长周旋？"因出所著见示，题曰《重九京闱详定试卷后晚宴有感，次韵奉太蕤先生，并简衡文诸公粲教》：

横空鹤唳已惊秋，居近名山未许游。两度入闱同秉节，万方多难独登楼。黄花翠竹牵幽梦，皓月清尊瀞古愁！详定敢辞心况瘁，文星正耀石城头。

默君诗衔华佩实，自成一家，久为词坛所重。此作音节苍凉，气味渊永。“黄花翠竹牵幽梦”句，初作“流香梦”，继改“耽禅悦”，均不惬心，后乃改为“牵幽梦”三字，以其所居玄圃中有黄花翠竹故也。同人传观，无不称赏。

已而，冒襄试鹤亭亦出和委员长诗见示，如左：

奉和太蕤先生闱中漫题第二首原韵

各踞元龙百尺楼，寥天鹰隼正横秋。明时岂有遗珠憾，善价终能美玉求。漫诩文章千古擅，还期勋业两京收。要知忠孝无穷事，不在区区许状头。

鹤亭为清末名孝廉，曾举经济特科，年近六旬，而诗思清越，以雅正为归，不以幽涩诡异为能。此作春容醇厚，在唐玉溪、宋剑南之间，自是神品。

晚，视翼谋疾。翼谋连日阅卷，辛劳过甚，两目红肿，几不能启阖，而犹手不停披，夜深不寐，因劝之早寝，余卷由水心与赞虞、筱峰等负责代阅。

二十九日　晴　在闱中

晨起，助翼谋覆阅北平财务、教育、司法、外交等历史试卷，至晚，计得五十分以上者一本、四十分以上者五本、三十分以上者三十四本、二十分以上者二十五本、十分以上者四十七本、零分以上者十本。以上各卷，皆在三十分以下，谋再提升者，翼谋称之曰“救命”，谓如人已沉溺海洋中，欲谋拯拔，以救其命。无如各卷成绩太差，如人自杀，无可拯救。例如，第一题问自汉以降，赤眉、黄巾、流寇、教匪之类，充溢史册，而秦以前罕见匪患，其故何在？中有数卷，不知赤眉、黄巾为何时人，乃谓为唐宋时人，又谓黄巾之乱，为唐李克用所平定。又谓明末有李自忠、张学诚之乱，将李自成、张献忠并为一人，且认清代大儒章学诚为杀人不眨眼之张献忠，岂非千古奇谈。又如，第二题问清代尊崇黄教，影响于西北边疆甚大，令述其略史，则有谓黄教为道教之流亚，为江西张天师之后；又有谓黄教为黄老之教，流传甚古；又有谓黄教者，黄种之教也。此与夏典试敬民所述前次考法官，题目有"法人"两字，考生即解之曰："法人者，法国之人也。"缪襄试凤林称中央大学入学试验时，以"府兵"为国府之卫队，"青苗"为青海之苗民，其意正同。更有认黄教为拳匪、为天主教，则并黄种之教而不如矣。至第三题之计然论平粜、李悝尽地力，则多不知计然、李悝为何如人，更何论其学说？如此之卷，何能拯拔，何能提升，只得付之一叹而已！

连日闱内，最繁重之工作，除阅卷外，即为核算分数，算分方法，先由计算员按卷中弥封号数，填置分数表，再将各号数应得分数，分誊卡片上，最后仍须将卷中、表中、片中所记分数，精核若干遍，校对时最初由计算员初校，然后由股主任核对，最后由科长复核，统计校对次数，每号须四十次。计算分数器具，假用计算机，但仍用算盘校核。各号分数确定后，则向弥封底簿中，查出姓名，再由典委会举行审查会议，决定去取云。

晚八时，普通行政人员试卷，业已评阅完竣，依《修正典试规程》，应即开会，审查成绩，决定分数，并开拆弥封姓名册，对号填榜。

是晚，开成绩审查会议，典、襄各委均出席，委员长主席，行礼如仪。

主席报告：一，此次普通行政人员试卷，中有三卷，违犯试场规则，查试场规则第七款，载明试卷上不得署名盖章，或附加其他不应有之标记。又，第二款载明情节较重者，得由监试委员商同典试委员长扣考。今三卷中，第一卷1506号，发见另书"问梅"二字，疑为名号暗记。第二卷2525号，发见另书"友梅"二字，亦疑为暗记。第三卷381号，发见"左腕书"三字，该生是否系左手作字，抑姓左名腕书，亦一疑问，讨论结果，前两卷因未满及格分数，可无庸议，后一卷已满及格分数，应先予及格，俟拆弥封时，果该生姓左，或与此三字音义相近者，即行扣考，如非姓左，得从宽优容，但录取后，须密电北平，(因该卷系北平之卷。)责令该生以后不得再书此等字样于卷。

二，此次普通行政人员，南京、北平两处，计一千三百余人，若严格取录，仅得一百六十三人，与报考人数相较，几不足百分之十五，且甄录试与正试不同，若无通融余地，难免不有遗珠之憾，依照《典试规程》第十四条，委员长得抽阅试卷，于必要时，并得酌改分数，惟此次试卷，皆经典、襄各委，详细评阅，而典、襄各委，又皆海内专门名家，所给分数，皆极公平确当，本席(委员长自称)并未有一分增减，实亦无庸增减。惟及格人数太少，去初次会议，决议应取百分之六十，相差太距，不得不思一救济办法，拟于五十分以上者，一律递加十分，如此则能取录四百八十七人，可得百分之三十强，敬请公决。

结果，众皆赞成，遂通过加分办法，并由委员长声明，正试决不加分。

决议后，即会同监试委员朱雷章，开拆弥封姓名册，对号填榜。唱名时，有女生叶叶琴、赵奇二人，张典试默君大喜，众皆鼓掌。十一时，散会。

兹将会议纪事录列左：

高等考试典试委员会审查普通行政人员考试甄录试成绩会议议事录

日期　二十二年十月二十九日下午八时

所在地　典试委员会会议室

出席　委员长王用宾、典试委员周览、陈长蘅、柳诒徵、夏勤、杨汝梅、吴大钧、饶炎、陈大齐、黄序鹓、张默君、辛树帜、刘

奇峰

列席　监试委员朱雷章、襄试委员印水心、张其昀、黄国璋、王去病、彭醇士、缪凤林、秘书长陈有丰

主席　王用宾

纪录　秘书龙潜

速记　冯举安

主席恭读总理遗嘱——全体肃立

讨论事项

一　普通行政人员甄录试 1506 号地理试卷、2525 号党义试卷，各有类似署名字迹，应否作犯规论案　决议　1506 号试卷总平均分数，仅二十九分，2525 号试卷，总平均分数，仅三十六分，均距及格分数尚远，应无庸议。

二　普通行政人员甄录试 381 号六科目试卷内有二科目试卷末尾均加“左腕书”三字，应否作犯规论案　决议　该员总平均分数既在六十分以上，应先予及格，如查对弥封姓名册，确非左姓，又查明确系左腕作字，即毋庸议。否则正试成绩虽能及格，不得录取。一面密函北平办事处，注意观察，并转知以后勿再书此字样于试卷。

三　普通行政人员甄录试，试卷核算结果及格人数太少，请酌加分数以资救济案　主席报告据秘书处第三科报告，普通行政人员甄录试试卷，核算结果，京、平两地及格人员，仅一百六十三人，难免使具有专门学识之人员，因此见遗，而失参与正试之机会。因拟将五十分以上未满六十分之试卷，依《修正典试规程》第十四条第二项之规定，一律酌加分数，使平均分数，均达六十分，以资救济。六十分以上之试卷，亦同样照加，使参加正试者人数增多，庶得于多数正试人员中，从严选录真才，请公决。

出席委员，均无异议，遂决定凡五十分以上者，一律递加十分，计京、平两地及格者四百八十七人，即开拆弥封，对号填榜。录取名单如左：

高等考试普通行政人员甄录试及格人员名单

禹振声、顾寿恩、朱大昌、郭雁翎、林承、朱汉生、陈烈甫、钟有俊、华志荪、欧阳岳、葛毅卿、张伯铭、李荫清、谢群、詹行煦、邓叔良、方保汉、柏联班、向英华、杜时闇、孙星瑶、叶友棠、吴德馨、陈竞、王凌震、路云容、王声、洪毅、张安义、张振鲁、杨嘉麟、赵谅公、左介如、曹剑萍、欧闻弗、谢嘉、李安、杨蕙田、刘剑白、徐家齐、丁履进、江飞、孟治、郭濂勋、林之翰、王锦华、赵建新、卢杰、赵应禄、韩兆岐、单同、沈立钧、孙用霖、陈秉钺、谈凤池、郝谦、余铎、黄文钦、周良、刘曰毅、金远涵、罗经、黄匡华、彭启周、张馥莪、周雨阶、李士杰、林显芳、刘宏勋、朱任生、张泰森、秦复鸿、周家献、王健民、沈严、胡文祥、刘友厚、杨振青、赵荣长、程师尹、孙秀林、吴兆琳、詹寿山、张有筠、王嗣纲、郑禧、陈容、曹种文、连凤冈、施亮功、袁枚功、尚传道、于榕章、蒋廷谟、汪保全、涂人杰、杨家麟、廖修立、徐德嶙、杨世昌、郑学源、蔡柏春、刘克祯、阎慎修、陈昭远、王通权、潘振甲、史焕奎、张煜国、傅如铁、张佩兰、张彪如、水泗长、石秉巽、张树桐、郑翔、滕硕、刘孝纯、汪廷熙、张先焜、李坚、钱焕章、陈诵芬、张永懋、邢为夏、毛嗣开、袁良才、王阶平、周育秀、张秉功、陈国珍、鲍震球、李炎庚、陈忍、陆崇泰、刘绳祖、沈展拔、唐遒之、何会源、赵汝言、王一麐、廖辉贤、童敏、王洵礼、麻吉祥、管运京、邹树三、杜学智、周又溪、陈寿名、萧润基、马传中、陈绳祖、张景武、赵中羽、沈国瑾、郭法顺、刘时叙、郑志文、郑方叔、钱上亭、杨光槐、陈鉴、尹立德、王书鼐、丁年甲、姚琪仙、靳容茂、潘恩霈、丁宪薰、李光维、韩忠言、金世培、贾俊奇、华印椿、王绍猷、周维新、贾道曾、张恩涛、旷经燊、朱文浦、高君仁、彭俊材、吴明龙、钱绍廉、喻焕生、曹尔骥、俞兆和、陈世昌、唐庆熙、王德新、高如崙、李鸿举、刘家驹、俞全庆、黄桂芬、陈洪范、齐昌良、岳镇、裘胜嘉、汪祖华、史思放、王礼卿、王恩荣、徐人杰、胡永信、刘荫田、洪锡恒、陈象义、闻继善、黄席群、关元昌、郑可琛、柳一弥、诚轼麟、刘世仁、林家端、戴锡安、刘纶、李光白、杨光皓、陈乾吉、王述曾、武明镜、熊祥、徐壁磬、计显弼、洪永权、许学经、施棨、薛步庭、傅世棠、童德新、谢麟昌、欣树声、温恭人、董远怀、叶丽中、谷凤翔、陈晋遐、李伯祥、成凤翥、林焕文、王广懿、管谨谔、张承纬、邵镜人、黄文颖、魏蕴轩、马文钰、陆鸣秋、陈琰、冯家藩、陈作德、郭殿邦、叶伟民、许闻渊、李慰祖、陈国栋、蔡可成、周世泰、贺良玠、杨炳鉴、端木天、马福荣、欧阳刚中、彭年鹤、丛其穀、邱英、邹伯川、孙鹤龄、戴新三、程祖典、杨济桢、张鑫、徐知林、彭庆寿、王服尧、杨英杰、曹慧佛、刘雨民、凤良栋、项信昭、文英粲、解茂棣、赖为屏、刘家桢、贺荣先、吴全、吴国典、高祖传、王者兴、薛培根、茹管廷、柴清广、张继周、洪初吉、刘寿祥、冯麟经、孙健雄、姚继唐、陈贞瑞、吴美继、熊为琦、廖篑、张联芬、郭作人、谢益森、林仲康、邱才炳、张君保、杨建邦、邹鸣九、罗重芬、谷莺飞、陈国宾、丁天杰、刘魁勋、王福昀、汪诒荪、贾秉铨、雷毅、高方允、陈时昌、汪家骥、陈越、刘照藜、方庆还、林传光、姚协中、张云楼、龙翼云、李祥麟、张继悦、黄炎、徐世钰、谢光平、周恩久、刘绍先、周九峰、黄作新、葛克信、宋鉴、童骧、酒同伦、曹沛仁、王守公、陈立言、庄壁翰、董继元、涂凤元、朱宜民、张镇嵩、吴养吾、徐惠施、田应春、郝献瑞、罗贤晋、张凤城、季英、李象贤、季寿贯、韩廷俭、仇占寿、陈树常、黄仁泽、郭荫槐、毕建堂、郑上元、欧阳莫磐、吴桐生、谢光祖、胡昌龄、黄乃真、温树忠、许叔彪、冯文启、赵冠青、傅启尧、陆灼然、蒋仲珊、任昌化、梁永凯、王濯源、庄觉、刘炳信、孙景、王重熙、鲍映春、姚人龙、李剑、董光煊、廖华焜、郑禄畊、谢则超、向兴杰、刘用誉、杨懋中、朱孔阳、谷中枢、李春生、杨思勉、朱和甫、吴兆秀、王永翥、史纪人、陈国俊、徐式章、杨春旭、李群珍、宋元鑫、宁达蕴、伍康成、叶叶琴、赵奇、卢文华、郑兰茂、刘克强、晏震环、温强、王沂、邵鸿锦、史济盛、王聿铎、李彦林、凌崇、王恩坦、杨圭章、沈庆侅、彭锡明、余慧如、徐国纶、于庆均、方晴初、吴圣言、杨仁溥、韦慧泉、李秉璋、林树青、宋锦章、查恩诒、朱钺、鹿彭龄、周汉彬、王仲年、张振寰、周辉远、王秉权、陈嗣哲、万鸿飞、卢荫权、潘永桢、潘大年、周希敦、魏业坤、潘继昶、龚德璋、赵璧、李春化、洪仰山、张佐宸、陈昌彬、白心元、王凤翥、冀桂馥、蔡以沅、李公侠、刘基汉、马振安、张光千、谢仁尧、王汉材、王伯玉、胡芨南、翁信孚、徐崇爵、童子铿、吴鸿宾、孙学曾、朱杰卿、陈云岚、管柏春、管森保、耿文田、刘茂楷、张公荫、石斯馨

本届普通行政人员甄录试，及格者以江苏人为最多，盐城一县，录取者至十三名，其第二名顾寿恩，即盐城丁马港人也。同闱诸君，咸称盐城学子，戛戛独造。又，第一名禹振声，系检定考试及格，并非由大学毕业，其成绩优异如此，可见有大学毕业证书者，反不及与大学或专科学校毕业有同等学力之人，足以冠冕多士。大学毕业证书，等于废纸，已有事实之证明矣！噫！

连日委员长以玉版笺多幅，向闱中阅卷之典、襄各委，索朱、蓝书，藉资纪念。彭襄试养光首书“拔茅连茹”四字，字极苍老。戴襄试鸿猷继书“举贤任能”四字，亦秀挺。又，黄襄试忏华录二十年夏在京试闱中旧作，书以应之，诗如左：

久霾文运此重开，幕府搜罗到散材。竟月蛰居疑隔世，深宵兀坐苦量才。长羁尘海宁吾愿，偶阅金经辄自哀！白菡萏香湖水绿，时闱场在八府塘，有荷花碧水。西泠时入梦中来。

又，汪襄试辟疆书和默君先生汴闱校士诗一律，如左：

癸酉八月闱中晤默君女士，兼读其汴闱校士诗，依韵奉酬，即呈蕤公吟定

曾向金梁说倦游，争传秀句搴高秋。忧时挟梦趋穷塞，得士多贤胜典州。越世玄言千载意，藏山文字一囊收。悬知胜会关天定，旧馆华林好倡酬。

又，王襄试伯秋录第一届内闱旧作曰：

试事毕，与人夜话，戏集放翁诗句成七律一首，录呈太蕤先生雅教

水满池塘叶满枝，夜阑清梦有灯知。经旬不见西窗日，何限流传乐府诗。闱中苦雨，同人唱和诗甚多。世事只成惊老眼，欢情略似欲残棋。冥鸿固欲辞矰缴，八十年光敢自欺。同人中有精相法，谓予当享期颐。

又，曹襄试缠蘅亦书第一届闱中诗曰：

八府塘幕次，用牛山夜读试卷韵赋，柬鹤亭并呈太蕤先生两正

廿二年前射策人，稍怜钝笔不能神。凉宵对月君还共，高馆程材世又新。犹有江湖供呴沫，相期文字返清真。南来落落贞元侣，锁院联吟亦夙因。

又，杜襄试曜箕书第一届京闱诗曰：

京闱，步缠蘅原韵，录呈太蕤委员长

雄才八斗得传人，下笔文章泣鬼神。风雨联床宜话旧，金银

入冶在求新。四围铁网原无漏，万选青钱自有真。锁院昼长饶乐事，同侪唱和亦前因。

又，胡襄试庶华书第一届高等闱中诗曰：

国侍贤良急，龙门客又新。丈夫誓许国，儒术岂谋身。

此外，典、襄各委，题赠甚多，矩制鸿篇，裒然成帙，所谓一邦之妙，大笔如椽，委员长阅之甚喜。

又，卢襄试于正以钱化佛所画寿佛一帧、戴院长补青松一株，遍请同闱诸人题字，或题佛号，或题诗句，皆署名盖章，上下四围，题识几遍。余亦书"寿佛"二字归之。卢襄试什袭珍藏，视同瑰宝。

三十日　晴　在闱中

今日普通行政人员甄录试及格人员已放榜，而财务、教育、会计、统计、司法、外交六类人员试卷，仍在赶阅中。

晨起，赶阅北平财务、教育、司法、外交等卷，皆经初阅阅过，于二十分以下，谋提升者。上午覆阅，计提升三十分以上者二本、二十分以上者六本、十分以上者十本、零分以上者一本。午后覆阅，计提升三十分以上者二本、二十分以上者廿四本、十分以上者十九本、零分以上者五本。

晚餐后，接读委员长催考官阅卷诗一首，如左：

癸酉高考甄录试毕，考生频问榜期，用东坡催试官考校诗意赋此，柬奉同闱诸公

华林初日晓天霜，多士联翩入试场。文体故应删险怪，学科又重策贤良。待贤馆外秋荷老，问礼亭前秀菊黄。电炬未传添蜡烛，夜深犹见考官忙。

委员长诗，至此已三四作。初，第一届高考，典试委员会专掌试政，另设襄试处，专理试事，职掌显分，事权不杂。其后《襄试法》废止，《典试委员会组织法》修正，本届考试，内外闱事务齐归于典委会，而以委员长一人当其冲。委员长内总试政，外领试事，典、襄各委，吐哺延接，员司白事，手批口答，又复抽阅试卷，日以百计，而乃以其余间，从容挥翰，从事于吟咏，若行所无事者。虽曰才分之优、得天独厚，而精神饱满，亦卓乎其不可及也已。

同日，刘襄试盥训奉和委员长《闱中漫题》二首原韵如左：

校士新开明远楼，文章光焰动春秋。奇材自可凌云起，多难深资借箸谋。已辨骊黄秦伯乐，况聆金玉韦苏州。瀣沆一气成佳话，笑我冬烘半白头。

文场近接豁蒙楼，无数黄花傲素秋。大厦正须梁栋选，高官岂为稻粱谋？发挥文史五千载，考证幽营十二州。更愿廉明强国本，他年奏凯大刀头。

委员长见之，笑曰："好个'文场近接豁蒙楼'，可谓文思独运。"盥训，字孚若，山西人，临时参议院议员，第一、第二两届立法委员，年届六旬，须发皓白，而神恬气静，为一代大师。其诗能以旧格律，运新理想，得唐人三昧，此作其一斑也。

又，吴襄试星夫感赋二律曰：

棘闱试士古今同，为国求贤要至公。沧海珊瑚罗铁网，华林桃李候春风。须知得失关兴废，应仗荣枯感化工。危厦正需梁栋器，扶轮争盼奏殊功。

着鞭宁肯让人先，三上公车忆少年。渡海方知登岸乐，养蚕才见吐丝贤。文章莫道无真价，遇合由来有夙缘。此境者番亲历过，此心未敢负灯前。

又，熊襄试正琦步委员长《闱中漫题》原韵曰：

棘闱近接豁蒙楼，禁院潭潭锁晚秋。欣赏期逢针芥合，翘勤渴欲骥骐求。浑金璞玉宁论价，碧海兰苕一例收。若遇眉山苏学士，庐陵当放出人头。

吴、熊两襄委员，皆清光绪壬寅科举人。吴籍福建，熊籍江西，皆以能文名。以上三诗，皆有独到之处。

三十一日　晴　在闱中

晨起，以覆阅各卷，交翼谋，并催本组同人迅速交卷，以便委员长抽阅及核算分数。

至午后三时，关于财务、教育、会计、统计、司法、外交等卷，均评阅完竣，检交典委会秘书处，如释重负。

翼谋眼疾犹未愈，请假休养。

三时半，至夏典试敬民处，论改革江苏县政事。

四时，委员长倩人索书，即步其《闱中漫题》原韵，书以奉之，诗曰：

忆昔同登明远楼，今看学子试高秋。河汾卓识抡多士，晁贾弘文著远谋。唯大英雄开盛业，是真豪杰出神州。联翩入彀皆贤俊，惟愿朱衣遍点头。

跋曰：

癸酉十月，中央举行第二届高等考试，京、平两地，同时并举。应试者，皆全国政治、教育、财务、会计、统计、司法、外交各界优秀分子。太蕤先生以河汾名宿，叠掌文衡，本届复主试政，取舍谨严，真才辈出。衡文之暇，更叠出新诗，索内外同闱酬和，锁院联吟，一时称盛。爰步其第一首原韵，藉希粲教。二十二年十月，书于京闱退思斋。

晚餐时，张典试默君以典试河南闱中所作诗十首见示，感物兴怀，语多豪宕，有孙公和登苏门山，划然长啸，石破天惊之概，亟录如左：

癸酉秋，大梁校士，次韵酬纕蘅

寥廓高鸿举首知，中州间气仗撑持。何当玉节扶摇上，正是黄河浩荡时。棘院煎茶怀旧雨，夷门看剑有新诗。一泓秋水淇园渺，愧说雄文勒庙碑。纕蘅贻诗，有"归程更下行窝拜，合有高文与勒碑"句。时河决，铁桥被水，百泉恐不果行。

汴闱次韵答醇士

典试江南忆旧游，又观汴洛战高秋。碧山琼月吟梁苑，古木黄沙老豫州。悬岸蓦惊洪潦至，穷边遥指阵云收。总期得士能昌国，匡济孤怀傥一酬。

匡庐归后甄士中州，寄怀翼如，兼简次公叠前韵

夫容天际梦清游，纫遍幽兰五老秋。还冀濬渠安禹甸，国文试题为《治河刍议》。忍教袖手看神州。昆山片玉词林重，溟海珊瑚铁网收。更憙梁园宾客在，夷门乐府韵堪酬。次公同闱襄试，用"梁园宾客"小印衡文。近年主授河大国学，其门人刊有《夷门乐府》，清隽可憙。

汴闱为静愚题画

玉龙天半一泉飞，云海苍茫失翠微。堕地斜阳红欲语，有人林下掩柴扉。

梁苑秋闱初试揭晓

天馨初坠白云间，明月飞来五凤山。宴罢琼林人半醉，笑看玉笋又成班。

汴省普考榜放，女生刘宇洁获隽，憙赋并示及第诸生

人镜芙蓉特地妍，轻裾独曳凤堂前。遗珠沧海非吾愿，此次应试女生有二，竟遗其一，殊为惜之。硕果中州望尔贤。漫说空城看龙虎，悬知落笔走云烟。竿头百尺还须上，万里鹏程好着鞭。

汴梁幕次，涵础命题初拓刘根造象

独参空慧响高冥，铃语清圆若可听。九史分明名姓在，还看风雨走精灵。

吹台怀古

吹台在府城东南，为师旷吹律处，后祀大禹其上，故名“禹王台”。汉梁孝王增筑之，又名“平台”。

天声飞去渺难招，箫管遗音在碧霄。协律信能和万族，升平何日听云韶？

箫云直上动高歌，遥睇肥阳感若何。微禹其鱼吾敢忘，独携危涕说黄河。

汴闱次韵呈孝园

持节来魏都，拾此梁园秋。云鹤澹孤遑，心与太玄游。万方正多难，宁先天下忧。殷忧有时尽，求贤无日休。巨眼超风尘，同销千古愁。

卷三　十一月一日至八日

十一月一日　晴　在闱中

晨起，因北平试卷，均已阅完，决自本日起，仍继续与闱中典、襄各委，讨论“以考试代学校，严订考试科目，以谋改善教育，转移风化”之一问题，并乘间商讨国学及艺术。

十时，视翼谋疾，两眼红肿已退，精神渐复。因至楼上，访陈典试伯修、周典试鲠生，与论本届甄录试各种试卷之成绩及青年思想之出路。

陈典试曰：“史地组各类试卷，成绩幼稚，已不待言。闻国文、党义各组试卷，亦不甚佳。”

周典试曰：“余所阅宪法试卷，大半皆所问非所答。尤奇者，司法官考试试卷中，竟有多人并《法院组织法》亦不明了，遑论其他。”

陈典试曰：“此皆全国各大学毕业青年，来此投考，成绩如此，殊出意外。”

余曰：“本届普通行政人员甄录试第一名禹振声，并非由大学毕业，不过与大学毕业有同等学力，而经检定考试及格者。可见青年立志修学，不必拘定麇聚一大学或专门学校，只求能本着吴稚晖先生所讲书本教育，除农、工、医等专科外，皆可任学者自行求师，多购书本，努力竞进，同样可受国家考选，名列第一。且现在中国青年，少数已入末路，多数尚在歧途，勇健者，每自负为革命战士，文弱者，辄甘自沉沦于欲海。（即所谓男女恋爱。）能超出此两者之外者，则又为环境所迫，有我瞻四方，蹙蹙靡所骋之感想！在如此情况之下，青年思想出路，几乎不能得着归宿。”

陈典试曰："谁使现在青年思想之出路，不能得着归宿？"

周典试曰："此不能不感谢过去政治各领袖之赐予！余友某君尝曰：'过去之政治领袖，其策略，全在"引诱青年"四字。'其所领导之青年运动，实际即引诱青年。盖青年为民众主体，引诱青年，即可操纵民众主体，故青年极为一般政治领袖所重视。执政之领袖，则以高官厚禄，资送出洋为引诱。在野之领袖，则以宣传式之麻醉理论为引诱。执政领袖，引诱青年，为其死党，以厚植其潜势力。在野领袖，引诱青年，流血牺牲，以求得政治上之地位。两者方式不同，计划则一。盖在野者求得地位后，则全部放弃其麻醉之理论，仍旧以利禄羁縻其往日之战士。往复循环，如出一辙，而青年遂无往不在其引诱中。吾人欲为青年谋思想上之出路，当根本反对此'引诱'二字。在青年方面，亦应当拒绝别人之引诱，而自动的用理解力与科学方法，探求其理。即以所求得之真理，解决自己思想之出路。在各党之政治领袖方面，亦应让青年自动的用理解力与科学方法，探求真理。"

陈典试曰："真理究竟如何？"

周典试曰："'真理如大海，吾人似一小孩，仅仅在海滨，拾得一片有光之贝壳。'此为大科学家牛顿临死之言。盖科学精神，不承认有天经地义之主义。人类文明，全赖人们继续努力，探求真理。马克斯、列宁、甘地，以及其他一切一切之政治领袖，充其极不过像几个小孩，在真理之海滨，拾得几片贝壳。此已为过于崇信先哲矣。惟望洋兴叹之人们，设持着一片贝壳，视为真理全部，而蔽聪塞明，拒绝继续探求全部之真理，则人类文明，将永远无有进步。吾人并不反对现代青年，为主义信徒，惟希望现代青年，从科学方面，探求真理，从所求得之真理，确定自己思想之出路。我甚愿为全国青年，向各政党领袖请命：（一）请勿用高官厚禄，引诱青年；（二）请勿用甜美理论，麻醉青年；（三）请坦白的将真理拿出，供青年探讨；（四）请让青年以理智来自动的决定其思想之出路。我更大胆的将现代青年思想之出路，明白指出，供大众探讨：（一）拒绝一切利诱；（二）摈除一切成见；(三) 牺牲一切情感；(四) 应用一切理智，从科学方面，探求真理；(五) 从求得之真理，决定自己思想之出路。出路维何？即考试是也。惟考试而后可以测验自己学业之高下，惟考试而后可以确定自己之人生观。”

陈典试曰：“然。先生此言，可为现代青年，辟一思想之新出路。”

午后三时，偕翼谋沐浴。

四时半，陈典试伯修朱书《和委员长〈闱中漫题〉》一章见赠，亟录如左：

评卷抡才百尺楼，霜花露草两楹秋。赞襄试政无长策，渴望贤良为国谋。自昔考权归礼部，而今新制始神州。真知特识班韩笔，定有高人夺状头。

晚餐时，委员长以和曹襄试缠蘅诗一律见示，题曰：

锁院奉和缠蘅先生近作元韵，兼示同闱诸公

勇士无哗赴战场，惊人隽语挟风霜。王曾有志轻温饱，周代尚文鉴夏商。欲辟淫辞返嘉祐，忍将失守记辽阳！继今忠孝因何副，郑獬得状元，《谢启》有“何以副上心忠孝之求”语。前事足师慎毋忘。

附曹襄试近作，题曰：

重九前七日幕次书感，并柬同闱诸公

失喜重过选佛场，华林馆外菊初霜。文期嘉祐浇风变，句共慈恩旧侣商。翼谋同年首示新作。市骏故应来异等，题糕犹及会重阳。寻思多难登临日，在莒邦人傥未忘。用初试论文命题意。

二日 晴 在闱中

晨起，接通知，上午九时，典试委员会开审查财务、教育、会计、统计、司法、外交六类甄录试成绩会议，典、襄各委皆出席。主席委员长，行礼如仪，审查结果，京、平两地及格者，计财务行政人员五十二人、教育行政人员七十二人、会计人员三十人、统计人员十三人、外交官二十三人、司法官一百六十一人，共三百五十一人，内有女性六人，北平财务十四人、教育十人、会计八人、统计一人、外交六人、司法四十九人。当即会同监试委员朱雷章，开拆弥封册，对号填榜。榜文如左：

高等考试典试委员会为榜示事，查本年高等考试之普通行政人员考试甄录试及格人员，业经榜示在案。兹查财务行政人员、教育行政人员、会计人员、统计人员、外交官领事官、司法官六类考试之甄录试试卷，亦经评阅竣事，提经本会会议审查决定，合将各该类考试甄录试及格人员姓名，分别榜示于后，仰候定期举行正试可也。此布。

计开

财务行政人员考试甄录试及格人员计五十二名：

张履政、董彬谦、谢炤华、刘君煌、何芝薰、宋作楠、陈盛兰、陶希瀚、张寰海、罗恭、吴益逊、蓝士播、何骏超、阚静远、叶祖彭、郭福培、王传曾、柴建仕、张久烈、章勃、王恩同、林沅藩、缪忠谟、李炯先、周襟亚、鄢说、章继培、史锡璋、宋文靖、谭象乾、黄豪、陆庆、茹乃焘、殷宇、昂觉民、陈绍勋、王诗敏、温德毅、吴永铭、刘恩篪、童朗蒙、赵夔、窦世伟、吴崇廉、王锡璋、黄西翰、查纶章、王贻谋、萧铸新、王德成、凌尧寿、朱得鑫

教育行政人员考试甄录试及格人员计七十二名：

侯绍文、张豁然、梁春芳、林文盎、于峻源、张瑞菴、张臻祺、江毓麟、李宗祺、高杰、刘炳荣、吴苏、李光泽、孙世优、王天择、周礼章、何惟科、何寿慈、许士雄、姜志纯、许明远、徐光麟、许自诚、李公谋、储子润、朱鲁贤、徐钟峻、龚宝善、石原镐、赵演、苏庭桂、姜炳兴、徐震、雷芷京、胡榕生、卢则文、张贻惠、叶培鑫、张承铨、刘广保、周庚康、于彦胜、袁斐、李蕙、沈冠群、左仲、朱邦道、蔡暄春、汪经镕、朱开钰、赵敦荣、陈学东、章骏仪、袁质秀、李志纲、钱树霖、郭海清、丁显曾、葛铭慎、金翰宗、何廷槐、张应镐、阎金声、朱金青、张兆穀、郭继宽、魏锡勋、谭峨、汪邦钊、萧之鹤、赵骞源、黄锡章

会计人员考试甄录试及格人员计三十名：

杨泽章、毛松年、石毓符、蒋明祺、汪友明、林兆鑅、吴君实、高淑筠、张先同、吴芝村、何汉昌、曹宝让、文澂憬、方会澧、杨先斌、高济民、伍云、崔汝惠、彭琼、赵文聚、秦家骅、楚湘汇、郭学范、谢矗、王荣光、楼兆馗、朱沛莲、顾咸会、何育禧、唐强中

统计人员考试甄录试及格人员计十三名：

赵章黼、季树农、任叔丹、刘辉浦、徐知林、陈济浩、徐钟济、杨克宽、焦瑞森、王重杆、周维梁、王佩德、张孝威

外交官领事官考试甄录试及格人员计二十三名：

曾特、尹让辙、万异、斯颂熙、梁夔、金念祖、李抱宏、江锡麐、钱锦章、冯泽昌、曹文彦、简文思、陶孝完、徐雄飞、陈元屏、罗汉槎、王荣第、张音曼、周怀礼、朱中伦、方宝珪、余先荣、程道谦

司法官考试甄录试及格人员计一百六十一名：

李学灯、张文奎、高其迈、林厚祺、俞履德、何景岑、王华洲、

夏陆利、刘岳钟、吴祖刚、倪光琼、高业炎、王申翰、邹景仁、杨铭恩、尹嘉宠、张有枬、粟根白、袁孝根、朱志奋、薛植蕃、邵彬如、夏殖庭、蔡晋、方旭升、邹心传、卢青甫、潘国栋、陈自观、陈朴生、叶忠熙、柴焱、袁益华、陈万瑾、于洪治、宋锡仲、陈樟生、许绍明、连宝彝、方辉普、余文俊、曲声铮、高殿元、蒋应杓、张立枬、周奉璋、王善祥、邱承炳、徐洸、冯藏珍、刘先忠、胡毓杰、黄天一、姜安文、李后兴、梅绶荪、吴鼎稹、张伯儒、马宗援、赵恩寿、欧阳灵嘉、陈思永、狄彦平、胡嘉觇、熊益三、董乐荣、谭建丞、尤保祥、吴山、李宗祐、王令汾、欧阳焜、佟朝珍、龚叔英、金立章、陈仲达、高康甫、林葆忠、何养持、郝廷相、韩憇桐、胡倜群、钱桐荪、王梦鸿、耿树瀛、梅伯平、俞肇溥、何政涵、徐秩民、沈乃威、刘杰材、蔡泰来、丘凤唐、曹锡庚、陈鸿钧、王三权、郭骏、杨荫衡、饶宝善、邵锋、王家楣、王龙蟠、黄敦汉、王建都、米卫、蒋大德、宋子安、张振凯、柯翊鲸、邓肇金、雷吉庆、刘英华、王叔彭、赵景霖、黄捷、林孝贤、邓国霖、金伯华、吴懋成、李一瀛、王乃谦、马士元、齐振邦、丁慎言、王炘、孙增厚、朱钟琦、樊国瑞、李天铎、吴宗兴、杲春汉、张鸣熙、梁伋、林庆丰、殷贵华、朱月川、刘训琚、黄以枀、黄履中、孙凤楼、刘震华、聂豫谋、范绍增、张福生、董兆耆、王振华、许兰、王世奎、范纯良、吴荣林、傅聪慧、陈畴、于航、李珍萁、翁鹏程、包焕奎、张维城、翁腾环、徐翼民、苏步云

午后三时，审查完竣，继续开会，决议正试典试委员分组办法，计分八组：一、法律组，主任夏勤；二、政治组，主任周览；三、经济组、主任黄序鹓；四、财政组，主任陈长蘅；五、教育组，主任张默君；六、外交组，主任徐谟；七、会计组，主任杨汝梅；八、统计组，主任吴大钧。

又，决议正试、襄试委员分组办法，计法律组阮毅成等十一人、政治组端木恺等十二人、经济组寿勉成等九人、财政组雍家源等五人、

教育组孟宪承等十二人、外交组朱世全等八人、会计组丁宇学等五人、统计组朱君毅等五人。

水心初由委员长指定襄阅政治组试卷，嗣以张典试默君提议，请印委员加入教育组，委员长首肯，遂又加入教育组，襄阅教育行政人员正试试卷。

兹将正试典、襄各委分组表列左：

一、正试典试委员分组表：

组别	主任	委员
法律组	夏勤	陈长蘅、周览、饶炎
政治组	周览	夏勤、柳诒徵、徐谟
经济组	黄序鹓	杨汝梅、吴大钧、饶炎
财政组	陈长蘅	黄序鹓、杨汝梅
教育组	张默君	辛树帜、陈大齐、柳诒徵
外交组	徐谟	刘奇峰、周览、陈大齐
会计组	杨汝梅	吴大钧、陈长蘅
统计组	吴大钧	杨汝梅

二、正试襄试委员分组表：

法律组	阮毅成（兼政治组）、罗鼎、林彬、史尚宽、洪文澜、陈锡符、刘克儁、王龄希、郗朝俊、林文琴、余钟秀、谢健、黄右昌、王扬滨
政治组	端木恺（兼经济组）、阮毅成（兼法律组）、解树强、吴祥麟、黄右昌、黄忏华、李隆、王去病、陈念中、马文焕、孙本文、刘馥、印水心、雷震
经济组	寿勉成、孟光照、印水心（兼教育组）、张梁任（兼财政组）、史维焕、端木恺（兼政治组）、胡文柄（兼外交组）、胡希瑗、朱偰、金庸、张策安

续表

财政组	雍家源、朱偰、黄友郢、贾天澍、张梁任（兼经济组）
教育组	孟宪成、朱君毅（兼统计组）、艾伟（兼统计组）、刘盥训、钟道赞、张炯、黄振华、余同甲、李蒸、印水心、黄华表、彭醇士
外交组	朱世全、马文焕、胡文柄（兼经济组）、吴台、张忠道、周士观、谢无忌（日文）、董道宁（日文）、卢毓骏、胡定安
会计组	丁宇学、张竞立、闻亦有、任应钟、墨林翰
统计组	朱君毅（兼教育组）、蒋绍基、李成谟、艾伟（兼教育组）、乔启明

四时半散会，五时放榜。榜放后，各襄试委员均出闱。余以留襄正试，与各典委仍锁闱中。

是日，委员长于甄试榜发后，用王临川《详定试卷二首》韵，复赋二章，柬奉同闱诸子，如左：

其一

竹篱迥护戒经过，读卷浑忘半月多。抽阅本难专去取，弥封奚自辨谁何？文章有价非关命，金石同坚始不磨。只恐高鸿在寥廓，门前傥为雀张罗。

其二

不惯小刀学细工，复嫌词气未沉雄。科名似已卑之甚，将相从来出此中。一榜噪传得龙虎，三场幸取等鸡虫。选贤愿寄中兴业，对酒何人识醉翁。

右二诗春容雅正，气韵深醇，较前数作，尤为蕴藉有味。昔韩昌黎谓："欢愉之辞难工，穷苦之音易好。"欧阳永叔亦曰："诗必穷而后工。"后之论诗者，祖述其说，谓宫音和温，难于耸听，商音凄厉，易以感人！故盛世巨公，所作诗歌，往往不及衰世之孤臣逐客，而庙堂卿相，例不能与穷巷憔悴专一之士，角文艺之短长，其实不然。曾涤生曰：

郑氏所撰《三百篇谱》，大抵成周盛时贤人在位之作为多。东迁以降，王迹既熄，诗亦替矣。西汉苏、李，东汉班、张，号为能诗，亦当两京全盛之时。李唐之世，词人百辈，累迹而兴，然世所称四唐，虽愚者亦知右初盛而贬中晚。盖声音之道，与政事通，国家隆盛之日，太和充塞，庶物恬愉，故文人之气盈，而声亦上达。反是则其气歉，而声亦从而下降。气盈而志能敛而之内，则其声可以薄无际而感鬼神。气歉而志不克以自伸，则瓮牖穷老，不能得一篇之工，亦往往有之。又安得谓盛世之时，不敌衰季，而卿相之作，不敌穷士之工也哉？

委员长于革命成功之后，全国努力于新建设之时，而主持试政，拔取真才，为国家建立新兴事业，所谓"选贤愿寄中兴业，对酒何人识醉翁"，其意显然。故其诗春容欢愉，志敛而气盈，为太和充塞气象。卢襄试冀野曰："此二律，庙堂台阁之诗也，而岂瓮牖穷巷之士，所能望其万一哉？"附识于此，以质世之读是诗者。

同日，吴襄试星夫依委员长原韵，奉和二章，如左：

其一

多士如从苦海过，能登彼岸惜无多。爱才我亦犹人耳，好学今难比昔何！正是升沉争顷刻，忍将心血枉消磨。明珠颗颗沧波里，铁网端须细细罗。

其二

苦心始见有良工，文阵谁称盖世雄。佛选一场难及半，舟行万里恰当中。尚须鼓棹冲层浪，会看闻雷起蛰虫。自笑龙门曾作客，蹉跎五十忽成翁。

又续成三绝，曰：

自怜早岁步琼楼，鹗鹰冲霄破素秋。一谪江州成老大，青衫犹有泪痕留？

边塞尘氛扫不开，安群须仗出群才。树人的是兴邦计，经济多从学问来。

何人貌美似张良？试就官袍不待量。年少登科真快事，红颜争看绿衣郎。

本日所发财务、教育六类甄录试之榜。其中，司法官第一名李学灯，阜宁人，年二十六岁，中央大学毕业。盐城、阜宁，旧本一县，清雍正九年，始割盐城北境，置阜宁县。学灯考列第一，同闱皆称学灯为水心同乡，水心亦窃喜吾江北人才，不落人后也。又，会计人员中楼兆馗，与统计人员中王佩德，为夫妇关系，同闱诸人称之曰："夫妇同榜。"

适闱中菊花盛放，宁远楼前，有一菊，花开并蒂，其色绯红，傲枝嶙峋，若交颈之舞，名"并蒂菊"。又有一株，一花两色，半红半白，花大如拳，与并蒂菊相对，蔚为奇观，名"鸳鸯菊"。委员长命标签征诗，柳典试翼谋首成两绝曰：

咏鸳鸯菊

花花相对叶相当，朱白匀施半面妆。莫以秋容嫌老圃，入时新样署鸳鸯。

咏并蒂菊

枢府曾夸并蒂莲，兹楼新菊复争妍。悬知鹄立青袍客，鹣鹣偕登蕊榜仙。

张典试默君即次韵《咏鸳鸯菊》曰：

二乔姱貌本相当，两色菊本名“二乔”。天放娇娆未肯妆。锁掖东篱诗思冷，偶携薄醉看鸳鸯。

又，《次韵咏并蒂菊并祝楼、王伉俪同榜之喜》，曰：

争夸新榜并头莲，相映秋英分外妍。携手荷衣同射策，齐眉才调若飞仙。

三日　晴　在闱中

晨起，阅报载中央国术馆举行国术考试，自十月二十日起，与本届高等考试同日举行。由馆长张之江，敦聘考试院戴院长为主考官，兼评判委员长，于十月底闭幕。考试时分拳术、长兵、短兵、摔角、搏击等科，录取男女应试人员，分甲、乙、丙三等，于昨晨榜示如左（时称此榜为“点将录”）：

男子拳术（一）甲等十三名：林秉礼、买长春、李春芳、朱耀亭、马丘武、江志桂、马振华、张英建、张润琪、李成希、康宝元、陈宪法、周子和。（二）乙等十二名：李树兰、任保存、童天强、王立志、冯自海、郝鸿勋、陈素德、张文庆、汪旭、王永彬、黄国桢、杨凤玉。（三）丙等二十名：李登瀛、王季思、杨福乾、刘九生、刘虎城、伍止中、刘金声、徐光华、黄永海、王玉章、李明禄、冯恩和、刘世昌、喻竹屏、张百川、聂景星、陈枚青、王士章、祝正森、王龙章。

女子拳术(一) 甲等五名:高师贞、孙九兰、郭增莲、赵飞霞、刘玉华。(二) 乙等二名:蒋慧娴、唐文玉。

男子长兵(一) 甲等三名:杨士杰、刘连生、李昆山。(二) 乙等四名:康宝元、暴乃斌、蔡长明、冯锡珍。(三) 丙等十八名:周子和、杜福华、王玉章、孙济武、叶以蓉、王庆、易绍民、买长春、常振叶、扬达、孙忠厚、许春华、温敬铭、赵国芳、张福庆、王龙章、马龙祥、赵汝庆。

女子短兵(一) 甲等三名:蒋慧娴、郭增莲、范之芳。(二) 乙等二名:赵云霞、高师贞。(三) 丙等四名:唐文玉、孙如兰、刘玉华、赵飞霞。

男子摔角(一) 甲等三名:常贺勋、沈友三、张登奎。(二) 乙等三名:刘九生、金胜利、陈枚贵。(三) 丙等七名:崔凤岐、阎善益、杨石次、时显章、马清和、康宝元、熊德山。

女子长兵(一) 甲等一名:郭增莲。(二) 乙等一名:刘玉华。(三) 丙等二名:蒋慧娴、唐文玉。

男子短兵(一) 甲等六名:李子聪、王得青、刘九生、阎善益、唐华初、李后俊。(二) 乙等六名:常秉哲、王天化、王永彬、唐少卿、欧儒忠、王云鹏。(三) 丙等三十二名:马振华、鲁国庭、曾鉴春、沈锡林、张润淇、杜福华、袁凤魁、周友元、伍正忠、杜宝忠、陈宪法、张润培、刘云标、胡文藻、祝丕承、于奎万、姚功绪、李明福、刘虎城、朱耀侯、邓澄清、李克贵、周朝湖、张英建、赵汝庆、朱文伟、王子章、汪旭、傅国彦、石峻鹏、李成希、许美仲。

男子搏击(一) 重量级录取四名:李成希、刘达生、袁凤魁、刘九生。(二) 中量级录取十一名:王景位、刘成章、刘再兴、陈理熙、马正斌、童石珍、谭伯生、陈英建、李云登、薛恒元、汤福生。(三) 轻量级录取十四名:胡昆、李锡恩、刘俊、赵鹤鹏、张少卿、廖昆耀、张斌、赵国庆、高杰、王立志、李凤鸣、任保存、唐华初、陈新法。

女子搏击录取六名:蒋慧娴、赵云霞、赵飞霞、孙如兰、范之芳、马师贞。

是日午后,正试出题之襄试委员阮毅成、孟宪承、朱君毅、李成谟、丁宇学、史维焕等均入闱。又,典试委员徐谟、吴大钧亦入闱。定今、明两日分科出题,送委员长选定。自今日起,凡出题之典、襄各委,均不能自由出入。

下午,余由退思斋迁至存神养性斋第六号房,与孟襄试宪承、朱襄试君毅、阮襄试毅成等对房而居。

晚,仍偕各典委员在宁远楼晚餐。卢襄试冀野以新制之《明志楼曲》见示,录如左:

明志楼曲,呈孝园院长、太蕤先生暨同闱诸公

【南仙吕桂枝香】棘闱秋悄,青衫年少,那里有下第刘蕡,却早见登科卢肇;插金花帽红,插金花帽红,且容你豁蒙楼长啸,覆舟山凭眺;得意在今宵,对问礼亭前月,听华林馆外箫。

此曲由长洲吴瞿安先生订谱,可按弦而歌。嗣经戴院长阅过,谓"覆舟山"三字不佳,嘱令修改。卢襄试拟改为"紫金山",而将"插金花帽"之"金"字,改为"红"字。余曰:"紫金山距明志楼太远,北极阁亦名钦天山,不如改为'钦天山'三字,而'金花帽'之'金'字,可无庸改。”张典试默君曰:“善。”遂重加修正。

冀野词固清新,诗尤隽永,因索其闱中新制,得五言律两首,皆佳构也。录如左:

初校分得六十七卷,颇有佳作

磨鼻多生意,吾军赖女张。文心抒绮绣,笔陈出堂皇。开国期椽运,衡文愧尺量。华林新馆在,他日说槐黄。

闱中书感

岂必天河赋,文场掌故多。有人承雨露,一日出岩阿。落落贞元士,堂堂岁月过。果然才不负,卢肇已登科。

四日　晴　在闱中

晨起,与周典试鲠生在明志楼前散步。楼前坛城中,菊花皆放,淡雅宜人。

十时,委员长至各典委、襄委宿舍慰劳。先是本月二日,甄录试完全揭晓后,即决定本月九日举行正试。出题各委,已先后入闱。委员长因正试在即,责任异常重大,特令内外闱各办事人员,不准任何人擅离职守,以重考务。此次正试日期,原可提前于本月六日举行,惟以北平方面,试卷试题押送需时,故改为九日举行。

今日,典、襄各委分别制题。

上午九时,教育组主任张典试默君,在华林馆召开组务会议。余因事前未接通知,未能出席。至午餐时,张典试问余未出席之故,余曰:“未接通知,并未知有开会事。”张典试即向秘书处查询。

餐后回宿舍,函致张典试说明未出席原因,并陈述命题阅卷宜定方针意见。原函如左:

默君先生大鉴：本日上午，开组务会议，因事前未接通知，未能参加，深为歉憾！蒙先生面告以本届教育考试，固在能网罗真才，尤在能转移风气。卓识宏论，钦佩无极！往尝与太蕤先生谈及近今中国所处危机，“国难”二字，不足以尽之，而文教崩溃，思想骛驰，学风之坏，实为有史以来最大之变态，扶危救敝，端赖典试诸公，命题阅卷，皆宜有一定方针。各国教育有宗旨，以无考试故耳。中国既有考试，则当首考试方针，不当言教育宗旨。即曰教育有宗旨，亦不过随考试为转移，不能离考试而单言教育也。世界不事考试之国，而不设教育部者，尚有之矣。况五权宪法之国，抡才大典，一以属之考试，而何有于教育？学校培才，考试取才，才犹水也，考犹盂也，盂圆则水圆，盂方则水方，故考试之文，可以转移风化，振导人心，风声所树，天下翕然相从，取其贤者而用之，其不贤者去之，化恶为善，化野为文，在此一举。亡友田梓琴君尝曰：“各国制度，工于培才，而拙于取才，中国制度，工于取才，而拙于培才。惟工于取才，故士能自养其才，以图报于国家，国家无养士之劳，而能食多士之报。”此总理所以独采考试制度，以补各国制度之不足而济其穷，而其首要则尤在典试得人。先生天风环珮，叠掌文衡，彤管扬徽，古今无两。此次主试教育行政人员，独注意于“转移风气”四字，苏子瞻称韩昌黎起八代之衰、济天下之溺，先生其有意于此乎？贵县文正公有言曰：“风俗之厚薄奚自乎？自乎一、二人之心之所向而已。”又曰：“水流湿，火就燥，无感不雠，所从来远矣！”水心猥以庸愚，幸厕末座，管见所及，即希教正，并颂吟祉。

再者，本届甄录试第一名禹振声，即系出自检定考试，并非由大学毕业，又查财务、教育六类考试中，列第一名者，检定及格居其三，此即士能自养其才，以图报于国家之证，并及。

嗣接张典试复函，谓：

所述高见，钦佩无任！昨日通知，由秘书处误送至先生寓所，致未能达到，甚歉！教育组得贤者襄助，忭幸莫名！希时赐教言为祷！

并承赠邵翼如先生新编《建国》月刊“民族主义专号”一册，读之令人油然生建设国家、复兴民族思想。

晚餐后，与柳典试翼谋、杨典试亮功、刘典试奇峰，在明志楼前散步。月色甚佳，陈典试大齐以秘书处第一科科员程龙骧(吴县人)柬卢襄试冀野词两阕见示，录如左：

冀野作明志楼曲，戏代及第诸生答谢，用原曲牌

【桂枝香】长干故道，青衫苇帽，只这是十载芸窗，博得个泥金来报，敢文章价高，敢文章价高，多谢你醉翁清操，成就我五花官诰，看今朝，玉尺楼中选，金花榜上标。

癸酉秋，晚步台城有感，即柬冀野

【前腔】征鸿天际，霜花铺地，更一片断续砧声，酝酿出萧疏秋意；我长安倦旅，我长安倦旅，羡煞你春官桃李，惊见你天街车骑，自猜疑，文战何曾北，秋阳又转西。

晚八时，王襄试扬滨入闱，与余同居存神养性斋第六号房。王襄试，字筱侯，湖北汉阳人，现为内政部警官高等学校教务长。此次入闱，拟监狱学试题，属法律组。

五日　雨　在闱中

晨起，接教育组第一次会议记录。其中，张典试报告改进教育事，与余昨函立意相同，原文列左：

教育组第一次会议记录

时间　十一月四日上午九时

所在地　华林馆

出席委员　陈大齐、张默君、柳诒徵、朱君毅、彭醇士、刘盥训、钟道赞、孟宪承、辛树帜、艾伟、黄振华、余同甲

缺席委员　印水心、彭醇士

主席　张默君

记录　贾文林

行礼如仪

报告事项

1. 张主任报告甄录试教育行政人员之程度及试卷大概情形，略谓：此次正试各科目，为应考人专门学科，故出题须特别加意。于记忆推理外，尤宜注重实用才识，因中央每次举行高考大典，不仅在慎选好官循吏，并寓有教化人群、转移风气之至意，是以本组拟题标准，务须注意左列二点：

一、学力方面　使能充分发挥其专研深邃之精神。

二、才识方面　宜切中时事应社会之需求，补偏救弊，促今后教育之改进。

2. 报告评阅试卷注意事项各条文，对于第三条所规定，请择要圈点，不必通篇一律加圈。

3. 报告给分后如有改动时，即在原给分数之旁，改为若干分盖章，并将原给分数，亦加盖章，不必涂改。

讨论事项

1. 必试科目试卷如何分配评阅案　决议　典委覆阅，俟下次会议时，再行决定。先将担任之初阅试卷襄委分配如左：

(1) 教育原理　由艾委员伟、余委员同甲、刘委员盥训、印委员水心担任

(2) 教育行政及教育法规　由钟委员道赞、孟委员先承、黄委员华表、彭委员醇士担任

(3) 视学纲要　由钟委员道赞、张委员炯、印委员水心担任

(4) 各国教育制度　由朱委员君毅、孟委员宪承、黄委员振华担任

2. 选试科目试卷如何分配评阅案　决议　列表如下：

(1) 社会教育　由钟委员道赞、孟委员宪承、印委员水心、黄委员振华担任

(2) 乡村教育　由孟委员宪承、余委员同甲、钟委员道赞、李委员蒸担任

(3) 师范教育　由黄委员华表、孟委员宪承、朱委员君毅担任

(4) 职业教育　由钟委员道赞、孟委员宪承、刘委员盥训担任

午餐时，陈典试百年谈及本届甄录试七类考试中有三类人员，名列第一者，皆检定考试及格，并非由大学出身。张典试默君曰："最近各大学学生，成绩不佳，已无可讳言，凡无大学毕业证书，而由各省检定及格者，成绩皆在大学学生之上，即此已可见我国大学教育之一斑。"委员长叹曰："国家每年费帑数百万，办立大学，培养人才，所得结果，竟不及检定及格人员，设再不改变方针，则国家无负于学校，而各大学将何以副国家培才之望?"言之慨然！于是，各典委皆觉三十年来，中国学校教育，有名无实，相与纷论学校教育之弊害，群思设法救济。余曰："学校教育之弊害，不自今日始。救济方法，莫善于以考试代学校，严订考试科目，徐谋改善教育，转移风化。"因将前奉天教育厅长谢荫昌致某公书，论学校弊害及改革教育方案，手抄一份，以

示各典委。书曰：

今之学校，乃社会贵胄之学校也。大学及专门中学一生，一年之费，高者年需四五百金，少亦百余金。兹姑以一生二百金论，其父非有千金以上之收入，不能培植一子弟。夫年有千金收入之家，则其母产非万金以上不可。生而非祖父积产万金之子，只有望校门而兴叹耳！此荫昌以今之学校，为社会贵胄学校之说之所由来也。古今来之德慧术智，多出于孤孽寒门，以其能困心衡虑也。今学校之所招，皆肠肥脑满，声色狗马之子，入校以后，动必斋仆，食必数簋，无断齑划粥之风。又时以起居饮食，与校员启衅，故学校之万恶制度，为寄宿制。是盖以黉舍而兼旅馆食肆之业者也。不肖校员，因以为利，学校风潮，亦半由是起。学生百人，其家况百不一也，而欲一之，富者已苦其难堪，寒者犹力有未逮。此等制度，谥曰"万恶"，不为过也。况古来学子，多有挟策读书，而仍力田入市，以赡家养亲者。今校外潜修之学科，多有闳深精博，倍于校内者。今乃曰：汝不在此万恶之旅馆食肆，酣嬉四五载，纵有通才绝学，国家不给尔学位，不予尔出身也。古以始作俑者为无后，荫昌则谓今之设校者必无后也。

然则学校之制，将以何道改革之乎？曰：今之小学校，为国民教育，国家当以不征学费普设，而强迫已达学龄之儿童入之。中学及中等之校皆令停办改组，规定达十万人口之县市城镇必设中等教育应用之参考图书馆、外国语传习所、数理化实验讲习所、博物实验馆、图书音乐传习所、体育场各一处。各处之教授讲师，由省考选，遴派前往，或由各该地保送，而省检定之。授课时间分日晚二组，日间教富厚者之儿孙，晚间授贫寒而兼营职业者之子弟。其国文、历史、地理等课，各乡均有此项材料，可任各人自修，各生将来，欲考何项学校，应修何科，修至何级，由教授讲师，指示各生，依其指示，研修考验，及格，给以修业文凭，送考。惠而不费，轻而易举，较之现制，何啻霄壤。至理化器具，一县市城镇，力不能独备者，可合数县市城镇购设，巡行试验实习。讲师巡行时，其器械亦随之游行，如医师之卖药者，随时随地皆可，因乡镇之请求而授习。如是则教育以简易而普及。乡镇子弟不必离其室家、弃其职业以求学，省县地方亦毋庸以设校而兼营旅馆食肆，豢养无数庶务文牍学监等类之校员。只须大学入学时之考试严，各处中等学级修养之准备，自无不严，此改革中学之计画也。

至专门及农工商职业学校，吾国取法日本，但求其科名之正大、科目之宏富，实际之适用与否不问也。即如工科之应用化学一科，其中所包含者，有绝大工业二三十种。三年之力，均须习之，荒谬可笑！且其中精其一业，一人一生之生活，绰有余裕，何须遍习数十艺，其结果无一艺足以谋生。所得崖略，亦仅在纸上。而究其所以致此之故，由於其国设校之始，半为民生之开拓，半为国际之观瞻。既设此科，彼科即无力独设，不设又殊为缺憾，于是委曲迁就，屈彼科为此科之附庸。一科而孕无数之独立学科，以涂饰国内外之耳目。一入其校，总总林林，应有尽有，究其实名为专科，只能习专科之普通，不能习专科之技术。以之误人自误，欺人自欺，吾国又从而仿效之，习焉而不知返，不亦大可哀也乎！夫农工商业最重实习，所苦者工场之设备难耳，兹改革农工商学校制度，令各种实业专门学校，皆附设于国内农工各场，譬之大冶炼钢，则设炼钢专门学校，不必冠以冶金之名，另筹设备，其实能学炼钢，一生之生活已裕，不必五金俱炼，一事无成也。博山玻璃，则设玻璃专门学校，不必冠以陶器。推之如在商务印书馆设印刷专门学校，在启新洋灰公司设塞门德士专科学校，由教部与各公司熟商，年招一级，即津贴该公司一级之年金。只须国家筹房屋书籍仪器标本之费，较之自行设备，其劳逸优劣不可道里计。况学生时与公司直接，学即所用，用即所学，决不至持一工科毕业文凭，到处乞怜，谋科员、技士之位置。又不至百技皆学，一技无成，致为社会吐弃。至于职业学校，更不可用农工商之笼统名词，廓落科目。车夫则设车夫学校于汽车行，厨夫则设厨子学校于饮食肆，力求专精应用，不必求多骛广，一艺无成，更不必泥东、西洋之成规，博而不精，如博士卖驴，徒资口说。此改革专门及职业学校之计画也。

大学则学科更宜分析，并应趋重单科制。法科则刑法民法，文科则伦理论理，各于专科之下，分设专系。在本国刑法系毕业，可至各国大学刑法系研究之，更可至各国刑庭实习之。何必以有限之精力，学无限之学科，而所学者百无一精，何适于用？毕业期限半年一年二年三年均可，不必定三年四年之制，及学士博士之名，为张皇耳目之计。各国学制，皆沿一国之习惯与历史，彼国未必适用于此国，但求其适与是，不妨自我作古也。师范、陆、海军则须设专校，以其纯为国家服务，不能自由，国家当以完全官费培养之，供食宿焉。小学、大学国家任之，专门职业则地方与农、工、商业务各会社共任之，中学则纯粹归地方之设置，而令人民自求之。如是则设者简易，学者亦简易，无贫富贵贱皆得以有限之时力资力脑力，获切实专精应用之学问知识技能。世亦何惮而不改哉？

总之，求学乃饮食日用之事，当视为布帛菽粟，固不可因陋就简，亦毋庸饰智惊愚。毋论专门大学，何项学科，只须考其对于该科应用之基本学科，有切实之准备，不问其里老乡竖贩夫走卒文凭有无，皆得听其入校习该科之一部一目，获一鳞之益，尝一脔之味，而给予修毕一部一目之证书。各项设备之实习场化验所，只须纳相当之料金，经主任教授认其有相当之程度，皆得任其来校研习。毕业考试之际，先期将学科程度正式公告，准校外者来校为竞争之考试，一律给予证书。平民大学之精神，亦以是而实现。至中等教育之音乐图画手工体操等课，如是则不能列为必修科，在教育理论上，固多缺陷；而在实际上如现时之强制讲习，徒增苦痛，于事何补。望力破学子拘牵之论，铲除贵族式之教育，为平民化之教育，以非常之手腕，毅然行之，狂瞽之言，伏希采择。

各典委传观毕，皆曰："谢君此文，指斥最近贵胄学校及万恶之旅馆食肆式学校，可谓极淋漓痛快之致。"

柳典试翼谋曰："谢君此文，作于民国初年，其时学校弊害，犹未如今日之甚；实则今日，人心之厌恶学校，几已有口皆碑，而今日各大学，所以能存在之原因：一则为国家场面所关。二则由官吏所职掌。三则因教职员所寄生。而国家欲以一种主义，教育人民，养成人才，及学生之必由此途而后可得教育与学问之原意，已不完全包含在内。一旦改革，纯以考试代之，则于前所举三者，不无稍有妨碍耳。"

张典试默君曰："以场面论，今之政府，并不要此场面。任何大学，经费困难，政府悉置不问。其来源稍裕者，不过各国赔款、鸦片特税及地方负担税耳。以中央政费支出之数观之，教育经费，占百分之几，可考而知也。以职掌论，今之官吏，亦不能行其职掌。十数年前，教育部之在政府，即号称'帮闲'。（袁世凯时，拟任杨度长教育，杨告袁曰：愿帮忙，不帮闲。）其于教育上应尽之职务，如提倡学风，整肃校规，黜陟人员等，皆力有所不逮。教科书则权操于书坊之文丐，学术风气，则权操于少数名流学生，任学阀之纵横，遭风潮之鼓荡，束手瞠目，无如之何，而经费所需，又一筹莫展。外省主持教育者，又须得军阀同意，而莫能秉公黜陟，徒以文凭、报告、统计、法令之类，为其日常奉行之故事。是尚有何意味乎？至于教职员之寄生于学校，则尤可笑矣。教育为何等高尚事业，而相率曰：'在学堂混饭吃。'然混饭者，犹忠厚安分、无大作用之人也。有作用者，则以学校为活动之场，或干与政权，造成系统；或好出风头，谋充官吏；或内容腐败，吞蚀公款；或肆行污秽，无所不为，驯至尊严扫地，价值毫无，索欠争薪，无以为活，其为惨痛，几不忍言，则亦何贵有此学校乎？故余以为学校之制，为害国家，为害社会，已无可讳言。即有真大师宿学，认真教育，使入此校者，灼然有以异于未尝入学之读书人，则染丝制锦，尚亦有待于整齐划一之良规。无如今之学校，已成不可转移之现象，虽有善者，亦无可如何，则澈底改造。除中委陈果夫所提改革教育方案，主张农工医等科，必须由学校外，不妨以书本教育之人才，划而属之于考试。如印先生所提倡以考试代学校，严订考试科目，以谋改善教育，转移风化之主张，似亦折衷两者之间之办法也。”

翼谋曰：“然。余曩著《自由教学法》一文，曾亦发明此义。盖居今日而果谋改善教育，转移风化，非以考试代学校，令学者自由求学，而以考试定其学业之高下不为功。”

众皆曰：“善。”

是晚，复与翼谋商改善教育具体方案。翼谋曰：

> 予前曾拟《自由教学法》一文，刊载学术杂志，大旨即言自中学以上，任学者自行求师，而以考试定其学业之高下。其施行方法，约分八节如左：
>
> 一、课程。由教育部制定某种学生，必习若干科目，且学至若何程度，须行国内，使知划一。其某时学某科，某年学某科，不必规定。敏者一年或数月了之，可也；钝者积若干年，始获学完，亦可也。
>
> 二、师资。不必延师于学校，第由教育部检定师资。某人可胜中学某某科教员，某人可为大学某某科教授，予以凭证，使其自由授徒。凡授某科学术者，得予学生以某科修业完了之证。
>
> 三、学生。自国民小学毕业后，听其自由求师，从甲习国文若干日月，从乙习算数若干日月，悉听其便。或一日而从数师可也；或经年止从一师亦可也。其习一学程，束脩若干，由教育长官规定，听学生直接纳之于师。弟愿加丰者听，师愿减免者

亦听。

四、仪器。国家停办学堂，以其经费，设立科学仪器馆于都省市县适中之地。（或一地设立数所。）凡经检定认可之教师，得率其徒，来馆实习。实习费若干，由学生直接纳于馆员。

五、图书。都市省县，亦立图书馆一所，或若干所。任师若生自由阅览，不收费。但有损失，则责令赔偿。

六、音乐美术及体育。都市省县，立音乐院、美术院，如科学馆。师生得就此教学，纳费准之。设体育场，准图书馆不收费。

七、考试。学生从师毕业某级学校之必修科，得应某级学校毕业考试，其考试由考试院及教育长官主之，某某科及格，某科不及格，得令重习某科，声请补试。胥及格者，予以毕业文凭。

八、职业。职业教育，不必习普通科目，惟重实习。由国家指定若干农场、工厂或公司银行，学农者师农，学工者师工，学银行者师银行员。其理论学科，听各求师。欲应试者，试之如普通生。

如右所述，其利有六：

一、节省时间。教者与学者，皆可切实从事，无虚耗之光阴。

二、节省经费。以教育经费，直接使学生父兄负担。一切学校中之职员薪工，皆可省去。

三、免除风潮。弟自择师，必所愿从，自无风潮发生。

四、杜绝学阀。野心家不能利用教师与学生。

五、提高学术。教师必以实学授徒，使无实学，自无人来请业。学生必以实学应试，使无实学，自必不能及格。

六、增进道义。学生由此敬学亲师。为师者亦不干人求馆，不媚徒固位，人格自然高尚。

余曰："此自由教法学办法，与谢荫昌所拟改革教育计划，有无异同？"

翼谋曰："谢君所论，各种实业专门学校，须附设于农、工各场，自属可行。至谓职业学校，不可用农、工、商之笼统名词，廓落科目，尤为精当。盖今日提倡职业教育者，皆以教育为职业，而除教育之外，一无职业者也。以此所教之人，依然不能投身于职业，而职业教育，不过以教育为职业者之一种商标而已。所谓笼统名词，廓落科目，皆为自欺欺人之谈。谢君此言，可谓明澈之至。惟其改革计划，对于大学仍注重于单科制，不尽如中等学生之听其自由从师，与吾说稍有不同已耳。盖谢君之文，作于民国初年，其时大学教授，尚未如今日之多。若在今日，谢君亦必依吾主张，自中学以上，任学者自行求师，而以考试定其学业之高下矣。"

余曰："然。"

翼谋又曰："予尝以此办法，质诸中委员稚晖先生。盖吴先生亦主张以书本教育代学校，不必麇聚于一校一室者也。去年五月一日，吴先生寄予一书，略曰：'昨自贵馆归，读赐书暨大论。先生所计划，较弟尤澈底，既厉行考试制度，自不妨行此各国未有之新法。因各国向未有我国考试制度，故误演为今之学校制度，且时时改良，终不能中的也。中山先生尝说：我们学外国，当迎头赶上去，不可向后追逐。弟之愤慨，尚不过指书本教育一部分。必麇聚于一校一室，真是多事。而且，以为书本教育，必麇聚于一校一室，断教不出什么好人物。所以，弟主张文、法、哲、理等科，简直废弃。立校自由授受，定其造诣之价值，即以考试定之。其实即农、工、商等科目，倘公家设备能如法，借用能周遍，亦可如先生所提议之自由教学。然我辈亦只能免乎懒惰之讥，作无用之呻吟而已。充耳不闻，恐群聋之诣力，不易摧破也。看大论之精切周详，令弟等作继续之呻吟，其气益壮耳。明早纪念周报告，当参举大论要义，再作一度之牛琴，一笑。'五月八日，吴先生在中央纪念周，演讲教育与救国，痛切发挥此旨，中有数语曰：'对于教育方面，我们党里也简直不理总理所讲之话。总理不是叫我们，学人家要迎头赶上去，不可向后追逐？请问现在之学校教育，是不是前清之旧物。前清因为八股不好，改换花样，就换了洋八股，而有所谓小学堂，大学堂。现在的小学、中学、大学等，只把“堂”字，改做“校”字，依然具体而微的向后追逐。这又有什么进步呢？总理还给我们一件最大的法宝，这件法宝，为各国从来所未有。就是有的，也看作不十分重要。这件法宝是什么？就是考试。有了考试，即可用不着那种乌烟瘴气，化几个钱做做面子的学校制度矣。’”

余曰：“据吴先生此言，有了考试，即可用不着学校。是明明欲以考试替代学校。然则不佞此时主张以考试代学校，严订考试科目，以期改善教育，转移风化，并非毫无根据。”

翼谋曰：“然。”

本日接委员长和监场总主任许公武闱中诗三章，录如左：

锁院奉和公武先生癸酉高考偶成三首，并柬同院诸公

读卷篝灯倦倚楼，夜寒人静不知秋。自怜巨眼非深甫，山岳文章有去留。

鸿博七科次第开，扶危赖有栋梁才。三千文字犹清俊，器识还须验后来。

玉花骢马国之良，拭眼从头费考量。九陌轩腾今后事，公卿半出白衣郎。

公武原作录后：

策试新开百尺楼，黄华香遍棘闱秋。好将铁网搜沧海，莫使明珠一颗留。

宁远楼中藻鉴开，全凭巨眼识真才。文章骨气如山岳，应有英雄入彀来。

治平端赖得贤良，玉尺携来仔细量。一瓣心香虔祝祷，愿求忠孝状元郎。

六日　霁　在闱中

晨起，有风，颇寒。早餐后，访张典试默君，商教育行政人员答案要点及给分标准。决定办法后，张典试出闱中新著诗三章见示。录如左：

莫秋雨霁，试院有怀，叠游均一首

华林风日锁寒秋，静对鸡鸣此卧游。红叶渐看煎梦碎，桂枝初听遏云愁。瞿安、冀野新谱《南仙吕桂枝香》一折。霜中花气时盈袖，雨后山光乱入楼。天北使星媚孤迥，重逢恰值月当头。

宁远楼书感次韵酬纕蘅，并奉翼谋、翼如二首

其一

甄才又看敞弘场，飞翼天门气肃霜。复礼百年修宪命，采风四野审诗商。层霄双凤开新运，谓楼、王伉俪初试同隽。大野冥鸿赴夕阳。落落慈恩高谊在，江湖满地肯相忘。

其二

驰骋当年马射场，匣中犹有剑横霜。愁扶岩气嵯峨起，诗就花灵仔细商。击壤狂歌思汹水，泼天孤愤梦辽阳。重光史乘分明见，在莒箴言敢竟忘。

前一首，有铿锵弘丽之音；后二首，有激昂慷慨之气，读之令人心佩。

午餐时，遇汪襄试国垣，同至华林馆论诗。

国垣，字辟疆，江西彭泽人，历任中央、江西各大学教授，以能诗名，与彭襄试醇士、曹襄试纕蘅，均称当代名诗家。辟疆曰：

诗歌为文学大辏，文学有广、狭二义，诗歌亦然。诗必有韵，今古无更。在心为志，发言为诗，言之不足，嗟叹咏歌，情发于声，声韵遂起。继此有作，凡属诗歌，靡不有韵。有韵者皆为诗，其容至博。非但骚、赋，乐府、宋词、元曲，举可称诗，即如刘勰所举颂、赞、祝、盟、铭、箴、诔、碑、哀吊、谐讔诸体，下至流俗所称之医方歌括，凡有韵者皆为诗。以工拙论，诗人词客，容或鄙夷；以体裁言，固亦诗歌之流也。此就诗歌之形式而言之也。或曰：诗歌为体，本非一端，形式精神，阙一不可，形式宜区，精神尤贵。何谓精神？旨趣是也。虞书称："诗言志，歌永言。"卜子夏曰："在心为志，发言为诗。"无韵非诗，初无定律，可知古人论诗，但明旨趣，后人习于韵语，胶柱之见，已自不侔。其能窥见诗之旨趣者，如东坡称王维"画中有诗"，此真不拘拘于诗之形式者也。根诸情感，精于艺术者，有韵固诗，无韵亦诗，平铺直叙，不带情感者，无韵非诗，有韵亦非诗。是故昌黎古近，乃属韵文，道玄《水经》，咸寓诗意。辨微知味，宜具别裁。此就诗歌之精神而言之者也，皆广义也。至于《七略》著录，分列歌诗，钟嵘品藻，标榜五言，诗歌分界，于此为严，非惟箴铭哀诔，画诸诗外，即以附庸蔚为大国之辞赋，亦复别成分野，不与诗淆。嗣是以还，诗歌领域，仅及歌谣乐府，五七古近，而宋词元曲，体虽出于诗歌，徒以众作纷繁，自成体制，遂亦脱离诗歌而独立。治词曲者，亦于诗歌，鲜措意焉。此就诗歌之本体而言，不规规于形式旨趣者也。所谓狭义也。夫诗歌为体，以韵律为形貌，以旨趣为神采，两者备具，乃为真诗。使执有韵无韵之说，判诗文之标准，则是遗神采而重外形，势必举隐语謰词，被以诗号；但求趁韵，奚裨感情。反之，则专求旨趣者，又必尽去声律，求诗歌神采于散文小记之中。偶见一二短篇，笔具感情，辞兼描写者，惊为创获，宝若球琅，则文章之囿，采获何限，必尽锡以诗名，亦乖体制。以二者之交讥，乃知合则双美，分则偏絜。虽复持之有故，言之终难成理也。至于狭义者，但求本体。既非同主形式者之兼容并包，亦殊尚旨趣者之进退无定。就诗言诗，界限较确。此其大概也，以言其详，非片言所能尽。

余曰："然。诗之界说，已闻命矣。诗之意义，可得闻乎？"辟疆曰："其说尤繁，为时已晏，明日更为先生详言之。"遂同至果园散步。

晚餐后，在宁远楼观杨典试汝梅舞剑，又龙秘书演太极拳，并与杨典试推手，清健如燕，柔软如绵。委员长及各典委、襄委均拍掌。是晚，委员长以新著《送下第诸生》见示，录如左：

甄录试榜后，送下第诸生，用王临川
李璋下第诗韵，柬奉同闱诸君

广厦连云岁岁开，山林不患老遗材。少年快意宁为福，大器晚成未可猜。下第李璋轻使气，更名罗隐总衔哀。男儿应有千秋志，得失一朝顾重哉？

又，阮襄试毅成，谓十年前与其夫人钱女士，同榜考入某大学，今在京闱，值菊开并蒂，花放鸳鸯，适甄录试有夫妇同榜者，因赋一律，录呈同闱诸公指正。同闱皆欢笑曰："天下事无独有偶。"争阅其诗。张典试默君尤欣欣然有喜色曰："愿先睹为快。"其诗如左：

已过重阳兴未阑，销闱看菊欲忘餐。花开姊妹称连理，枝舞娉婷傲晓寒。粉琢香堆成不易，脂烘铅晕画都难。十年旧事翻新样，我亦曾夸并蒂兰。

又，吴襄试星夫步翼谋《鸳鸯菊》《并蒂菊》原韵，放大为律，得两首如左：

霜风百卉孰能当，独有秋容不改妆。只讶孤高甘隐逸，也翻新样吐芬芳。半红半白开生面，双宿双飞寄梦乡。试果鸿光登蕊榜，故应吉兆报鸳鸯。

半池曾咏并头莲，不信黄花有此妍。袅袅风前犹总角，盈盈林下见齐眉。有生便结同心约，未死真成不解缘。何福相携来锁院，合教永作玉堂仙。

七日 晴 在闱中

今日上午八时，戴院长召集典、襄各委，在宁远楼开茶话会，征求题问礼亭诗，以《礼运·大同》一节分韵，并作小启曰：

去冬于役行都，得永明石刻《孔子问礼图》，因建亭于考场之前，颜曰“问礼”，永为纪念。时值京闱，文宗蔚集，爰以《礼运·大同》一节，分韵征题，所冀大雅鸿达，以扶轮手笔，弘扬我数千年来先圣后圣一贯之心传，播之声诗，垂之金石，俾国民相观而善，勃然兴起，其裨益于民风国运，以弼成建国之宏业者，不其伟欤？附拈韵字，伫盼佳章。

九时开会，戴院长畅谈孔子问礼之旨及建亭之意，各人拈韵，不限期交卷，欢谈至十一时散会。

午餐后，复与汪襄试辟疆继续论诗。辟疆曰：

昨论诗之界限,今更言诗之意义。顾诗之为义,其说不一。有以“志”释“诗”者,始于《虞书》,曰“诗言志”是也。《大序》承之。《说文》曰:“诗,古文作訨,从言,从㞢,㞢亦声。”又曰:“诗,志也。”嗣是言诗,以“志”释义者,远溯唐虞,近沿洨长者,无虑佰什。有以“持”释“诗”者。《诗纬·含神雾》云:“诗者,持也。”又云:“在于敦厚之教,自持其心,讽刺之道,可以扶持邦家。”孔颖达《毛诗正义》引之,且疏说其义,则曰:“持人之行,使不失队。”而刘勰《文心雕龙·明诗》篇亦云:“诗者,持也。持人性情,《三百》之蔽,义归无邪。持之为训,有符焉尔。”有以“承”释“诗”者。《礼记·内则》说负子之礼云:“诗负之。”郑玄注云:“诗之言承也。”孔颖达疏复加申说,谓:“作者承君政之善恶,述己志而为诗。”有以“情”释“诗”者。《诗大序》云:“情发于中而形于言,言之不足,故嗟叹之,嗟叹之不足,故永歌之,永歌之不足,不知手之舞之,足之蹈之也。”以情释诗,此为最早。继此立说,洞见症结者,则如班固所谓“哀乐之心感,歌咏之声发”,陆机《文赋》所谓“诗缘情而绮靡”,博稽众说,此其扼要者也。有以“声”释“诗”者,诗必依声,《虞书》《诗序》,已括此旨。后贤探索,要莫能外。其标举立义者,则如郑玄《六艺论》云:“诗者,弦歌讽喻之声也。”以声释诗,远溯上世,所谓婴儿孩子,则怀嬉戏忭跃之心;玄鹤苍鸾,亦含歌舞节奏之应。上世虽无文字雅颂,必有讴歌吟咏。诗之兴起,声音为先。持此说者,容无不合,故阐斯旨者,亦复有人。综此数说,诗之为义,略可识矣。愿居今衡古,终觉未安。盖举偏而遗全,执一而多窒。自非疏通众说,钩稽微言,鲜能包举内蕴,变易旧观。此犹待商榷者也。夫思虑为志(《春秋说题辞》),心之所之为志(《说文》),是志之为物,不过言语之造端。述事达怀,何所区别?以志释诗,似亦未谛。惟古籍言志,皆括情感而言。如《左传》昭公二十五年:“子太叔对赵简子曰:‘民有好恶喜怒哀乐,生于六气。是故审则宜类,以制六志。’”杜注:“为礼以制好恶喜怒哀乐六志，使不过节。”则古人言志，实混于情。即就《诗大序》“情动于中而形于言”观之，志为情志之称，益可取证。诗歌以情感为第一义，旧所诠释，虽主一偏，然于诗歌根诸情绪之要旨，远在虞廷，早已决其大窾矣。惟志之伸引，曰持曰承，一名三训，歧而又歧，牵合之迹，至可哂笑。至于声音者，远溯古初，近征众制，诚莫能外。惟立论仅引一端，含义遂难周匝，与专以情释诗者，同其得失，此皆不足以言诗歌界义也。遍稽往籍，其能窥见诗之本体，诠释较为完备者，惟唐人白居易所论次为得其真。白居易《与元九论作文》大旨曰：“感人心者，莫先乎情，莫始乎言，莫切乎声，莫深乎义。诗者，根情苗言，华声实义，上至愚骏，微及豚鱼，幽及鬼神，群分而气同，形异而情一，未有声入而不应，情交而不感者也。”虽然，白氏之论诚卓矣，顾尚有未尽善者，则以诗之本体与功用，迥不相侔。其言诗者，根情苗言、华声实义者，诗之本体也。其言群分气同，声入情感者，诗之功用也。白氏以诗为感人心之具，而遂推论无贤愚幽微之阻隔，语涉含混，厥病为均。至其言诗之定义，以情、言、声、义四事并列，诗歌要义，囊括靡遗，固唐宋诸家所未诠次者也。夫诗之为体，当括内质外形而言。所谓内质者，有情感、有想象、有实义之谓也。他种文学，举莫外是，而诗为尤贵。所谓外形者，有规律之句语，有谐美之声韵，有简练之辞采之谓也。本此二端，其由主观而发舒心境之感觉者，可谓之抒情诗。其由客观而叙述流传之事实者，可谓之本事诗，或曰乐府诗。白氏以根情实义，说明诗之内质，以苗言华声，说明诗之外形，差为确当。准斯以谭，则白氏所论定者，姑取之以为诗之界义可也。

余曰：“善！”

晚餐时，黄典试序鹓，以寿其胞兄叔泰诗及委员长和诗见示。委员长诗有曰：“友于古道喜犹存，仕官文章显一门。”风趣可知，并录如左：

黄典试诗：为家兄叔泰六十寿作家兄六十生日，为民国二十二年九月二十四日，即旧历八月初五日。录呈教正

我有三兄叔仅存，大兄伯约、二兄仲渊，均不幸先后去世，现仅叔兄健在。别来八载卧衡门。家兄由江南警官学堂毕业出身，前清江苏候补知县，历办南京及上海吴淞警务，大胜关、扬州等处税差，权署太仓县知县，民国任农商部佥事，广西全省烟酒公卖局科长，江西德兴县茶税局局长，江西财政厅秘书，江西省长公署秘书等职，民国十五年冬，鹪因事到南昌，同归萍乡，此后不复外出。少同砚席攻文史，鹪二十二岁以前，与叔兄同受书先父及先伯兄，先后同学十余年。老隔云山绕梦魂。自十五年冬与叔兄在家别后，鹪由平而京，不相见者八年于兹。现值家乡“匪共”猖獗，尤不胜乱离之感。四世无人能满甲，先曾祖卒年四十，先祖父卒年四十一，先父卒年五十八，先伯兄卒年三十三，先仲兄卒年五十八，四世享年，皆不满六十，今叔兄幸得打破前此纪录矣。百年启庆喜添孙。鹪近得生长孙，命名“开庆”，适值弥月，喜为在京庆祝场中添一辈人也。秋风白下天香发，桂酒遥开北海尊。

委员长诗：闱中读黄季飞典委寿兄诗，依韵和之，并祝叔泰先生周甲诞庆

友于古道喜犹存，仕宦文章显一门。郭泰谓：“王叔优当以仕宦显，其弟季道宜以经术进。”齐武帝谓：“刘虬二子之遴必以文章显，之亨当以功名终。”老大相怜况初度，乱离阔别更销魂。声名并世难兄弟，寿考百年宜子孙。红树黄华秋正好，敢无嘉句侑清尊？

八日　晴　在闱中

晨起，接秘书处正试考期收卷阅卷日程表，因与王襄试扬滨谈明日正试事：此次正试人员在本京甄录试及格者，计六百零七人，在北平计二百三十一人,共计为八百三十八人。各科试卷,共五千余本,试题试卷,均于前日密封送平。定明晨八时起,京、平两地,同时举行正试。入场办法,与甄录试同。上午七时,点名入场,十一时半出场;下午十二时半,点名入场,五时出场。点名次序,悉照点名牌,依次唱点,每牌五十人,普通行政与教育、财务、司法等七类同日考试,不分前后。典、襄各委,事前皆准备阅卷手续。

言至此,闱内续到北平李襄试云亭、刘襄试奇甫、上海贾襄试天澍等,均居存神养性斋,与余房斜对。

十时半,张典试默君以其夫婿邵翼如先生五古诗一首见示,题为:

癸酉重九,集清凉山扫叶楼,用龚半千半亩园诗,分韵得"吾"字

渊明昔辟世,栗里遂清娱。荣鞠制颓龄,春醪乐绳枢。矫矫柴丈人,扫叶荒城隅。一楼容野逸,半亩足潜夫。两贤接千载,迹睽理莫殊。肥遁见贞亮,清风厉顽愚。寂寞三百年,高会追前模。连镳集俊彦,照座皆骊珠。北辰拱众星,南州会诸儒。芬华旷异代,文采动三吴。极目大江流,寒晖映菰蒲。时艰思无逸,敢云茅可诛。发轸陟峻阪,振舆历修途。抗志陵岁寒,敉素葆真吾。

翼如先生,与翼谋同为己酉科贡士,其诗典重深醇,可追两汉。前祝张典试闱中初度三章,已见一斑。此诗写陶、龚两贤肥遁闲适之味,令人尘虑顿释。

午后,委员长言问礼亭诗交卷者已有二人:一刘襄试盥训,一黄襄试右昌,皆长歌。而刘襄试诗,煌煌数百言,经史典释,澜翻笔底,委员长称为"压卷之作"。黄襄试诗,亦豪迈雄浑,并录如左:

刘襄试题问礼亭诗分韵得"子"字

道佛东西孕文明，一画开天伏羲氏。轩辕清净证心传，武功固赫礼亦起。宫室衣裳次第作，涓涓其源浩浩委。礼为道之灿然者，诚正可达治平轨。揖让一变征诛成，幽厉而降演愈诡。冠裂冕毁十二公，鸡鸣狗盗三千士。举世阴惨阳不舒，兵车声中产老子。老子遥探道德谛，经言五千阐玄理。亦知体用须兼赅，屈身乃作柱下史。至人应运赖先河，俎豆幼习鄹人里。韦编三绝性命通，一车两马周道砥。得时失时易蕴宣，若虚若愚礼意指。数语博得犹龙赞，三千三百一贯矣。阐为《春秋》严衮钺，编为《诗》《乐》正心耳。删书上古断唐虞，尧曰执中舜恭己。道乎礼乎符节合，与回言仁涉听视。尼山自接大圣脉，真儒能令异端泚。惜有教权无治权，一梦两楹千秋祀。青牛西去亦不返，避世心为哲人死。复仇椎掷博浪沙，造谣璧返缟池使。天下纷纷年复年，叔孙、康成点缀尔。剥极终有硕果存，宛如几希夜气里。试观六朝永明时，竟于石上绘孔李。疑是愤世示以意，礼为大法道大始。浅夫那能得其解，千载消沉等故纸。精光仍自腾霄汉，戴公遇之心良喜。毡包席裹逾江河，树之试院门前峙。伯喈区区太学石，写经尚令观者市。兹石深关道系统，文字言语讵能拟？今幸群彦共咏题，妙悟传钵得无似。尤愿演作太平策，操约施广雪国耻。呜呼印度大佛国，已能和平谋抗抵！吾国亦有统摄力，恫为散涣付弱水！面瞻东顾我兹惭，聊付阳春歌下俚。

黄襄试题问礼亭诗分韵得"用"字

陋哉叔孙通，朝仪绵蕞等戏弄。甚矣汉宋儒，文字注释纷聚讼。孰与公孙为祖师、蒙叟相伯仲？前有关门令尹，后有河上仙翁，自然法派传道统。此外薪传继者谁？尼山一叟天下重。一车两马东入周，敬仲侍侧竖子鞚。自周返鲁学日精，弟子纷纷云景从。心得鲁《论》二十篇，治谱周公三月梦。克己为仁告颜渊，告朔存羊警子贡。身入太庙勤问询，冕用纯俭能从众。周监二代郁郁文，文献不足悲杞、宋。明王不作泰山颓，图遗片石存国栋。我观此图非等闲，南齐永明字可诵。神物呵护有所归，如此至宝肯泥薶？以置亭中，若砥柱之障百川；以嵌石上，为车书之大一统。伟过葵邱耳执牛，皎胜朝阳声鸣凤。摅我蓄念发幽情，可以观摩可以讽。吁嗟乎！礼之为用大矣哉！下足以觇田父野老之淳风，上足以佐清庙明堂之《雅》《颂》。举凡道德仁义、父子兄弟、教训正俗、治军行法以及分争辩讼、宦学事师，由此纲维由此综。否则劳葸乱绞其弊均，虽有恭慎勇直夫何用！

晚餐后，夏典试敬民、陈典试大齐、阮襄试毅成等，邀柳典试翼谋及余，同至退思斋，讲国学掌故。徐典试叔谟、张典试默君、陈典试长蘅、寿襄试勉成、史襄试维焕等继至，群贤毕集，分坐茗谈。

夏典试问本京六朝胜迹，柳典试为述孙吴、东晋及宋、齐、梁、陈建都金陵之经过，并同泰寺、钦天山历史。

已而谈及历朝考试制度，阮襄试述试场笑史甚多，闻者皆捧腹。

余因为述甲午科张南通点元事：南通张季直，名謇，幼甚寒微。十二岁，始学制艺诗赋。十六入学，二十四补廪，二十七得优贡。本省乡试被摈，凡五次，至三十三岁，始中顺天举人。会试又被摈四次，至四十二岁，始掇大魁。时在甲午春。先是，季直潦倒场屋，垂三十年，决意不再应试。会甲午，清太后慈禧六十圣寿，举行恩科会试。其叔兄在江西，奉委为庆典随员，强季同入京，季仍心怯，迟迟其行。既抵京，试具杂物，皆借之友人，初中六十名贡士，覆试第十。殿试时，值翁常熟阅卷，与张南皮力争，乃拔置第一。听宣时，张喜极而踣，其不克自持如是。张与翁，故有师弟之雅。

是科殿试，读卷大臣八人，（因天子临轩策问，故考官皆称“读卷”。）首南皮相国张之万、次协揆麟书、次高阳相国李鸿藻、次常熟翁相国同龢、次薛尚书允升、次唐侍郎景崇、次汪侍郎鸣銮，第八为侍郎志锐。向例八大臣读卷，各以其人之次序，定所取甲第之高下。所谓“公同阅卷”，仅虚有其名已耳。试毕，翁相得卷，审其字迹，知为张謇。按例列第四名，然以与张相契有素，欲破例拔置第一，因大呼曰：“此卷可夺状头！”张南皮不悦，曰：“卷未阅完，何能即定甲乙？且吾忝领衔，一甲一名，例应属吾。”翁曰：“此卷文既优异，字亦秀拔，写作俱佳，实可冠冕多士。”南皮怒，与之忿争，几欲用武。麟芝庵曰：“吾序列第二，状元吾不争，榜眼吾亦不让也。”高阳相国则助翁与南皮争，曰：“吾所阅之卷，通场所无，今愿让状头与翁师傅。”薛、唐诸人，以翁为帝师，膺殊眷，皆默不作声。时已甚晏，内廷催进呈十卷急。（向例前十名呈帝，请定甲乙，实则皆依各大臣所定名次，并无若何变更。）南皮无可如何，乃以所定一甲一名，改作第三名，（因麟芝庵不肯让榜眼于他人也。）忽遽间，八大臣捧卷入，德宗谛观第一名，问谁所取？南皮以翁对，德宗颔之。鳞芝庵依次拆封，一一奏名讫，第一名为张謇。翁前奏曰：“臣闻张謇，江南名士，且孝子也。今年皇太后六十圣寿，张謇会试，以六十名中式，适符庆典，可为本年恩科得人贺。”德宗大喜，遂以张为第一。又，张殿试交卷时，值黄修撰思永（江宁人）为收卷官，与张为旧识，迎而受之。张出，黄展阅其卷，见中有空白一字，盖挖补错误，遂忘填写。黄因取怀中笔墨，为之补书。（时收卷官例携笔墨，以备修改成全，由来久矣。）又，抬头“恩”字，误作单抬，黄复于“恩”字上，补一“圣”字，始折叠送翁，知翁必能取张，张遂以此大魁天下。

是张氏掇魁，黄公助之，翁相争之，南皮、高阳交相推让，以成其美。听宣时，张氏喜极而踣，盖久困场屋，一旦独占鳌头，不克自持，亦人情之常也。张氏《文录外编》自序有曰：“综吾少壮之日月，宛转消磨于有司之试而应其求，盖三十有五年。偃蹇之情，可以概见。”

徐典试叔谟曰：“收卷官成全考生，不止一人，不止一事。吾苏状元陆润庠，殿试交卷，值陈宝琛为收卷官，接卷展阅，即见一空白，因先有水点，拟俟干燥后再书，卷成后，竟忘填写，陈即呼陆，令补书，陆始夺魁，与张南通颇相类，惟一令自书，一则代书，是不同耳。”

柳典试及阮襄试，均各有论述。夏典试复出罐制牛肉，饷同人。欢谈至十时半，始各返宿舍。

是日，阮襄试毅成录近作九首见诒，读之奇趣盎然。毅成为政治学家，不以诗名，前读其《并蒂菊诗》，尚未十分注意，今阅此九首，清新俊逸，景物如见。爰录如左：

赠湖上酒家

花开陌上踏青时，红杏村中舞酒旗。养鸭人家临水绿，门前杨柳两黄鹂。

香似烧兰红似霞，牡丹院落少桃华。可怜无复雷峰塔，多少斜阳总恋花。

武进

记得当年欲雪时，红梅阁上向南枝。庭前石树临风立，何处门前觅旧题？

镇江

蜡屐来为汗漫游，依稀风景似杭州。长江若作西湖看，那有金、焦两点愁？

莫愁湖

山也清凉水也柔，江天小阁一茶瓯。斜阳影里平肩立，郎不知愁妾莫愁。

叔和招饮，行将别矣

倒把金鞭上酒楼，主人情重愿能酬。清樽未举君先醉，灯火珠帘伴客愁。

和友人赠别

三载韶华浑不觉，去如流水苦相催。劝君多贮山家酿，留待狂生二度来。

病中

嗟我无端常作客，病中谁解慰相如。多情只有芭蕉叶，一样抽心卷不舒。

湖上消夏

湖上年年结伴来，凉风晚岸共徘徊。当年此日长廊下，底事娇嗔避几回？

卷四　十一月九日至十五日

九日　晴　在闱中

今日为本届高考正试之第一日。上午八时起，京、平两地，同时举行。

在京者仍分四场：第一场点名者为监场总主任许崇灏，第二场点名者为监场副主任马洪焕，第三场点名者为监试委员王宪章，第四场点名者为监试委员杨亮功。至各场监试委员，则第一场为王宪章，第二场杨亮功，第三场朱雷章，第四场郑螺生。

监场人员：第一场监场主任胡定安，监场员金恒、华学珩、郁剑碧、黄以煃、邱濬、陈宗熙、蓝伟仁、宝铨、杨杰丞、吴培卿、陈兆熊、王彝乔、张以宽、成少昆、翁率平；第二场监场主任赵鉌，监场员俞俊珠、焦芬、陈人隽、林启正、李承廉、岳起霖、罗志伟、程能骧、丁超群、吴晋谊、周世屏、钟国瑞、王金钥、刘希汉；第三场监场主任朱德铨，监场员王一峰、徐福宝、何克安、徐天民、景崇文、王止峻、吴荣轩、杨德仁、刘勃安、江宗海、刘翻沛、王欲平、马腾蛟、陈继尧；第四场监场主任黄问歧，监场员杨庆华、高寿崧、贾文林、虞恒士、张华、樊士杰、宋本琛、何樾、姚宸华、胡南山。

考试科目：上午七类人员，皆考民法；下午分考刑法、会计学、教育原理、国际公法等。试题另录。

是日晨起，偕翼谋观考生点名入场，秩序甚佳。会孟襄试宪承、朱襄试君毅至，与同至宁远楼东果园散步。孟、朱两襄试，入闱已一星期，尚未知有此园地。至望云亭，见小闸之水忽停流，园中花树为两日来北风所袭，均已凋落，令人想见深秋气象。由果园折回，至华林馆，登平台，并借图书馆书十余册，携回阅览。

午餐后，至退思斋，观翼谋以朱笔为人书屏联，瞬息数十幅，一挥而就，而笔力劲健，如龙蛇走陆，令人吐舌。已而笔停，翼谋取短筒燃烟，嘘之曰："吾昔尝抱数种小志愿，至今未能实现。"余曰："何谓也?"翼谋曰："同是国也，同是人也，何以他人之衣食住行，一切皆很周到，而我国名为地大物博，文明先进，实则至今饭不够吃，衣不够穿，纸不够写，书不够读，一切一切，均不够用，而犹日日向人争自由，说平等。试问此自由平等，岂空张大口，所能呼叫得来乎？故吾以为吾人今日，不必学刘季多大言，少成事，只须抱着数种小志愿，低头苦干十年二十年，再开口说话。"余曰："小志愿维何?"翼谋曰："第一，我不敢说：开发我国地利，输出我国农产，有万千万吨，输入外国，救济外人灾荒，但愿我国一切食料，皆为自耕自种，自舂自碾，自运自售，而平均的分给我国同胞，不要再张着嘴，等人家来喂。第二，我不敢说：要仿照齐桓、管仲轻重之术，用一国衣料染料，以冠带衣履天下。但愿我国一切衣料，皆为自种自纺，自剪自染，自织自制，而平均的分给我国同胞，不要只做少爷、小姐，见人家好看的呢绒布疋，便尽量买来穿。第三，我不敢说：投资于某国某社会，造几百万吨船，筑几十万里铁路，穿入人家腹地，攫夺人家利权，压迫人家民众。但愿我们陆路，皆走自己之路，水路，皆乘自己之船；并且一切一切之材料，皆为自掘自锯，自炼自造，自烧自运，而平均的分配于我国地面、水面上，不要日日算本算利给人，以苟图醉死梦生之一时舒服。第四，我不敢说：应产生许多学者，发明许多原理，著作许多新书，指导世界，制造文明。但愿我国学校中，所读之书，一科、一系、一门课程中，却有好几部澈底的、崭新的、有系统的、有组织的、自著自印之书，年年月月，层出不穷的教导吾人之子弟，乃至报章、杂志、练习簿、日记本等，一切应用之纸墨笔铅，皆为我自己国中产生或制造。不要只会做小贩，不能做东家，只倚靠着一个金字招牌之东家，来哄骗我们的小孩子。第五，我不敢说：制造几十生的大炮，几百磅炸弹，轰毁人家之都市，攻击人家之要塞，实做黄种醒狮。但愿吾人能维持我国之国防，或是剿灭内地之土匪。再让一步言：我国军阀，不会打人，只会自相残杀，而所用之一切杀人利器，都均与外人同，但愿皆为我国自己之学者、工人，秘密制图，苦心分析，日夜试验，拼命锻炼搬运而来，不要再与外人秘密订约，偷偷地送给若干万，运入若干种，专门替外人做借刀杀人的勾当。”余曰：“唯！然。先生此种志愿，虽不宏大，然其如今之当局，皆各务其大者远者，而不注意此细枝末节何？”相与叹嗟而罢。

晚餐后，在宁远楼与徐典试叔谟、阮襄试毅成、李襄试成模谈外交策略及剿匪事。

九时，回宿舍，与王襄试扬滨论考试事。扬滨曰：“取舍之间，在考生，为出路问题；在考官，为良心问题，不能有丝毫成见存乎其间。”余曰：“善。”

是日，黄襄试右昌以闱中诗数首见示。录如左：

前和王委员长癸酉高考闱中漫题二章，词意嫌有未尽，作此补之，奉呈内外诸同闱

其一

漫诩薪传十六字（注一），已觇麻动四方风。人争矍相高低手，我试步兵青白瞳。声价从兹归月旦，文章本不薄雷同。等量甲乙从容定，心共后湖水映空。（注二）

其二

载稽炎武日知录，重上昭明文选楼。无党无偏唯考试，大经大法共春秋。（四句共见注三）九天云路昌新运，寸晷风檐展壮猷。国步艰哉疆日蹙，还期群策奠神州。

（注一）拙著《法学通论》及杂志上发表论文，关于“考试权”一节，以“不考则已，考则必严，不考则已，考则必用”十六字为揭橥。

（注二）刘芙若先生和余诗，第一章末韵，有"愿君莫醉重阳酒，子细朱衣误点头"之句，故复以"等量甲乙从容定"之句，以释其疑。

（注三）顾炎武《日知录》中论考试制度甚详，对于拟题，力主切中时事，今日仍可行之。一、三句隐寓此意。梁昭明太子编纂《文选》，约在中国大通时代，即西历纪元五百三十四年，为罗马优帝 Justinianus 编撰《法典》时代，遥遥相对，中西辉映，详见拙著《罗马法与现代》二十一页、二十二页。二、四句隐寓此意。

重九登钟山极顶，未与华林馆盛会，赋此志歉

一山花鸟不知秋，力占群峰最上头。此日高歌狂把酒，故人有约负登楼。寥天云影迷征雁，满市电光射斗牛。采采盈车皆野菊，台城西望月如钩。

癸酉秋九月，改法窗诗存为竹窗诗存，何将军叙甫为作竹窗缵咏图，窃思诗集改名要事也。春秋四十有八，中年也，不可无诗记之，率成四什，用当遣怀，录呈吟坛诸先生赐和韵体所不拘也

坡老祭牛成梦笔（注一），少陵度陇客秦州。（注二）文章有力贫非病，家国多艰醉亦愁。阳鸟翩翩人字阵，明星皎皎个中楼。狷狂卌载今依旧，晏子萧然一敝裘。

伯玉中年思寡过，香山老去爱逃禅。旧诗狼藉三分二，新法牛毛万取千。（注三）学剑学书都卤莽，逢山逢水总缠绵。追维咏雪楼边影（注四），一度摩挲一怃然。

河北廿年徇木铎，江南数载伴沙鸥。一场春梦兼秋梦（注五），匹马青州又冀州。兀兀腾腾三尺剑，苍苍莽莽四时秋。了清婚

嫁谈何易，辜负向禽五岳游。

北里家邻舍饭寺，西园味绕读书缸。暮投岱顶蘧篨榻，朝泛明湖窕窈艭。海客谈瀛名第一(注六)，将军走笔画无双。勖吾缵韵吾加勉，且把法窗改竹窗。

(注一)东坡梦作《祭春牛文》，在四十八岁。

(注二)杜老度陇客秦州，在天宝之末，其时亦四十八岁。

(注三)吾国法令繁重，桀黠者因缘为奸。此后立法政策，应以简单能使民休养生息为主旨。

(注四)右先大父岐农公著，有《雪竹楼诗集》十四卷行世。

(注五)"春梦"及第四句，见《癸酉于役记小册》。"秋梦"，即"池影经秋瘦"句，见《村兴八首》。

(注六)右于一九零八年戊申留学生甄录试，忝列第一，区区之事，何足挂齿？为对第六句起见，不得已而出之。

十日　晴　在闱中

今日为正试第二日，上午普通行政人员、财务行政人员、外交官领事官，均考财政学，教育行政人员考教育行政及教育法规，会计人员考岁计制度，统计人员考统计学，司法官考民事诉讼法。下午，普通行政人员、财务行政人员，均考行政法，教育行政人员考视学纲要，会计人员考官厅会计，统计人员考统计实务，外交官领事官考国际私法，司法官考刑事诉讼法。

是日上午九时，教育组开第二次会议于华林馆，张典试默君主席，决议重行分配初阅各襄试委员名单，并推定初阅襄委组主任四人，由艾伟、孟宪承、钟道赞、朱君毅四委担任。又，决议推定覆阅试卷典试委员名单，除各科六十分以上之试卷，由主任委员张默君覆阅外，其六十分以下之卷，则由各典委担任。最后，讨论各科目答案要点及给分标准。十一时散会。

兹将会议纪录及各科目答案要点给分标准，附录如左：

教育组第二次会议纪录

时间　十一月十日上午九时

所在地　华林馆

出席委员　刘盥训、余同甲、印水心、柳诒徵、辛树帜、张默君、朱君毅、钟道赞、李蒸、艾伟、陈大齐、孟宪承、黄振华、彭醇士、张炯、黄华表

主席　张默君

纪录　贾文林

报告事项

张主任报告，各襄委更改原定担任评阅试卷科目理由，及今后评阅试卷应取之标准。

讨论事项

(1) 重行配定初阅各襄试委员名单案　决议

1. 教育原理，由艾委员伟、孟委员宪承、余委员同甲、印委员水心、刘委员盥训担任。

2. 教育行政及教育法规，由孟委员宪承、钟委员道赞、黄委员华表、彭委员醇士、汪委员国垣担任。

3. 视学纲要，由钟委员道赞、张委员炯、印委员水心担任。

4. 各国教育制度，由朱委员君毅、孟委员宪承、黄委员振华担任。

5. 社会教育，由李委员蒸、张委员炯、黄委员振华担任。

6. 乡村教育，由李委员蒸、钟委员道赞、孟委员宪承担任。

7. 师范教育，由朱委员君毅、印委员水心、李委员蒸担任。

8. 职业教育，由钟委员道赞专任。

(2) 推定初阅试卷襄试委员分组主任案　决议

1. 推艾委员伟,为教育原理分组主任;

2. 推孟委员宪承,为教育行政及教育法规分组主任;

3. 推钟委员道赞,为视学纲要分组主任;

4. 推朱委员君毅,为各国教育制度分组主任。

(3) 推定覆阅试卷典试委员名单案　决议　除各科六十分以上之试卷,由主任委员张默君覆阅外,余照下列名单分配之:

(甲) 必试

1. 教育原理,由陈委员大齐担任。

2. 教育行政及教育法规,由柳委员诒徵担任。

3. 视学纲要,由辛委员树帜担任。

4. 各国教育制度,由陈委员大齐担任。

(乙) 选试

1. 社会教育,由柳委员诒徵担任。

2. 乡村教育,由辛委员树帜担任。

3. 师范教育,由柳委员诒徵担任。

4. 职业教育,由辛委员树帜担任。

附　本组各科目答案要点及给分标准

(一) 教育原理答案要点及给分标准

问题一　民族独立为三民主义,教育之第一要义,试参证近代各家教育学说,陈述其实施之方法。

一　答案要点

甲　教育宗旨

中华民国教育宗旨,在民族独立、民权普遍、民生发展。近年外患孔亟、民气销沉,教育为树人事业,百年大计,其设施要旨,宜审时度势,于发扬民族精神,特加注意,以是三民主义教育,首重民族独立与复兴之旨,盖民若无独立基础,则民权、民生胥无所依据也。

乙　教育学说

（子）关于近代教育学说

（一）洛克——主张德、智、体的锻炼；

（二）卢梭、裴斯泰洛齐、福禄培尔等，注重个性之发展；

（三）斯宾塞、杜威等，注重社会的效能；

（丑）关于教育理论含有民族独立之意义者

（一）在十九世纪初业有德之菲希脱 Fichta；

（二）在一八七〇年有法之傅业 Fouille。

丙　实施之方法

在学校课程及学生管理两方面，应注意下列各点：

（一）体格之锻炼；

（二）民族意识之唤醒；（公民史地教材）

（三）国际情势之了解；

（四）牺牲卫国之精神；

（五）其他参照中华民国教育实施方针。

二　给分标准

能答出甲部、乙之子部，并能叙明丙部内三要点以上者，为及格分数。（二十一分）能答全部要点者，给最高分数。（三十五分）在其他情形之下，分数酌给。

问题二　教学之方法与学习心理之了解，有何关系？最近华德生、桑戴克、柯夫克等对于学习心理各有何种见解？

一　答案要点

甲　关于前者之答案要点

凡答案可备参考者举例如左：

一、教师应注意学生之个性差别，对于智愚，须因材施教；

二、教师之态度应和蔼，以免在学生方面，引起不良的交替反射；

三、教师于解释教材之时，应能引起学生之兴趣；

四、学生有发生错误时，教师应立即为之更正，不应一再重述其错误。盖教师应以其研习心理之经验，能防止错误之发生；

五、教本上关于教材之编配，若有缺点，教师应另加说明以补充之，以适合于学习心理；

六、其他关于教学方法在学习心理原则上之根据。

乙　关于后者之答案要点

最低限度，应能说明：(一) 华德生之多次律、接近律；(二) 桑戴克之练习律、效果律及试验错误原则；(三) 柯夫克之领悟原则。(领悟在德文为 Ausicht，在英文为 Lusight)倘能对于各律加以理由之批评，(在自己之立场上，无论为行为派、联念派或完形派)可酌加分数。对于试验错误原则之意义，练习律之例外，效果律之神经根据(Pathological basis)及奎勒氏(Kohler)之猩猩实验，若能详加叙述，可给以最高分数。

二　给分标准

及格分数(能达到最低限度者)为十八分，最高分数为三十分。

问题三　我国近年学风日见颓败，试详论其原因，并依据事实与学理陈述挽救之方法。

一　答案要点

答者应以中等以上之学校为论列之范围。

中学学风之颓败，固由于学生行为之不善。然论其原因，有由于学生本身者，有由于教师造成者，有由于外界之鼓动者。在学生方面：(一) 青年生理发育关系，(二) 情绪生活之特殊状态，(三) 思想或信仰上无鉴别能力，(四) 少年犯罪(The Young delinquent)之行为表示，(五) 少数人利用群众或暴民心理(mob Psychology)。

在教师方面：(甲)教师：(一) 待遇不平，致起学生反感；(二) 利用学生以维持其地位，(三) 鼓励学生以推翻校长，并欲取而代之,(四)其他。(乙)校长:(一)经济不能公开,(二)所聘教员不能胜任,(三)联甲派学生以牵制乙派学生,(四)其他。

在外界有力分子方面:(一)利用学生以反对校长,并欲于推翻之后取而代之,(二)其他。

大学学风之颓败,在学生方面:(一)由于学生来源之不良,如来自校风极坏之学校,(二)由于各分党派相持不下,(三)由于领袖欲过甚,致于选举竞争中不择手段,(四)由于师长之放纵而不能收拾,(五)由于少数不良分子之利用暴民心理,(六)其他。

在师长与外界两方面,其原因与前同。

二　给分标准

叙述时,若不分大、中两学,不分学生本身、师长及外界三方面,但所举理由有六七种至十种,并有事实证明及适当挽救之方法,可给以及格分数。(十八分)若所举理由,在十种以上,而于中学学生本身之原因,关于学理者,无一遗漏,可给以最高分数。(三十分)

(二)教育行政及教育法规答案要点及给分标准

试题一　近年中央对于生产教育,力谋发展,所颁法令,约有几种?试列举其大要。

一　答案要点

(1)中华民国教育宗旨及其实施方针中之关于生产教育的宗旨及实施方针;

(2)教育设施之趋向中,关于各级学校职业学校专科学校及社会教育之今后设施的趋向;

(3)各省市限制设立普通中学,改办及添办职业学校之实施方法;

(4)各省市设置中等农工学校实施方案,规定设置办法标

准,实习场所之充实及实习期限等;

(5) 职业学校法及规程之要点;

(6) 职业补习学校规程之要点;

(7) 各省市中等学校设置标准及经费支配办法,规定职业教育经费,至少占百分之三十五,中学百分之四十,师范百分之二十五,并限于民国二十六年,达到此项标准;

(8) 各省市拟行职业教育程序,注重建教合作,实际调查,组织设计委员会,确定经费,充实内容,添办并督促私人办理职业学校;

(9) 各省市职业学校师资之登记检定及训练注重技术人员;

(10) 职业学校各科教学科目及时数之规定。

二　给分标准

(1) 能全部答出者,于给满分(三十五分)外,特加五分。

(2) 能答(1)(2)(3)(5)(7)(8)(9)者给三十五分。

(3) 能答任何五项者给二十分。

试题二　各省市对于中央公布之中学法师范学校法职业学校法及其规程,实施尚多困难,试述其原因及补救之办法。

一　答案要点

各省市最感困难之点为:(1) 单独设立,(2) 男女分校,(3) 征收费用标准及职业学校之免费,(4) 训教合一,(5) 校长主任及专任教员任课时数,(6) 教员住校,(7) 校员与专任教员人数标准,(8) 师范生待遇。其原因不外经费困难、人才缺乏、设备简陋、校舍狭窄,教员待遇不能提高,及男女分校,实际上减少女子升学机会诸端。补救办法,为先附设而后单独设立,先分班而后分校,逐渐减少学费,并多设免费名额,先请主要教员,实行导师制,渐及于全体,任课时数,逐渐增加,期于三年内,达到相当标准,令主要教员,轮流住校,逐年改轻师范生费用负担。

二　给分标准

(1) 能将各点全部答出者,给三十五分。

(2) 能答出半数以上,或仅说出困难原因而未及补救办法者,给二十分。

试题三　试拟具救济匪区教育之简要计划。

一　答案要点

(1) 此项计划精神,应重在下列各点。

甲、如何纠正匪区内人民思想与信仰,并感化其行为;

乙、如何恢复匪区内人民生产能力,解决生活问题,以安定社会秩序。

(2) 此项计划具体设施,约分数点如下:

甲、各种学校教育之组织编制课程训育等;

乙、社会教育之实施方法;

丙、筹划办理此项事业之专款。

二　给分标准

(1) 能说明(1)(2)两项内各点,或其他之切实办法者,给三十分。

(2) 能说明(1)项或(2)项或其他切实办法之一部分者,给十八分。

(三) 视学纲要答案要点及给分标准

试题一　各省市教育行政机关,于督学外,有设置指导员或视察员者,其相互关系如何?职权如何规定?试详论之。

一　答案要点

各省市指导员之任务,颇不一致,如福建之设社会教育指导员、初等教育指导员、中等教育指导员,江西之设理科教员指导员、国文指导员、体育指导员等。前者依教育之性质与种类而分,后者依学科之种类而分,其责任多在指导,未能行使行政上职权。至视察员之设置,如湖北之初等教育视察员,上海市教局之各科视察员，重在视察而不重在指导，督学则二者兼而有之，顾无论视察也，指导也，督学也，名虽因地而异，职责实同。当我国今日教育状况之下，皆应以视察为手段，指导为目的，至彼此应如何分工协作，统一精神，俾成一完善之视导机关，庶于改进教育事业，易收宏效，则视作者之才识经验如何而论定矣。

二 给分标准

(1) 能详细说明各省之实际情形，而加以分析与规定者，给三十五分。

(2) 未能详细说明各省情形，而对于视察员指导员及督学三者任务，能作适当之规定者，给二十一分。

试题二 关于教育调查之表格，各省市向无一定格式，试拟具左列三种调查表格：

(一) 地方教育行政

(二) 初等教育

(三) 中等教育

一 答案要点

甲 地方教育行政，应概括下列各项：

(1) 机关名称及主任人员之姓名略历；

(2) 教育沿革；

(3) 环境与住民；(位置面积人口)

(4) 教育行政；(组织会议学区及章则)

(5) 教育经费；(来源总额及支配)

(6) 一般设施；(学校分配教学及训育状况义务教育职业教育社会教育视导改进计划等)

(7) 学校类别及数量；(班级教职员学生经费)

(8) 社会教育类别及数量；(种类组织人员事业经费)

(9) 县市教育行政机关人员一览。

乙 初等教育应概括下列各项：

(1) 校名及沿革；
(2) 行政组织；
(3) 编制；
(4) 职教员；
(5) 学生；
(6) 经费；
(7) 建筑及设备；
(8) 课程及教学；
(9) 训育；
(10) 劳作；
(11) 体育；
(12) 将来计划；
(13) 附教职员一览及组织系统表。
丙　中等教育应概括下列各项：
(1) 校名及沿革；
(2) 行政组织；(人员职务及会议)
(3) 编制；(班级)
(4) 教职员；(任务及待遇)
(5) 学生；(平均年龄在学学生及毕业生数)
(6) 经费；(来源经常及临时)
(7) 校舍及设备；(种类数量及价值)
(8) 教学及研究；
(9) 训育及指导；
(10) 体育及卫生；
(11) 劳作；
(12) 课外活动；
(13) 将来计划；
(14) 附教职员一览及组织系统表。

二 给分标准

(1) 各表要项,多数均能写出而格式简明可用者,给三十五分。

(2) 各表要项,能写出三分之二,格式尚无大误者,给二十一分。

试题三 我国视察学校方法,向多偏重形式,其主要原因何在? 有何补救办法? 试详论之。

一 答案要点

原因方面,为视察及指导机关,组织不健全,人选未尽善,能力不充足,批评行政及形式方面,比批评教学方面为易,党派关系,责任心薄弱,经济与时间不足,职位无保障等。

补救办法,如慎重人选,由上级机关考选及任用,回避原籍,成绩优良者,予以保障,上下级督学之联络分科,或分级,有效进修与研究等。

二 给分标准

(1) 能说明原因之大部分,并提出有效补救办法者,给三十分。

(2) 能说明原因之一部分,不能提出适当办法者,给十八分。

附 本组各科目每题所占最高分数表

科目	最高分数			
	第一题	第二题	第三题	三题共计
教育原理	三五	三五	三〇	一〇〇
教育行政及教育法规	三五	三五	三〇	一〇〇
视学纲要	三五	三五	三〇	一〇〇

续表

科目	最高分数			
	第一题	第二题	第三题	三题共计
各国教育制度	四〇	三五	二五	一〇〇
社会教育(一)	三五	三〇	三五	一〇〇
社会教育(二)	三五	三〇	三五	一〇〇
乡村教育(一)	三〇	三〇	四〇	一〇〇
乡村教育(二)	三〇	三五	三五	一〇〇
师范教育(一)	三五	三五	三〇	一〇〇
师范教育(二)	三〇	三〇	四〇	一〇〇
职业教育(一)	三〇	三〇	四〇	一〇〇
职业教育(二)	三〇	三〇	四〇	一〇〇

午后，至宁远楼阅卷，分得教育行政人员试卷五十本，详细评阅。虽佳卷不多，然皆明顺，惟浮廓不甚切题。至晚阅完，及格者不及五分之一。

晚餐后，吴襄试星夫邀至柳典试处闲话，有“他日富贵毋相忘”语。

本日，杨典试汝梅朱书《孔子问礼事》尺幅见贻，文曰：

> 周敬王十二年，孔子至周，考礼乐，征文献，既历郊祀之所，考明堂之则，察周庙之度，于是问礼于老聃。老聃知礼，故孔子考征周礼，就而问之。

书法绵和凝重，朴茂沉雄，与其所练太极拳相似，杰作也。

同日，陈典试长蘅，以《闱内思亲》诗二首见示，读之惕然。自邪说涌起，人欲横流，举古圣哲忠孝大义，摧毁无遗，天下岌岌，几有不可终日之势。陈典试独有忧焉，尝与水心论孝悌为立身之本。今典试闱中，远离亲舍，不忘孺慕，发为歌章，精诚所感，令人油然生起敬起孝之思。亟录如左：

闱内思亲，偶成二首，录呈同闱诸公吟坛教政

廿年游子几时归，蘅二十三年在外，世乱时艰，久未归省。今年本欲请假回川称觞，家严函电阻止，晓以事亲贵能养志，国难期间，应以国事为重，家事次之。蘅谨遵严命，不敢或违。白发高堂已古稀。家严字惺吾，今年阳历八月廿三日，即旧历七月初三日，年满七十岁。家母朱氏，本年阳历五月十二日，即旧历四月十八日，年满六十九岁。深锁京闱思补过，祇惭无以报春晖。

成华政绩素称贤，松菊犹存共乐天。家严民国初年曾任成都县令，清慎廉明，颇著政声。嗣因袁氏篡国，军阀乱政，遂辞官退隐蓉城。近年学《易》著书，与家母种菊种菜，自食其力，聊以自娱。三育早承庭训备，齐眉春到大椿先。家严治家谨严，常以三育教训子孙，自称为“三育堂”。所撰老屋楹联，有“服膺庭训唯三育，管领春风到百龄”之句。

又，《杂著》七首如左：

二次参加高考有感二首

试典重逢新气象，松辽难复旧山河。缮修内政谁能侮，誓雪深仇志不磨。

秋高气爽最宜人，深锁重闱借养神。选贤与能行大道，移风易俗责非轻。

闱内见考生入场应试感赋二首

邦家再造最需才，考政从今系盛衰。不问生知和困学，须能继往与开来。

男女联翩入试闱，两京人物共争晖。莫因性别分高下，一样鳌头竞占先。

随戴院长游观问礼亭三首

古礼谁能道，文献不足征。千里问长者，当知其因仍。

好古敏以求，三人有我师。先圣与后圣，知之为知之。

可道非常道，可名非常名。知津犹问礼，是以集大成。

十一日　晴　在闱中

今日为正试第三日。

上午，普通行政人员考地方自治法规，财务行政人员考财政法规，教育行政人员考各国教育制度，会计人员考会计法规，统计人员考统计法规，外交官领事官考中外条约，司法官考商业法规。下午，财务行政人员考经济政策，会计人员考审计学，统计人员考社会学，外交官领事官考经济学。

又，普通行政人员、教育行政人员、司法官三类，均考正试之必试科目，上午均已考毕。下午，普通行政人员无考，教育行政人员及司法官，均考选试科目。教育行政人员选试科目，有社会教育、乡村教育、师范教育、职业教育、统计等五门；司法官选试科目，有行政法、土地法、劳工法规、国际法、刑事政策、犯罪学、监狱学等七门。

本日上午，至宁远楼阅卷，与解襄试斐青同席。斐青阅政治试卷，予阅教育试卷。并晤汪襄试辟疆、彭襄试醇士、刘襄试孚若，请各书闱中诗，以资纪念。并为吴襄试星夫请醇士作书。

午后四时，初阅完竣，计得六十分以上者五本，五十分以上者三本，四十分以上者七本，三十分以上者四本，二十分以上者一本，汇交张典试默君覆阅。适彭襄试醇士，卷亦阅完，即邀醇士至存神养性斋闲话。

醇士，江西省政府参事，前总司令南昌行营党政委员会委员。工诗能文，且善绘画。先一日晚，曾为翼谋绘赤松一巨幅，老干枯枝，虎虎有生气。翼谋珍视甚，秘不示人。余因与醇士论画，醇士曰：

> 中国画始象形，书画不分，即书即画，历虞、夏、商、周，二者渐形分立。然工书者必善画，汉之蔡邕、张衡辈，皆以画名，虽未睹其真迹，然已彰诸史乘。洎乎魏晋六朝，佛教文化输入中国，中国文化焕然开一新局面。所谓新艺术，于焉产生。名家辈出，韵流神发，如晋之顾恺之、宋之陆探微、梁之张僧繇、隋之展子虔，后人尊之为“画家四祖”。至唐吴道玄而集画之大成。道玄，即吴道子。其画以人物著称，而山水木石，亦冠绝一世，张彦远至称之为“画圣”。其言曰：“国朝吴道玄，古今独步，前不见顾、陆，后不见来者。曾授笔法于张旭，此可知书画用笔同矣。张既号‘书颠’，吴宜称为‘画圣’。”其所推挹者备至。初道玄年未弱冠，穷丹青之妙，浪游于东洛，玄宗闻其名，召为宫廷画家，授以内教博士。开元中年，随玄宗幸东洛，道玄与将军裴旻、长史张旭相遇，各陈其能。时旻厚以金帛，召道玄于天宫寺，为其所亲施绘事。道玄封还金帛，谓旻曰：“闻将军旧矣，为舞剑一曲，足以当惠。观其壮气，可助挥毫。”旻因为道玄舞剑。舞毕，道玄奋笔，俄顷而成，有若神助，纵横壮拔，为千古绝调。张旭亦书一壁，故当时人云：“一日之中，获睹三绝。”又，道玄仿张孝师画地狱变相，笔力劲怒，其状阴惨！一时京都屠沽之辈，见之惧罪改

业。宋黄伯思曰："吴道玄之地狱变相图，与见于现今之诸寺院者，大异其趣。"盖图中无一所谓剑林狱府、牛头马面、青鬼赤鬼者，尚有一种阴气，袭人而来，使观者不寒而栗，可见其画意之深刻。又，所作孔子像，《论语》所谓温而厉、威而不猛、恭而安之形容，表现无余。明皇天宝中，忽思蜀道嘉陵江山水，遂假吴生驿驷，令往写貌。及回，帝问其状。奏曰："臣无粉本，并记在心。"后宣令于大同殿图之，嘉陵江三百余里山水，一日而毕，一时叹为敏捷奇才。宋苏轼跋吴道子画云："智者创物，能者述焉，非一人之所能也。君子之于学，百工之于艺，自三代历汉至唐而备矣。故诗至杜子美，文至韩退之，画至于吴道子，古今之变，天下之能事毕矣。"其论吴道子，较张彦远尤为深切。盖唐画上承魏晋六朝，下启宋元明清，鬼神道释，人物宫室，鱼龙山川，畜兽花鸟，无体不备，无美不臻。至盛唐时，国势之隆，达于极点，文章诗赋，蔚然勃兴，绘画亦因之进于最高尚完美之境地。吴道玄以不世出之天才，身当斯世，玄宗君臣，复尊宠之，遂为一代开山之祖。其弟子翟琰、张藏、卢稜伽，并传其法。凡吴氏未完工作，多使琰、藏补成。稜伽尤有名，虽无道玄风骨，而物象精备，长于画佛，曾作十六罗汉及佛陀像，衣纹如铁线，极臻微妙。此外，如张萱之《贵公子夜游图》、周昉之仕士、韩干之马、戴嵩之牛、薛稷之鹤、韦偃之松石，虽曰偏长，皆造极峰。

言至酣畅之际，向余索纸，即以点卷蓝笔，为余绘秋菊一帧，题曰："怀此贞秀姿，卓为霜下杰。"又以朱蓝笔，绘竹石一帧，气韵生动，精妙绝伦。杜甫诗所谓"能事不受相迫促，王宰始肯留真迹"，其是之谓乎？

六时，偕醇士至宁远楼晚餐。张典试默君，闻而大悦，邀醇士及余至退思斋，请以朱蓝笔，为画尺幅，藉资永宝。醇士不能辞，濡笔挥毫，先成《蟾宫折桂》一帧，蓝本朱花，温雅明秀。次成《红梅卧石》一帧，清和闲适。会翼谋至，极称赏，默君窥其意，即请醇士选《玉尺楼诗》"万梅低首拜诗人"句，题赠翼谋。翼谋大喜，连连拱手称谢。《玉尺楼诗》者，默君所著诗也。默君诗，醇士画，一时称为"双绝"。画已，默君出糖莲蜜果，分饷醇士、翼谋及余。稍憩数分钟，醇士复振笔染纸，瞬成《苍松古树》一帧，又成《蓝菊红石》一帧，姿势妍美，一花一叶，一枝一干，皆自其纯洁之心灵中写出。已而，默君取栖霞红叶一枝，置醇士前，醇士复濡笔成《红树寒鸦》一帧，神彩气韵，俱在前画四幅之上。默君大悦，亲书《玉尺楼诗》四句，请醇士题《红树寒鸦图》，诗曰：

无尽寒空缥缈心，松风犹曳六朝姿。乱山忽与天沉醉，红碎秋声人不知。

题竟，除翼谋《红梅卧石》一帧外，为默君绘者，凡四幅。时已十时有半，乃辞去，约明晨补画四帧，完成八幅。醇士首肯，遂各还寝室。

是日，得解襄试斐青和委员长诗四首，如左：

奉和太蕤委员长癸酉高考闱中漫题，谨步原韵并乞斧政

其一

仲宣拾级快登楼，杖履追随感暮秋。多士争看桃李列，一官岂为稻粱谋。吟来丽句夸三步，搜尽遗才隘九州。堪喜薪传衣钵付，老成自应占龙头。

其二

风景何殊明远楼，曩年文战忆清秋。堂称衡鉴原无愧，海有遗珠可待求。章句真诠言外得，江山爽气望中收。萧疏两鬓吾将老，好放群英出一头。

又和重九闱中感赋，仍步原韵

闻说题糕届九秋，欣逢令节忆前游。曈曈日射黄金榜，飒飒风高白玉楼。考第赐诗同盛事，唐贞元四年九月赐诗考第，以刘太真、李纾等四人为上第。求贤下诏扫边愁。登高即是登科日，佳话传流记石头。

又和癸酉高考甄录试考生频问榜期用东坡催试官考校诗意，仍步原韵

上林犹带昨宵霜，傍晚初开选佛场。有愿登龙希长价，空群相马敢留良。染来柳汁沾衣绿，看到花枝满意黄。多谢诸生劳伫望，君房归去漫匆忙。

十二日　晴　在闱中

今日为正试第四日，即本届高考正试之最后一日。

上午十一时考毕，正试即行完竣。本日各类考试，均为选试科目，系由各应考人于报名时依照各类考试条例内，所规定之选试科目种数，自行分别选定者。典委会即按照其选定之科目，分别命题。其考试科目，普通行政人员选试土地法、劳工法规、国际法、各国政治制度、经济政策等五门，财务行政人员选试土地法、财政学各论、货币及银行论商事法规等四门，会计人员选试财政法规、各国会计制度、公司会计、银行会计、铁路会计等五门，统计人员选试社会调查、财政学二门，外交官领事官选试商事法规、国际贸易、各国政治制度、第二外国文等四门。以上各类选试科目，均系任选一种。至教育行政人员及司法官两类选试科目，均系任选二种。

本日上午十一时考毕，正试已完竣。先期由秘书处通知各典委、襄委、监委及全体办公人员，于十一时三十分，齐集明志楼前，合摄一影，以资纪念。又，典委、襄委、监委合摄一影，秘书处各科职员及监

场人员合摄一影。

摄影时，遇张典试默君，因问醇士补书完成否，默君曰："已完成矣。今晨四幅，较昨晚四幅尤佳。"相与大笑。

午餐后，为陈秘书长芑孙、卢秘书于正蓝书尺页两帧，又为陈典试伯修、杨典试汝梅、王监试斌卿（宪章）及闱内同人写诗笺、横幅等十余事。

四时半，与柳典试翼谋，及张襄试筱峰、缪襄试赞虞、诸葛襄试麒、郑襄试鹤声，再登华林馆平台。翼谋多谐语，令人捧腹。

晚餐后，黄襄试黼馨，为余书《问礼亭诗》横幅一帧，书法潇洒浑脱，如其诗。

又，张典试以油印《玉尺楼京闱诗稿》一卷见示。在闱中新著，凡九首：一、《癸酉秋重典试京闱登华林馆平台次孝园韵》，二、《癸酉季秋初度感赋》，三、《莫秋雨霁试院有怀叠游韵》，四、《宁远楼书感次均酬纕蘅二首》，五、《重九京闱详定试卷后晚宴次韵奉太蕤》，六、《为公武先德题乱山藏寺图画稿》，七、《鸳鸯菊次翼谋韵》，八、《并蒂菊次翼谋韵即祝楼王伉俪初试双捷》。以上，除《题乱山藏寺图画稿》外，余均见前，惟题目略有修改。兹将《题乱山藏寺图画稿》一首录左：

为公武先德题乱山藏寺图画稿

剪取罗浮数点烟，奇峰历乱落毫颠。石魂云气扶萧寺，疑有钟声破绿天。

同时，默君复以手书《庐山万松林分韵》古风一首见示，尤觉雄奇博大，元气淋漓。亟录如左：

癸酉夏集庐山万松林分韵，得"籁"字

匡庐雄奇兼博大，幽岫崇岩绝潇洒。邈矣神游超八荒，足底风云任千态。莫讶霜台六月寒，遗世清凉有此界。韵事流觞傥可追，两晋高风接嘉会。翩翩照座皆琼琚，翛然人物红尘外。一星南极辉清虚，天女维摩总下拜。中原坛坫主齐盟，巨海能容众派汇。西江宁独以诗鸣，诗名自有千秋在。散原世文年八十一，谭诗犹甚健。嗟予蕉萃平生怀，放眼苍茫动百慨。已微风力要扶持，敢以纤音斗险怪。且汲山泉烹白云，味回芳荈醒吟肺。朗吟直上青芙蓉，飞瀑奔雷共澎湃。月明万峰松万株，一碧遥空散灵籁。

默君诗，衔华佩宝，自成一家，前已言之矣。其夫婿邵翼如先生，曾于是日亲撰《默君诗草序》一文，论默君诗，尤为精审。并录如左：

默君诗草序

雅、颂衰而楚骚作。两汉而后，以诗鸣者，虽代有其人，而或病于噍杀，或堕于靡曼，或伤于愁苦。盖正声既熄，其上者亦只能得《楚辞》之一体，而于《大雅》中正之意，寥然天壤，其随俗学步者无讥焉。风气所趋，足观世变。虽有大力，莫知能回，何其衰也！晚近数十年来，醇朴既丧，人不说学，大道凋瘵，淫哇日张。其稍习为声诗者，亦惟纤巧浮艳之是务，或则怙滞艰涩，呻吟刻画，味漓而意凿，上无以企二雅春容雅正之风，次无以追两汉深醇典重之美，下亦无以继盛唐弘丽铿锵之音，国本陵替，正声销辍。其盛世元气淋漓、河声岳色之辞，固寂然阒寥，即求一、二商声变徵，以纾乱世激昂不平之气，若《国殇》《怀沙》之章者，亦邈焉难再。此匪特材力之薄也，举世滔滔，无真性情，无真胸臆，务汩没其良知而相率于倾侧浮伪，贪饕巇诐，机械变诈之途，正气沦丧，邪回揬张，影响所被，乃及声诗，求其得楚骚之一体者，亦夐不可攀。缅怀清庙明堂之什，赤蛟天马之章，和志反情，极天蟠地者，有不胜其低徊者矣。默君平生不欲以诗鸣，然自髫龄受书，于有韵之辞，声入心通，好之偏笃。少长涉历既广，且觏乱离，愍风雅之销沉，慨纲维之灭裂，感物兴怀，触绪纷纶，遂多豪宕感激之音，得变徵、楚骚之意，虽不刻意求工，而寄托遥深，邈尔孤诣，譬之孙公和登苏门山，划然长啸，石破天惊；又如唐文皇不衫不履，裼裘而来，神气扬扬，足令虬髯气慑。盖其自纾性灵，不事雕缋，故能修辞立诚，衔华佩实，而自成其为默君之诗也已。默君尝有句曰："自有清刚在诗骨，欲扶正雅起骚魂。"余之所以评默君之诗者，意亦犹此矣。今默君辑其所作，为《白华草堂诗》《玉尺楼诗》各一卷，因为书数语，纵论流变，既以寄慨于正声之微茫，且期默君之涵咏深醇，上攀风雅，以一匡末俗之卑靡。

右，翼如先生为《默君诗草》所撰之序文也。翼如道德、文章冠天下，与默君伉俪尤笃，前祝默君揽揆诗，一觞再觞，殷勤劝酒，爱情秾郁，已见一斑。兹文纵论末俗卑靡，正声沦丧，期望默君涵泳深醇，上攀风、雅，尤觉爱之深而言之切。

默君，湖南湘乡人。湘乡曾涤生有言曰："湖南之为邦，北枕大江，南薄五岭，自周之末，屈大夫出于其间，《离骚》诸篇，为后世言情韵者所祖。逮乎宋世，周先生复生斯土，作《太极图说》《通书》，为后世言义理者所宗。两贤皆前无师承，创立高文，上与《诗经》《周易》同风，下而百代逸才，举莫能越其轨范。"今默君先生沾被流泽，以一弱女子，独倡新声，自恃诗骨清刚，欲扶正雅，以起骚魂，所谓前不见古人，后不见来者。而翼如先生此序，实足以阐幽发微，砭末俗而起正声，夫岂独评论默君一人之诗草已哉？

翼如，名元冲，浙江绍兴人，现年四十四岁，较默君长四岁。初为中国同盟会会员，辛亥秋，武昌发难，驰往参加。民国元年，任上海民国新闻社总编辑。同盟会改组为国民党，由总理亲任为上海交通部评议员，兼编辑部主任。民国二年，讨袁军由湖口发难，任长江各军总司令部秘书长。是年秋，至日本，从总理组织中华革命党，兼任《国民》杂志撰述。民国四年，肇和战役，助陈英士先生在沪发难。五年，至山东，任中华革命军山东警备司令。六年，从总理赴粤护法，任大元帅府总务处主任秘书及代理秘书长。八年，奉总理命，赴美留学，先后毕业于惠斯康新大学、哥伦比亚大学。即在哥伦比亚大学，与默君相结纳。（时默君在哥伦比亚大学教育学院肄业。）同时奉总理命，实地调查美国会社、党务、劳工团体及工厂，并历任《三潘市少年报》《舍路埠侨星报》《维多利亚新民国报》《多朗度醒华报》各撰述。十二年夏，赴欧考察，整理英、法、德各国党务。是年冬，奉总理命，偕蒋介石先生组织代表团，至墨斯科报聘，并考察苏俄政治及党务。十三年春，本党改组，当选为第一届中央执行委员会候补委员，旋递补为中央执行委员。同年夏还国，兼代中央执行委员会常务委员，并被任为中央政治委员会委员、大本营法制委员会委员、粤军总司令部秘书长、黄埔军官学校政治教官、代理政治部主任。同年冬，随总理北上津京，兼总理行营机要主任秘书、北京政治分会委员、北京《民国日报》社社长。十四年三月，总理薨逝北京，料理丧务后南下。同年夏，被任为潮梅海陆丰行政长。十五年五月，第二届二中全会后，被推为中央执行委员会青年部部长。十六年，任浙江省党部改组委员会改组委员，兼宣传部部长、浙江政治分会委员、浙江省政府委员，兼杭州市市长。十七年，任广州政治分会秘书长、两广建设委员会委员、中央陆军军官学校政治部主任、《建国》周刊社社长，派赴欧美各国考察建设事宜。同年冬，被任为国民政府立法院立法委员、立法院经济委员会委员长、劳工法起草委员会委员。十八年三月，当选为中国国民党第三届中央执行委员会执行委员，兼任中央政治会议委员、民食委员会委员、中央党史史料编纂委员会委员、考试院考选委员会委员长、《建国》月刊社社长。二十年三月，任国民政府委员、立法院副院长、《约法》起草委员会起草委员。七月，任第一届高等考试襄试处主任。同年十二月，第四次全国代表大会，复被选为第四届中央执行委员会执行委员，兼中央政治会议委员、立法院副院长。所编书报及论文杂著，散见于国内外杂志报章，不可胜记。

此序虽为《默君诗草》而作，而其感怀世情，纵论流变，发天地之秘奥，愍正气之沦丧，雒诵一过，为之怃然！爰述其生平历略如此，用质世之知言者。

十三日 风 在闱中

晨起，北平正试试卷，已押运至京，即至宁远楼阅卷。分得视学纲要等科目试卷百余本，评阅至晚，计得：八十分以上者一本，六十分以上者五本，五十分以上者三十四本，四十分以上者四十本，三十分以上者二本。

当阅卷时，闱中同人，各以屏幅尺页请阅卷者，以朱蓝笔题字。阅卷诸子，正忙于评点试卷，又不得不略分时间，以事酬应，有随口成诗，书以酬答，有择录成语，聊事应酬。其书法或正或草，或巨或细，各竭所能。雷襄试震，因无诗可写，则戏书黄襄试右昌所言“好卷子易看，坏卷子易看，不好不坏的卷子难看”十九字，以代诗章，见者皆大笑。而史襄试尚宽则为贾股长墨卿戏书应试诗二十八字曰：“一张白纸对青天，肚内无文真可怜！早知无文这样苦，当初何不去耕田。”尤令人捧腹。

午餐后，与委员长谈阅卷去取方针，仍主张宜严不宜宽。

餐后，接阅前卷完，与翼谋沐浴。已而，翼谋出龙秘书月庐所绘山水一幅见示。谛观之，觉下笔落墨，神气如生，浓纤澹远，各极其致，因问翼谋曰：“月庐山水，与醇士花卉孰优？”

翼谋曰：“醇士亦工山水，惟以花卉见称，其派别各有不同。月庐之画，不知所受者何人，然以笔意观之，似远学辋川，近宗石谷。辋川即王维，字摩诘，唐玄宗开元进士，官至上书右丞，家于蓝田之辋川，故人亦称王辋川。丧耦不娶，一意诗画，思致高旷，魄力伟大，创渲淡水墨之法，一变从来钩斫之风。著《画学秘诀》，有曰：‘画道之中，水墨为上，肇自然之性，成造化之功。’其对于画学之发明，可见一斑。

且善诗歌，为当时‘四杰’之一。其诗能发挥李、杜以外之趣味。苏东坡尝曰：‘味摩诘之诗，诗中有画；观摩诘之画，画中有诗。’确为极精透之批评。顾苏氏所谓‘画中有诗’者，乃指画中含有诗意。诗意云何？即气韵生动也。凡为气韵生动之画，方是真画。何谓气韵生动，谓有节奏，有生命也。例如，吾人今日，何以不重视照片，而重视绘画？又何以不重视报纸新闻而重视诗词小说？即因一则有节奏，有生命，一则无节奏，无生命故耳。故自有绘画以来，唯辋川深得绘画之真义，而含有节奏与生命。如所作《辋川图》，《江山霁雪图》，《孟浩然马上吟诗图》等，皆为杰作，唐宋以来，争相摹仿。明董其昌曰：右丞山川入神品，昔人所评云峰石色，迥出天机，笔意纵横，参乎造化，唐代一人而已。又曰：文人之画，自王右丞始，董源、巨然、李成、范宽为嫡派，而李龙眠、王晋卿、米南宫及虎儿等，则从董巨得来，直至元四大家（黄子久、王叔明、倪元镇、吴仲圭）皆其正传，国朝文、沈，则又远接衣钵矣。其论辋川，可谓推崇尽致。石谷王翚，一号耕烟外史，清初‘四王’之一。所谓‘四王’：一王时敏，字烟客；二王鉴，字元照；三即王翚；四王原祈，字麓台。四王之中，独石谷名塞寰内，尊号‘古今画圣’。石谷，虞山人，幼即嗜画，运笔超异，天机透露，迥出时辈。先是，王元照游虞山，偶见石谷画，大惊叹！即收为弟子，引谒烟客，命学古法，并挈游大江南北，尽得观摩古本。自此石谷受二王陶冶，会合古今，成一代名家。其画以精神为内容，以外物变化为形式，合二者而得美术之真理，与自然主义之艺术思潮最相合。尝曰：‘画学以元人笔墨，运宋人邱壑，而泽以唐人气运，乃为大成。’又曰：‘繁而不可重，密而不可窒，伸手放脚，要宽闲自在。’又曰：‘凡设青绿，要严重而有轻清之气，得力全在于渲染。余于青绿，静悟三十年，始尽其妙。’此可见其功力之深。所谓道成艺成，非偶然也。此二人山水，一辟艺术界最高之画理，一集古今画学之大成。而月庐笔意，能出入二王之间，其造诣可知。”

余曰：“闻月庐前任杭州造币厂秘书时，居西湖数年，湖光山色，摩荡胸臆，无丝毫渣滓，而复纵览古今名人画稿，穷搜精讨，而不为古今人流派所迷。尝言石谷学画之经过曰：‘石谷学画，泛滥各家后，复纵览上下数千年，名迹数十百种，然后知画意之精微，画学之博大如此，而非区区一家一派所能尽。’由是潜神苦思，静以求之，每下笔墨，辄思古人用心处。沉浸既久，乃悟一点一拂，皆有风韵，一石一木，皆有位置。渲染有阴阳之辨，傅色有古今之殊。于是涵泳于心，练之于手，自喜不复为流派所惑，而稍稍可以自信。其言如此，其画可知。观此直幅，虽规模不大，而结构清奇，所谓熟而不甜，生而不涩，淡而厚，实而清，书卷之气，盎然楮墨之外，与醇士花卉相列比，正如王石谷之与恽寿平云。（寿平初习山水，沉雄古逸，耻为天下第二手。寻见石谷山水，自叹不如，乃避山水而专习花卉，胎息宋元，气韵超逸，称古今独步。）”

翼谋曰：“然。”又曰：“凡画山水，意在笔先，此言最可玩味。盖绘画非纯为自然界描写，乃为心状之综合，意会而运于画帛，有节奏，有生命，与板滞之照片不同。玩月庐之画，盖皆意在笔先也。”

言至此，已钟鸣六下，遂同至宁远楼晚餐。

是日，翼谋朱书闱中所著《问礼亭诗》及杂作数首见赠。录如左：

问礼亭诗分韵，得“作”字

尼山苦县久寂寞，千春名世阒不作。诸生竞诵蟹行书，六艺十冢束高阁。戴侯胸罗大九州，苞络群言反求约。衣珠一启惊群朦，根究华风基礼乐。广长舌播四裔闻，大义昭然宣木铎。校文胄监辟广场，揭橥高廛心澹泊。一亭中峙永明石，车服雍容神俨恪。容父所得应逊兹，垠鄂精严无剥落。岂比魏隋谀墓文，发邱摸金走河洛。圜桥观听肃青衿，期挽齐梁返酆亳。吁嗟天地发杀机，大陆龙蛇日相搏。修罗鬼趣苦煎熬，名教安知有至乐。群儿肤傅柱史言，剖斗折衡恣依托。恶睹征藏裒真传，首阐义爻窥橐籥。循环观复析希微，贵使浇讹归浑噩。宣尼问业载戴记，有弟兄啼殊恶谑。五千言与二十篇，一贯圆通无执着。化民成俗端有本，玉帛钟鼓费[illegible]酌。经曲千百法自然，混沌何忧七日凿。先生医国起膏肓，请本斯图施大药。

覆舟山口占

坠碧零红夹径飞，覆舟山畔晚菘肥。几湾流水潆黄落，一杵疏钟出翠微。乌外从知城郭大，田间谁识市朝非。瓦盆浊酒容吾老，便合诛茆傍钓矶。

望云亭绝句

淳沟流水日溅溅，纵眺荒亭思渺然。寄语霜风催蟹计，莫教孤负菊花天。

台城晚眺

同泰寺边怪石蹲，总明观里乱雅喧。劳劳六代终谁属，剗地斜阳转菜根。

题公武先人乱山藏寺图画稿

云树苍茫劫外天，中藏古刹不知年。披图觅得安心法，莫向津桥听杜鹃。

和曹缥蘅

郎当鲍老笑登场，贡树俄经廿四霜。国祚私祈绵卫越，儒书差不愧申商。文章事敢论千古，天地心期复一阳。敬佩箴言思在莒，功风名雨澹相忘。

和黄典试季飞寿兄步原韵

汪汪叔度古风存，南极星辉擅德门。绂冕早辞中秘职，兵戈远却大和魂。文光照乘钦难弟，喜气充间得从孙。幸接棠华瞻寿相，棘闱遥晋紫霞尊。

重九集清凉山扫叶楼分韵，得"心"字

锁闱浑似入山深，茗话城西阻当心。诗老遥闻神矍铄，秋林静对气苍森。填胸梦影川原在，脱腕篇题驿骑寻。会扫山楼邀上客，薛庐弦酒有遗音。

此外，如《和委员长闱中漫题》《咏鸳鸯菊》《并蒂菊》及《观杨侯舞剑》诗，俱见前，不再录。翼谋作诗，每自以手撚其长须三次，即奋笔直书，瞬息立就。张典试默君，每称其神速雄奇，得未曾有。右举八首，其一斑也。

十四日　阴　在闱中

晨起阅报，偶有所感，书曾文正论"忠勤"二字，以自惕励。文曰：

开国之际，若汉唐之初，异才畸士，丰功伟烈，飚举云兴。盖全系乎天运，而人事不得与其间。至中叶以后，君子欲有所建树，以济世而康屯，则天事居其半，人事居其半。以人事与天争衡，莫大乎忠勤二字。乱世多尚巧伪，惟忠者可以革其习。末俗多趋偷惰，惟勤者可以遏其流。忠不必有过人之才智，尽吾心而已矣。勤不必有过人之精神，竭吾力而已矣。能剖心肝以奉国家，忠至而智亦生焉。能苦筋骸以捍大患，勤至而勇亦生焉。余观近世贤哲，得力于此二字者，颇不患人，余亦忝附诸贤之后，谬窃虚声，而于忠勤二字，自愧十不逮一，吾家子侄，倘将来有出任艰巨者，当励忠勤，以补吾之缺憾。忠之积于平日者，则自不妄语始。勤之积于平日者，则自不晏起始。

午后，至宁远楼阅卷，时北平试卷，已由专员继续运京。典、襄各委，连日分阅，辄至夜午。卷数既多，科目又繁，各卷答案，又参差不齐，每至神疲，辄掩卷稍憩，恐有疏忽。惟各卷中，仍有字迹潦草，或文理不通顺者，或句读不明，且有别字者，皆酌扣分数。而于文字相等，则择其格式齐整字体雅洁者，酌予以及格分数。

晚餐后，与翼谋论影印《四库全书》事。

《四库全书》，为清乾隆时所编纂，清代学术，迈越前古，至乾隆中叶，乃有此全书之选辑。特开专馆，妙选通才，首发中秘之藏，复广献书之路，网罗散逸，厘订体裁，历时十稔，成书三千四百六十种，七万九千三百三十九卷，分缮七部，储藏七阁。壬寅春月，第一部告成，储存大内之文渊阁。其后续成三部，分储奉天之文溯阁、圆明园之文源阁、热河之文津阁。又，其后续成三部，分储扬州之文汇阁、镇江之文宗阁、杭州之文澜阁。洪杨事起，文宗、文汇，相继沦亡；联军内犯，文源亦付一炬，文澜幸存劫余，残本不及半数。文渊本在宫中，文津移至京城，故七部之中，洪杨之役毁其三，英法之役毁其一，“九一八”之变，又为日虏劫其一。至今仅余二部半，杭州存其半，北平存其二。

二十二年春，热河失陷，北平震惊，文渊《全书》，随清宫古物，避难至上海。教育部长王世杰思乘此时机，选印《全书》，以广流传。即于六月十七日，令委中央图书馆筹备处主任蒋复璁，与上海商务印书馆签订合同，影印《文渊阁全书》未刊珍本三百四十三种，以谋阐扬文化。时论嘉之。而北平图书馆及津沪名流，因版本问题，与教育部原议颇有出入。先由北平图书馆馆长蔡元培、袁同礼两人，函呈教育部，主张凡《四库》罕传之本，其能觅得善本，胜于库本者，应以善本代之，以存古书面目。同时，北平图书馆并编印《景印四库全书罕本拟目》一份，广征国内外学术机关及藏书家意见，以期贯澈其学术上之主张。未几，南北学界名流，如董康、李盛铎等，两次致书教育部，贡献意见，主张以孤本库本为甲编，刊印善本为乙编，而注重于乙编，互为表里。其所持论，大体与蔡、袁同，而调和其间。自此种种议论发生，商务书馆张元济即发表意见，对于蔡、袁等所主以善本代替库本之说，则谓善本难遇，乞假尤难，辗转求精，观成无日。必欲以善本替代，则二者可以兼营并进。教育部王部长复蔡元培、董康诸人之书，则谓以善本替印，则是印行善本书，而非印行四库书也。论旨与张元济同，其意盖欲维持中央图书馆与商务印书馆签订之影印未刊珍本原案。其后（本年八月），教育部王部长复发聘函，聘请李盛铎、傅增湘、陈垣、袁同礼等十五人为编订《四库全书未刊珍本目录》委员会委员，组织委员会，翼谋亦为被聘委员之一。令各就中央图书馆筹备处编就之《未刊本草目》，从事审查，以备实行影印。其讨论时间，限为一月。编订则以两月为期，工作完成时，该会即行撤销。

自此会成立后，翼谋参加审查，结果就原本签注附缴外，并另拟《选印四库秘书拟目》一份，计选印经部六十二种，史部十九种，子部三十四种，集部九十一种，共计二百零六种。以视南京中央图书馆筹备处《景印四库全书未刊本草目》三百四十三种，北平图书馆《景印四库全书罕传本拟目》三百种，教育部编订《四库全书未刊珍本目录》委员会傅增湘等所订《四库孤本丛刊拟目》一百八十种，参酌损益，多寡适当，其中间有刊本或《四库》底本，为闻见所未及，然综核全书，珍秘之籍，无它本可代者，不过此二百余种而已。

兹将翼谋所编《选印四库秘书拟目》录左：

选印四库秘书拟目

本目参酌中央图书馆筹备处《景印四库全书未刊本草目》，北平图书馆《景印四库全书罕传本拟目》，及教育部编订《四库全书未刊珍本目录》委员会北平诸公所订《四库孤本丛刊拟目》，汇辑而成，凡有宋元明刊本、近代刊本及《四库》底本者皆所不载。

经部

易类

了翁易说一卷　宋陈瓘撰

易详说十卷　宋李光撰　《大典》本

易变体义十二卷　宋都絜撰　《大典》本

周易经传集解三十六卷　宋林栗撰

厚斋易学五十二卷　宋冯椅撰

西溪易说二十卷　宋李过撰

易通六卷　宋赵以夫撰

周易经传训解二卷　宋蔡渊撰

淙山读周易记二十一卷　宋方实孙撰

读易举要四卷　元俞琰撰

易原奥义一卷　元保八撰

周易原旨六卷　元保八撰

周易程朱传义折衷三十三卷　元赵采撰

周易衍义十六卷　元胡宸撰

周易图说二卷　元钱义方撰

周易文诠四卷　元赵汸撰

易象钞四卷　明胡居仁撰

周易劄记三卷　明逯中立撰

周易像象述五卷　明吴桂森撰

易用五卷　明陈祖念撰

易源就正十二卷　清包仪撰

大易通解十五卷　清魏荔彤撰

大易择言三十六卷　清程廷祚撰

周易图书质疑二十四卷　清赵继序撰

周易章句证异十一卷　清翟均廉撰

书类

尚书讲义二十卷　宋史浩撰　《大典》本

絜斋家塾书钞十二卷　宋袁燮撰　《大典》本
书义断法六卷　元陈悦道撰
尚书疑义六卷　明马明衡撰

诗类
慈湖诗传二十卷　宋杨简撰　《大典》本
毛诗讲义十二卷　宋林岊撰　《大典》本
诗缵绪十八卷　元刘玉汝撰　《大典》本
诗演义十五卷　元梁寅撰
读诗略记六卷　明朱朝瑛撰
毛诗类释二十一卷　清顾栋高撰
诗疑辨证六卷　清黄中松撰

礼类
周礼详解四十卷　宋王昭禹撰
礼经本义十七卷　清蔡德晋撰
月令解十二卷　宋张处撰　《大典》本

春秋类
春秋例要一卷　宋崔子方撰　《大典》本
春秋经解十二卷　宋崔子方撰　《大典》本
春秋谳二十二卷　宋叶梦得撰　《大典》本
春秋比事二十卷　宋沈棐撰
春秋左传要义三十一卷　宋魏了翁撰
春秋分纪九十卷　宋程公说撰
春秋集义五十卷纲领三卷　宋李明复撰　《大典》本
春秋明志录十二卷　明熊过撰
春秋辑传十三卷凡例二卷　明王樵撰

春秋质疑十二卷　明杨于庭撰
读春秋略记十卷　明朱朝瑛撰
春秋管窥十二卷　清徐庭垣撰

五经总义类
融堂四书管见十三卷　宋钱时撰
五经稽疑六卷　明朱睦㮮撰
十三经义疑十二卷　清吴浩撰
十三经注疏正字八十一卷　清沈廷芳撰
九经辨字渎蒙十二卷　清沈炳震撰

四书类
蒙斋中庸讲义四卷　宋袁甫撰　《大典》本

乐类
古乐书二卷　清应抝谦撰

小学类
俗书刊误十二卷　明焦竑撰
篆隶考异二卷　清周靖撰
增修校正押韵释疑五卷　宋欧阳德隆撰　郭守正增修
音韵述微三十卷　清乾隆敕撰

右经部书共计六十二种

史部
编年类
两朝纲目备要十六卷　不著撰人

纪事本末类

平定三逆方略六十卷　清康熙敕撰

石峰堡纪略二十卷　清乾隆敕撰

别史类

春秋战国异词五十四卷　通表二卷　摭遗一卷　清陈厚耀撰

诏令奏议类

谠论集五卷　宋陈次升撰　《大典》本

左史谏草一卷　宋吕中撰　《大典》本

传记类

忠贞录三卷附录一卷　明李维越、林增志编

廉吏传二卷　宋费枢撰

地理类

水经注集释订讹四十卷　清沈炳巽撰

海塘录二十六卷　清翟均廉撰

职官类

礼门志稿一百十卷　明泰昌元年官撰　《大典》本

太常续考八卷　不著撰人　《大典》本

土官底簿二卷　不著撰人

政书类

政和御制冠礼十卷、五礼新仪二百二十卷　宋郑居中等撰

庙学典礼六卷　不著撰人　《大典》本

目录类

吴中金石新编八卷　明陈晞撰

史评类

六朝通鉴博议十卷　宋李焘撰

两汉笔记十二卷　宋钱时撰

右史部书共计十九种

子部

儒家类

近思录集注十四卷　清茅星来撰

戒子通录八卷　宋刘清之撰　《大典》本

家山图书一卷　不著撰人　《大典》本

双桥随笔十二卷　清周召撰

医家类

脚气治法总要二卷　宋董汲撰　《大典》本

集验背疽方一卷　宋李迅撰

扁鹊神应针灸玉龙经一卷　元王国瑞撰

天文算法类

原本革象新书五卷　元赵友钦撰　《大典》本

七政推步七卷　明贝琳撰

庄氏算学八卷　清庄亨阳撰

术数类

皇极经世索隐二卷　宋张行成撰　《大典》本

皇极经世观物外篇衍义九卷　宋张行成撰　《大典》本
易通变四十卷　宋张行成撰
观物篇解五卷　附皇极经世解起数诀一卷　宋祝泌撰
大衍索隐三卷　宋丁易东撰　《大典》本
玉照定真经一卷　题晋郭璞撰　《大典》本
星命渊源五卷　不著撰人
星命总括三卷　辽耶律纯撰　《大典》本
演禽通纂二卷　不著撰人
太乙金镜式经十卷　唐王希明奉敕撰
遁甲演义二卷　明程道生撰
禽星易见一卷　明池本理撰

艺术类
绘事微言三卷　明唐志契撰
六艺之一录四百六卷　续编十二卷　清倪涛撰

谱录类
香谱四卷　宋陈敬撰
蟹略四卷　宋高似孙撰

杂家类
乐庵遗书四卷　题宋李衡撰
琴堂谕俗编二卷　宋郑至道撰　《大典》本
研山斋杂记四卷　不著撰人
言行龟鉴八卷　元张光祖编　《大典》本
元明事类钞四十卷　清姚之骃撰

类书类

实宾录十四卷　宋马永易撰　《大典》本

职官分纪五十卷　宋孙逢吉撰

右子部书共计三十四种

集部

别集类

韩集举正十卷外集举正一卷　宋方崧卿撰

五百家注音辨柳先生文集二十一卷　外集二卷　新编外集一卷　龙城录二卷附录八卷　宋魏仲举编

文庄集三十六卷　宋夏竦撰　《大典》本

范太史集九十五卷　宋范祖禹撰

云溪居士集三十卷　宋华镇撰　《大典》本

乐静集三十卷　宋李昭玘撰

灌园集二十卷　宋吕南公撰　《大典》本

竹隐畸士集二十卷　宋赵鼎臣撰　《大典》本

洪龟父集二卷　宋洪朋撰　《大典》本

跨鳌集三十卷　宋李新撰　《大典》本

庄简集十八卷　宋李光撰　《大典》本

东窗集十六卷　宋张扩撰　《大典》本

忠惠集十卷附录一卷　宋翟汝文撰　《大典》本

樾溪居士集十二卷　宋刘才邵撰　《大典》本

筠溪集二十四卷　宋李弥逊撰

忠穆集八卷　宋吕颐浩撰　《大典》本

东牟集十四卷　宋王洋撰　《大典》本

相山集三十卷　宋王之道撰　《大典》本

大隐集十卷　宋李正民撰　《大典》本

澹斋集十八卷　宋李流谦撰　《大典》本
云溪集十二卷　宋郭印撰　《大典》本
北海集四十六卷附录三卷　宋綦崇礼撰　《大典》本
芦川归来集十卷附录一卷　宋张元干撰　《大典》本
五峰集五卷　宋胡宏撰
斐然集三十卷　宋胡寅撰
浮山集十卷　宋仲并撰　《大典》本
缙云集四卷　宋冯时行撰
唯室集四卷附录一卷　宋陈长方撰　《大典》本
郑忠肃奏议遗集二卷　宋郑与嗣撰
高峰文集十二卷　宋廖刚撰
方舟集二十四卷　宋李石撰　《大典》本
纲山集八卷　宋林亦之撰
定庵类稿四卷　宋卫博撰　《大典》本
澹轩集八卷　宋李吕撰　《大典》本
尊白堂集六卷　宋虞俦撰　《大典》本
东塘集二十卷　宋袁说友撰　《大典》本
九华集二十五卷附录一卷　宋员兴宗撰　《大典》本
芸庵类稿六卷　宋李洪撰　《大典》本
莲峰集十卷　宋史尧弼撰　《大典》本
昌谷集二十二卷　宋曹彦约撰　《大典》本
省斋集十卷　宋廖行之撰　《大典》本
后乐集五十卷　宋卫泾撰　《大典》本
性善堂稿十五卷　宋度正撰　《大典》本
鹤林集四十卷　宋吴泳撰　《大典》本
东涧集十四卷　宋许应龙撰　《大典》本
渔墅类稿八卷　宋陈元晋撰　《大典》本
沧州尘缶编十四卷　宋程公许撰　《大典》本

冷然斋集八卷　宋苏泂撰　《大典》本
洞泉集二十卷　宋韩淲撰　《大典》本
壶山四六一卷　不著撰人
臞轩集十六卷　宋王迈撰　《大典》本
东野农歌集五卷　宋戴昺撰
庸斋集六卷　宋赵汝腾撰　《大典》本
张氏拙轩集六卷　宋张侃撰　《大典》本
字溪集十一卷附录一卷　宋杨枋撰　《大典》本
潜山集十二卷　宋释文珦撰　《大典》本
苇航漫游稿四卷　宋胡仲弓撰　《大典》本
秋声集六卷　宋卫宗武撰　《大典》本
梅岩集十卷　宋胡次焱撰
富山遗稿十卷　宋方夔撰
在轩集一卷　宋黄公绍撰
稼村类稿三十卷　元王义山撰
剩语二卷　元艾性夫撰　《大典》本
青山集八卷　元赵文撰　《大典》本
小亨集六卷　元杨弘道撰　《大典》本
青崖集五卷　元魏初撰　《大典》本
养吾斋集三十二卷　元刘将孙撰　《大典》本
兰轩集十六卷　元王旭撰　《大典》本
玉井樵唱三卷　元尹廷高撰
西岩集二十卷　元张之翰撰　《大典》本
艮斋诗集十四卷　元侯克中撰
王文忠集六卷　元王结撰　《大典》本
渠庵集十五卷　元同恕撰　《大典》本
伊滨集二十四卷　元王沂撰　《大典》本
瓢泉吟稿五卷　元朱晞颜撰　《大典》本

野处集四卷　元邵亨贞撰
子渊诗集六卷　元张仲深撰　《大典》本
午溪集十卷　元陈镒撰
桐山老农文集四卷　元鲁贞撰
静思集十卷　元郭钰撰
佩玉斋类稿十卷　元杨翮撰
麟原文集二十四卷　元王礼撰
性情集六卷　元周巽撰　《大典》本

总集类
十先生奥论四十卷　不著编人
诗家鼎脔二卷　不著编人
同文馆唱和诗十卷　宋邓忠臣等撰
玉山纪游一卷　明袁华编
文氏五家诗十四卷
吴都文粹续集五十六卷补遗一卷　明钱谷编
明文海四百八十二卷　明黄宗羲编

诗文评类
竹庄诗话二十四卷　宋何谿汶撰

右集部书共计九十一种

以上四部书，都二百零六种，视《宁目》三百四十三种、《平目》三百种、《傅目》百八十种，折衷其间，冀多寡适中已耳。

附：翼谋《致教育部函》曰：

承属审查《景印四库全书未刊本草目》，谨就原本签注附缴，以备汇案公议。海内学者对于是举，议论孔多。鄙意库书辑自《大典》，采及私家。久无刊本仅存三阁者，据筹备处所列目计有二百余种，自应照原定契约交商务印书馆景印，而定名曰《选印四库秘书》。其有宋、元、明、清刊本及《四库》底本较阁书精善者，可由平馆或公私各方面合力汇集，另印一书，名曰《四库著录珍本》。二者并行不悖，均不必袭用“全书”二字，以俟后之有力者举全书印布，或加“校订”、“续编”焉，管见所及，伏候裁择，毋任主臣。

又，《复傅沅叔书》曰：

荷十一日示并油印各件敬悉。诒徵未克赴会，于诸公阂议，自应赞同连署，谨即奉复，请照原函致部。前次部中寄来目录，已经签注送部，大致不出诸公签注范围，第就此馆所有元、明刊本及《四库》底本增注若干种耳。另有一笺致王部长，拟定书名，一曰《选印四库秘书》，一曰《四库著录珍本》。视尊处办法第一条定名微有不同，以库书至少有二阁之三本，不可谓孤。另印善本，既非库书，只可谓其书著录于《四库》耳。区区之愚，无当万一，仍祈是正，即颂著绥。

翼谋拟目，经编订《四库全书未刊珍本目录》委员会详细审核后，增选二十余种，合为二百三十一种。定名《四库全书珍本初集》，交商务印书馆印行。版本缩小为六开本，限印一千五百部，每部十一万一千页，分装二千册，并限二年内出书。

夫典章文物，尽在图书，其存与亡，民族安危所系，守先待后，匹夫与有责焉。此书筹印多年，至此始获实现，亦发扬文化，流通秘笈之一道也。

十五日 晴 在闱中

昨晚，北平正试末次试卷到京，晨起至宁远楼阅卷。

本日分得之卷，佳卷较多。评定甲乙，颇费踌躇。阮襄试毅成，阅法律卷极忙，然苦佳卷极少，据言七类考试中，皆有民法科目，而合计及格者，不及七十人。午后三时，本组（教育组）卷已阅竣。

张典试默君为予朱笔横幅一帧，系其闱中新著《重九京闱详定试卷后晚宴有感》七律一首，又墨书直幅一帧，系《在汴闱题刘根造象》七绝一首。诗俱见前。

晚餐后，与郑襄试鹤声续谈影印《四库全书》事。

郑襄试为国立编译馆专任编译，对于影印《四库全书》始末，知之颇详。曾著有《〈四库全书〉影印之经过》及《对于影印〈四库全书〉舆论之评议》两文，刊载报章。盖自民国以来，影印《四库全书》之举，前后凡五次。其前四次，皆被阻未果行。

第一次拟印，约在民国九年，以北京政府为主动。时徐世昌当国，金梁因编辑文华、武英两殿古物目录，发生此议，上书徐总统，请印《库书》，尤重续修。其后叶恭绰由欧美归国，亦发此议，遂派前内务总长朱启钤督办其事。朱与上海商务印书馆商洽，曾影印样本一套，分赠海外诸国。其时计划，拟依照原板本，影印成书一百部，需费二百万元，款巨难筹，价昂难销，而本国纸章，又供不应求，预计非二三十年，不能卒事，遂以中止。

第二次，在民国十三年，以商务印书馆为主动。闻文渊阁所藏书，最为精审，时事演变，散亡可虑，呈请政府，商借文渊全书影印板本，稍加缩小，参用外纸，庶几取价较廉，流通较易，堆积不广，弃置非难。影印时间，五年为期，计日可待。经政府批准运沪，已由该馆点装三分之一。时曹锟当国，嬖人李彦青索贿未遂，由公府秘书处发函，阻止装运，事又中止。

第三次，在民国十四年，由政府主动。将文渊阁本，改为文津阁本。经政府明令，以文津阁全书，点交商务印书馆影印。当由教育部与商务书馆签订合同，全书装点完竣，正拟请拨专车起运，适江浙战事发生，交通阻滞。延至十五年秋，商务书馆复呈请照约起运，事又中变，所签之约无效。

第四次，在民国十七年，由奉天省政府发起，拟用文溯阁本，校印全书，并议续修，兼采选印之法。样本初出，海内外函电定购，仅成《续修总目》及《选印要目》两种。正谋进行，而沈阳失陷，文溯阁全书被日虏劫迁满铁图书馆，影印未成，全书并失。

第五次，即本年二月，热河被侵，北平震动，文渊阁全书随北平古物南迁，国民政府教育部长王世杰，因有选印《四库全书未刊珍本》，并托商务印书馆影印之议。四月十一日，教育部呈行政院文有曰："查《四库全书》中，已有单行印本者甚多。兹为节省经费，易于实现起见。拟将其中向未付印或已绝版之珍本，约八九百种，先行付印。旋奉院令照准。六月十七日，教育部即委托中央图书馆筹备处主任蒋复璁，与商务书馆签订影印《四库全书未刊珍本》合同。规定将文渊阁《四库全书未刊珍本》一百八十种，缩成小六开本，限用江南毛边纸，印成一千五百部，每部九万页，分订千五百册。印成后，按照印数，赠送十分之一与中央图书馆。除整部外，不得抽印单行本。并限二年内，将书出齐。"此合同签订后，而北平图书馆及津沪名流，以版本问题，与教育部原议相左。在教育部与商务印书馆主张，即就文渊阁库本选印，而北平图书馆及津沪名流，则主张以善本代替库本。各以立场不同，寖成对抗之势，纷争两月，卒从部议。并由教育部函聘专家十七人，组织编订《四库全书未刊珍本目录》委员会，审查书目，结果选书二百三十一种，较原约增二万余页，分装二千册，定名为《四库全书珍本初集》，交商务印书馆影印，至此十数年来，中外所期待，南北名流所商讨之《四库珍本》，始获实现。虽此次付印，不及全书十分之一，(《全书》三千四百六十种，选印者仅二百三十一种。)既名曰《初集》，则将来二集、三集，可继续印行，不难使全部库本，流布天壤。

至《全书》价值，学者评论，互有异同。有谓《全书》已失时代性，不适于用，无裨现代学术，不必影印。有谓此书乃乾隆帝一家之言，皆取其与清代无抵触，尊君抑臣，教忠作孝，且著录及存目，尚不及焚禁之多。焚禁所余，仍有删改，庸滥充数，势所难免，安得云一无所遗。有谓是书偏而不全，在现代学术上之关系，并不重大，书本内容，亦未必完善。有谓是书乃清高宗愚天下之书，不得云学者求知识之书，乃后人求清代公案之资，非可持为学术之益。众口纷腾，几诋《全书》为一文不值。不知以三万六千余册，六千一百余函之巨构，兼以缮写之精工，装璜之富丽，举国上下，莫不认为东方文化上极大之事业。

政府对于此书，一则曰阐扬文化，（民九《大总统令》）再则曰辅益文治，导扬国光。（民十四《执政令》）浮夸者流，更加大其词，谓《全书》包括中国五千余年，所有历史、民族、社会、政治、制度、宗教、天象、地舆、物产、文艺、哲理、美术、医算、农、工、商、矿及百家杂学，一无所遗。（民十七奉天《影印库书对外通告》）是全书伟大富丽，实不可一语抹杀。即东、西学子，涉足京华，获睹是书，无不惊绝，佥谓《四库》开馆之时，正美国独立之际，泰西文化，方始萌芽，岂料中土，于百五十年前，乃已有此鸿制。法国首相班乐卫博士，曾倡议纠合世界各国各大学校，设立中国学院，研究刊行，传播《四库全书》，并择要翻译，为沟通中西文化之大计划。中国学院之已成立者，法国而外，有英、美、德、奥、义、比、波兰、捷克八国，大抵硕学通儒，为之倡率。日本以同文之故，尤为注意。东京图书馆，至有以重金录副之议，非为东、西各国所引重也若是。

至谓“失时代性”、“不适于用”云云，“用”之一字，随时而异，是丹非素，人之恒情，自古治史者荒经，为汉学者仇宋学，溺蟹行文者，予欲并数千年古籍，付之一炬。其持相反之见者，立说之相反正同，皆一偏之辞也。尝见旧家子孙之谨愿者，必斤斤保守祖若父之遗物，不敢失坠，岂以其适于用哉？毋亦曰此吾先人手泽云尔。此极博之载籍，非吾数千年祖宗所留贻耶？亦既有之，可不讲求保守之道，而听其湮没也耶？

近二十年来，旧籍多流亡海外，大藏书家，悉被捆载以去。书价愈昂，输出愈盛，彼不同文之国，又曷为宝此无用之物也耶？抑又闻之，明代《永乐大典》，初亦写成三部，至乾隆时已有残阙，然尚余二万余卷。庚子一役，或化灰烬，或流人间，公家所存，仅数十册。以此方彼，能无寒心。则今日之影印是书，以谋发扬文化，流通秘笈，安得谓为非重要之事业也哉。附记于此，以为持相反之论者，作一答辩。

是日，黄襄试忏华以《问礼亭诗》见示，如左：

戴院长季陶征题问礼亭以礼运·大同一节分韵，拈得"盗"字

我闻经国家，制礼推政要。天秩与国维，赖兹而炳曜。周纲昔陵迟，四海莽群盗。道坠彝伦斁，诗亡郑卫噪。素王出其间，孳孳阐礼教。栖皇接舆歌，悱恻猗兰操。嶷嶷柱下史，耆艾而渊劭。立言虽殊途，至理□同调。好问师重华，仆仆驱车造。于以集大成，于以荟众妙。斑斓古石刻，意匠何精到。卤簿焕威仪，冠裳瞻道貌。寂阒千百年，沙石翳光耀。至宝不终闷，欻若明玕照。宗帅今卞和，见之为舞蹈。谓此足观摩，谓此足化导。黾勉□京洛，挽运历关陕。构亭锁院前，溥为多士告。先圣去已久，典型在圣诰。于皇问礼图，万世是则效。

卷五　十一月十六日至二十六日

十六日　晴　在闱中

晨起，为闱中同人书尺幅手折及屏条数十件。

午后，与陈典试百年论文，陈典试任北京大学教授有年，兼代理北大校长，对于古文，极有研究，因与论为文要义曰："昔人有言：文章至极之境，非可言喻，然大半皆托之空言，惟论事文，较切实用。往读宋人文，明健酣适，最为畅旺，然有时失之过冗。战国策士文，可谓雄矣，然抑扬太甚，有矜气，令人生不信心。简而明、多而不令人厌生者，惟汉人文耳。苟得其意，而为宋人之文从字顺，论事之道，莫过于是矣。至于古文，贵有章法，尤贵能首尾一气。昔韩退之谓六朝文杂乱无章。所谓'章'者，上衣下裳，相成而不复也，故曰'成章'。若衣上加衣，裳下有裳，此即所谓'无章'矣。其能成章者，气为之也。欲得其气，必求之于古人。周、秦、汉及唐宋人文择其佳者，皆能成诵而后可。夫观书者，用目之一官而已，诵之而入于耳，益一官矣，且出于口，成于声，而畅于气。夫气，吾身之至精者也。以吾身之至精，御古人之至精，是故浑合而无有间也。明清之间，善治古文者，对于斯道，皆有所得。故其为文，渊雅翔实，卓然自成一家。至如诵之而成声，言之而成文，而空疏寡情实者，盖亦有焉，则闻见少而蓄理不能富也。故诗之道，性近而气和者，皆优为之，至于古文，而欲成体，非博学而心知其意者不能为，此诗与文之分野也。"

陈典试曰："然。"

又曰："龙伯纯有言曰：'文有四病、六难、八气。何谓四病？体、意、气、词，是也。体者，文之干；意者，文之师；气者，文之翼；词者，文之花。不幸而至体庞、意舛、气委、词芜，而文病矣。六难者，学难于渊该，事难于综核，词难于雅健，气难于冲和，识难于融通，志难于沉澹也。八气，则朝廷宗庙、圣贤师父等题，其气凛然，以严肃为尚；山岳河海、审旅等题，其气巍然，以雄壮为尚；山林隐逸、仙释等题，其气冷然，以清逸为尚；花月游赏、宴乐欢娱等题，其气温然，以和谐为尚；神怪、豪侠、变异等题，其气屹然，以奇伟为尚；宫殿台阁、园囿美人等题，其气焕然，以美丽为尚；上古之事迹，或鼎钟等题，其气穆然，以古雅为尚；登高临眺等题，其气廓然，以远大为尚。此其大较也。’姚姬传曰：‘天地之道，阴阳、刚柔而已。文者，天地之精英，而阴阳、刚柔之发也。其得于阳与刚之美者，则其文如霆，如电，如长风之出谷，如崇山峻崖，如决入川，如奔骥骐。其为光也，如杲日，如火，如金镠铁。其于人也，如凭高远视，如君面朝万众，如鼓百万勇士而战之。其得于阴与柔之美者，则其文如初升之日，如清风，如云，如霞，如烟，如幽林曲涧，如沦，如漾，如珠玉之辉，如鸿鹄之鸣，而入寥廓。其于人也，漻平其如叹，邈乎其如有思，暖乎其如喜，愀乎其如悲。观其文，讽其音，则为文者之性情形状，举以殊焉。’曾涤生曰：‘西汉文章，如子云、相如之雄伟，此天地遒劲之气，得于阳与刚之美者也，此天地之义气也。刘向、匡衡之渊懿，此天地温厚之气，得于阴与柔之美者也，此天地之仁气也。’之数子者，其论文可谓至矣。然至今日，文言与语体之争，犹未能涣然而解。世或有疑文言难而语体易者？殊不知语体之文，方言不同，蛮音鴂舌，钩辀格磔，固无以异于尚书之都俞吁咈也。善乎，林琴南之言曰：‘非读破万卷书，不能为文言，并不能为白话。’”

陈典试曰：“然。”

晚五时半，偕柳典试翼谋、丁襄试宇学、任襄试应钟，同至宁远楼晚餐。视阅卷至，声气寂然，时各襄委分得之卷，均已阅完，多请假出闱。在楼中阅卷者，仅余二人，翼谋低声吟曰：“晚来宁远楼头望，只剩三枚阅卷人。”相与大笑。比会食，往昔同餐者，率五、六桌，少亦三、四桌，今夕止余二桌，典委徐谟、周览、吴大钧等，亦不在坐。

晚餐毕，与翼谋在至明志楼前散步。翼谋自述过去历史甚详，余与翼谋相知较深，觉其天资卓越，夐与人殊，每撰诗文，如百泉盆涌，不择地而出。其作古诗歌，不待思索，振笔直书，有黄河之水天上来之势。至奇妙处，亦精微，亦锤炼，能壮阔，能静穆，有杜陵，有柳州，有长吉，有东坡，可能无所不能。为人书屏幅，瞬息十余纸，或真或草，或篆或隶，信笔狂挥，皆成佳构。又，翼谋之须，自民国元年（时年三十三，今年五十五）即已蓄养，迄今已二十二年，而长及胸肌。每兀坐凝思，辄以一手自梳其须，一手持短烟筒，燃旱烟吸而嘘之，状如高丽人，（翼谋自言：民国元年在沪，短发微髭，头顶大草帽过市，市人皆目为高丽人。）其奇异恒为人意料所不能及。余每欲为作柳先生外传，并搜集其作品汇刊之，但其性甚怪，一切著作，为外间不能见者，均秘不示人，因是搁笔。

八时半，回存神养性斋，与王襄试扬滨、刘襄试奇甫闲话。刘襄试言："九一八事变，丧地辱国外，尤可痛惜者一事，即陆地测量局历年所测绘之各种地图及军用图，均被日军所夺，并图底亦均被席卷而去。该局向属北京政府参谋本部，迭经派员至各地测量绘图，历十余年，成绩甚佳。民十六年，张作霖在北京成立大元帅政府时，将该局所有绘成之各地图悉运往沈阳，至是均入敌人掌握。今春热河长城之败，皆因敌人有地图，而我军无之故也。"

言毕，慨叹久之！寻以所编《外交月报》第三卷第四期见赠，开卷首篇，论广田继任外相后日本之对外政策与我国应有之觉悟，凡一万三千余言，即刘襄试自撰。关于日本对外政策，作一有系统之研究，文字最为精警。

又，王襄试以新撰本届高考《竹枝词》九首见贻，录如左：

癸酉高考竹枝词

驱车拂晓试场来，门禁森严锁未开。犹把秘抄勤阅看，考题难易费疑猜。到场

号声已是响呜呜，高脚肩牌前导趋。分道扬镳鱼贯进，先存衣帽赴庭隅。入门

姓名高唱尚彷徨，疑是疑非仔细详。莫把敲门砖忽视，领将卷子始升堂。听点

题纸飞来早看清，催人时限太无情。内中多少超群者，下笔春蚕食叶声。作文

三艺完成尚不迟，磨戳文字教无疵。呈交卷子浮签扯，一笑出门未觉疲。交卷

必试才完又选科，真金原不怕磋磨。遗珠沧海寻常事，与考今番人又多。选场

放榜传闻在诘朝，又忙吃梦暗相邀。夜来一枕邯郸里，姓字居然雁塔标。梦榜

未考考生考试官，考题倍拟大才磐。选科题目尤艰窘，两次分场分量难。出题

宁远楼头日向晨，四行桌子妥铺陈。典襄分把朱蓝笔，点句加圈不乱神。阅卷

十七日　晴　在闱中

今日，京、平各卷，均已评阅完竣，交秘书处计算分数，定明日上午开审查会议，开拆弥封，填名发榜。晨起，写致百年、季飞、叔谟、鲠生、翼谋、默君、伯康、敬民、树帜、予戒、芑荪、月庐等告别书，定榜发

后出闱。

午餐后，为许监场总主任公武、贾襄试天澍等，书横幅十余件。

四时半，张典试以《汳闱鸿雪》一册见示，乃本年八月，典试汴闱时，诸同闱题咏之作。以白玉为函，珊瑚为签，其中诗文题字，琳琅满目，盖天下之瑰宝也。亟录如左：（闻张典试尚另有《锁院写经图》一巨轴，惜未之见。）

原帙封面题“汳闱鸿雪”四字，下署“默君社长属瑞彭题”八字，为监察委员邵瑞彭先生手书。

开卷首页书“选贤与能”四字，为河南省政府主席刘峙题，并书年月，为“二十年八月二十七日”。

第二页为《典试河南颂》，文既斋皇，字亦劲拔。原文如次：

张委员默君典试河南颂

桐城汪吟龙撰并书

二十二年秋，河南省普通考试，默君先生被命为典试委员。弭节梁园，衡文桂苑，得人称盛，懿欤休哉！先生大雅不群，高吟间作。收拾匡庐之景，满贮奚囊；联翩汴洛之英，待开凝阁。看门前之桃李，春遍江南；揽镜里之芙蓉，秋高河朔。云烟落纸，尽龙凤麟阁之书；笔砚随身，极翡翠琉璃之制。加以朱绳自直，玉尺频量；用使多士倾心，群材俯首。宁止花阴得句，韵胜赵侯；鄚县酬庸，封同萧相已哉？吟龙流寓此邦，因循三月；叨陪清宴，幸侍嘉游。属以鸿章，命为貂续，一言差善，引畯茂以登堂；九招可歌，溯咸墨而称颂。其辞曰：

橘香荷老，榴实槐黄；耿彼使星，舍于大梁。惟此大梁，是曰中州；姬汉宅景，远接商邱。河洛图书，汝颖勋伐；底柱龙门，嵩少二阙。猗猗淇竹，沄沄百泉；溅溅伊水，性道出□。菟园就荒，邹枚人去，泥马渡江，中原失驭！胡骑长驱，弥历年载，牖启斯文，吁其有待。比经丧乱，国步凌夷；世正需才，于何拔之？《记》称考校，《书》著试可；蕊榜宵张，棘围昼锁。亹亹君子，载主群材，新阴自咏，旧阁谁开？前无古人，扬徽彤史；玉秤征祥，未容方比。或以崇嘏，曾占鳌头；门生门下，霄壤匪侔。夙擅词华，尤耽风雅，弄墨联吟，游山结社。隋堤逸韵，邺郡名篇；于喁前后，景行惟贤。惠此大邦，齐瞻马首；于万斯年，昭兹不朽。

次张静愚题"中州文衡"四字，又方其道题"万流仰镜"四字、张广舆题"玉尺衡文"四字，笔皆雄健。

次为典、襄各委题诗，汇录如左：

癸酉初秋，典试汴闱，奉和默君先生原韵并祈吟正

培基

五老松云共胜游，翘车曲洧桂枝秋。文衡玉尺抡多士，策对金堤奠九州。国文试题为《治河刍议》。笳鼓竞传愁里听，河山好似望中收。夷门试马心犹壮，志系长缨愧未酬。

默君社长典试中州，锁院联吟，一时称盛，奉赠一首

邵瑞彭

桂殿新秋夜欲寒，使星炯炯万人看。擎杯乍喜闻声久，下笔真教数典难。坐听青袍歌乐职，好凭玉手起回澜。吾宗掌故烦君补，又长淇园竹几竿。

癸酉秋，河南考试普通行政人员，应试者以教育、财政、农林、民刑法、监狱等学居多，默君先生主试汴闱，取舍谨严，真才辈出，称盛一时，诗笔醇茂，犹其绪余，振靡起衰，斯为左券

小岁寒堂主之杰

阿母云軿下紫岚，天人仪态愧奇男。苹蘩斋紫菁莪盛，风化从知始二南。

坤道生成地水帅，苞河荷落此间宜。抗颜违俗树师表，任重胜于韩退之。

漫说才难自古同，妇人佐治十臣中。先生更是娲皇手，笔补能参造化工。

官箴晚季那堪论，万石张家道义尊。师训而今兼母训，何需还鲊问半反。

海国风潮势正狂，平戎侠士志昂藏。青门瓜合灵和柳，那及髯妻得李娘。

气涵衡岳运星枢，不栉俨然女丈夫。愧我春婆坡梦醒，还看尘海网珊瑚。

和默君先生典试汳闱原韵

李步青廉方

天风环佩碧云飞，绝学能探诗古微。凤味堂前持玉尺，瓶笙响处掩双扉。

和默君先生典试汳闱之作原韵

武福鼐

锦囊绛节伴清游，琐院风高桂子秋。策士真期安禹甸，论诗端合继中州。梁燕德业词林重，内史声华采笔收。它日东京赓掌录，银屏举茗愿应酬。

默君先生典试汴闱，号称得士，乃于主试余间致意吟咏，文浩躬参评阅，无补毫厘，漫题一章，聊志向往

李文浩

绛帐高风第一流，天香丹桂散清秋。垂帘琐院量才重，藻鉴端推玉尺楼。

默君先生典试豫省闱中联吟，敬步原韵奉和，并乞郢正

崇德凌士钧

曾向匡庐纪胜游，天风环珮桂枝秋。星轺小驻留鸿印，玉尺衡才到汴州。蒿目狂澜犹在念，当前英俊一时收。金梁此际称多士，辞院追陪乐唱酬。

奉和默君先生汴闱之作

王步洲

一代豪华入梦游，亭台望处碧梧秋。龙门玉尺衡吴郡，鲛室金针度豫州。放眼遥山层蝶隐，惊心漭浪片帆收。两河自古多英俊，孤目清樽费唱酬。

默君先生癸酉之秋典试来豫，真如适奉豫、鄂、皖三省边区善后会议之使，年来承乏两豫教育，深感才难。此次闱场得人称盛，玉尺铁网兼炼石神工矣！咏以纪之，藉求郢政

睢阳齐真如

环佩云轺下日边，琼林高会集群贤。十年树木惭梁客，共仰娲皇石补天。

默君先生典试汳闱，得士称盛，轮以权试院秘监忝同闱，慕蒙赠一绝，爰步元韵两首，以志仰止，即候指正

汜水谷重轮月瑞

彤管衡文锁院间，汝南月旦笔如山。华筵看赐红绫饼，香案清仙是旧班。棘闱我幸厕其间，环佩入风仰斗山。小驻星轺留爪印，一时齐说大家班。

默君先生以典试汴闱之作属和，次韵奉酬

江夏黄镇磐

抡才竞到广寒游，丹桂香飘锁院秋。士拔机云来洛邑，兵销瑜亮定神州。凤麟却喜峨眉选，有女生刘宇洁获隽。桃李胥归雁塔收。如听吹台箫管奏，曲高端的和难酬。

二十二年秋监试汴闱，面试时有因案扣考者，率成一绝，缮呈默君先生吟正

监试委员于洪起

中州风雨最关怀，桃李成荫著意栽。忠厚应从刑赏见，人才

不自慈悲来。

癸酉秋在汴闱，奉和默君先生怀翼如院长

余钟秀

历尽名山诩壮游，茂陵瓜事苦吟秋。正凭玉尺衡多士，且筑金堤障九州。治水应为千载计，树人须俟百年收。蟾宫试罢归来日，多少新诗待唱酬。

默君先生典试汳垣锁院题咏和作成册，漫书一章，录呈吟坛

条山王用宾

河洛狂流下海东，两京人物古来雄。定知玉尺裁量后，多少珊瑚入网中。

默君先生以典试汴闱之作见示，并读翼公和章二首，谨次韵奉酬，即乞吟正

许崇灏

皇华再赋壮遨游，冰鉴高悬梁苑秋。一代词宗称巨眼，千寻文梓拔中州。满城桃李从新种，大海珊瑚澈底收。探得骊珠登上选，才储梁栋国恩酬。

蟾窟香浓桂树寒，汴中清景棘闱看。声蜚吐凤原无愧，网得高鸿自不难。嵩洛云岚助吟兴，梁园人物富文澜。联翩入彀皆英杰，焉有遗贤把钓竿？

和默君先生汴闱之作

维翰

冰镜高悬玉宇寒，万人空巷攒头看。丹梯放榜群才奋，彤管衡文旷代难。为国求贤堪制锦，治河纾策竞平澜。龙门济济增声价，铁网珊瑚振巨竿。

默君先生典试汴闱归，又将入京闱校士，出诗册属题，因次翼公韵奉酬，即陈俪教

王伯秋

梁苑联吟纪胜游，京闱又见赋新秋。虚怀此日宏多士，高志当年小九州。南国宗风人共仰，东山散绪子能收。湘乡县涟水滨有东台山，以挺秀著称，默君尊人伯纯先生，少时曾结东山吟社，得社友七人，啸傲其中，时人号为“湘中七子”，有《七子诗钞》。今已散佚。愧予久已抛词笔，揽辔中原谢唱酬。

读默君先生典试中州作，率题一绝

东培山民

我亦樊楼曾沽酒，卅年旧事那堪追。羡君官炉两行里，应拔侯嬴是隽才。

癸酉初秋，奉和默君先生典试中州之作，即呈教正

修水涂公遂

为惜匡山罢胜游，渡江来看两河秋。披霄雁影移千嶂，拍岸涛声撼九州。风气定知林下好，文章更待乱余收。撑持万仞邦家业，蝉翼诗名未足酬。

十八日　晴　在闱中

昨晚正试试卷分数，已核算竣事。今晨九时，开典试委员会第二次会议，审查成绩，委员长主席，至下午二时，审查完竣。议事录列左：

高等考试典试委员会第二次会议议事录

日期　二十二年十一月十八日上午九时

所在地　典试委员会会议室

出席　委员长王用宾、典试委员徐谟、周览、陈长蘅、柳诒徵、夏勤、杨汝梅、吴大钧、饶炎、陈大齐、黄序鹓、张默君、辛树帜、刘奇峰

列席　监试委员杨亮功、襄试委员冒广生、胡定安、印水心、王去病、陈念中、卢毓骏、秘书长陈有丰

主席　王用宾

纪录　秘书　龙潜　副科长　孟国华

速记　冯举安

甲　报告事项

一、宣读第一次会议议事录。

二、宣读第二次谈话会记录。

三、宣读审查甄录试成绩第一次会议议事录。

四、宣读审查甄录试成绩第二次会议议事录。

五、考选委员会函，为典试委员徐谟、吴大钧奉准正试前住场函达查照由。

六、本会北平办事处函报本处正式成立及启用钤记日期由。

七、本会北平办事处函送十月二十日、二十一日普通行政人员甄录试试卷请察核验收由。

八、本会北平办事处函送十月二十二日普通行政人员甄录试及二十三日财务行政等类人员甄录试各项试卷请察核验收由。

九、本会北平办事处函送十月二十四日、二十五日各类考试甄录试各种试卷请察核验收由。

十、本会北平办事处函报甄录试办理经过各种情形由。

十一、考选委员会函为请将本年高等考试甄录试或正试及格于应考资格证明书上加盖戳记以资证明一案除呈请考试院备案外函复查照由。

十二、本会北平办事处函送十一月九日、十日正试各种试卷请察核验收由。

十三、本会北平办事处函送十一月十一、十二两日正试各种试卷请察核验收由。

十四、本会北平办事处密复查明应考人张景武系以左手书字由。

十五、主席报告普通行政人员正试应考人凤良栋应考地方自治法规科目时偷看夹带,司法官正试监考人黄以焘以考商事法规科目时偷看夹带,均经监试委员商同扣考由。

十六、本会北平办事处函为正试完毕,将大略情形陈报,附陈应考人田应春迟到情形由。

乙 讨论事项

一、正试及格填名发榜案 决议 普通行政人员等七类考试正试及格试卷,开拆弥封姓名册,对号填榜,计开:

普通行政人员正试及格三十一名:

徐家齐 禹振声 朱大昌 蔡柏春 陈烈甫 葛毅卿 杨振青 曹种文 顾寿恩 孙景 戴新三 方保汉 邓叔良 丁宪薰 王服尧 刘剑白 陈昭远 陈寿名 赵汝言 李安 左

介如 曹剑萍 赵谅公 华印椿 洪永权 朱汉生 梁永凯 谷凤翔 王德新 潘恩霈 靳容茂

财务行政人员正试及格十一名：

张履政 王传曾 叶祖彭 宋作楠 陈盛兰 谢炤华 童朗蒙 董彬谦 王恩同 陶希瀚 阚静远

教育行政人员正试及格十名：

侯绍文 赵演 丁显曾 张豁然 梁春芳 吴龢 许自诚 龚宝善 李宗祺 于峻源

会计人员正试及格九名：

吴君宝 林兆鏻 杨泽章 楚湘汇 蒋□祺 曹宝让 方会澧 石毓符 崔汝惠

统计人员正试及格四名：

赵章黼 任叔丹 季树农 周维梁

外交官领事官正试及格五名：

曹文彦 江锡麐 余先荣 万异 陶孝完

司法官正试及格三十二名：

王申翰 李学灯 俞履德 朱志奋 陈朴生 高其迈 张文奎 张立祔 夏陆利 蒋大德 宋子安 王华洲 何景岑 陈樟生 倪光琼 杨铭恩 曹锡庚 许绍明 林厚祺 董兆者 陈自观 卢青甫 高殿元 邓肇金 袁孝根 黄捷 马士元 宋锡仲 王善祥 尹嘉宠 夏殖庭 吴宗兴

二、决定面试日期案　决议　十一月二十四日(星期五)上午八时举行

议毕,依上录取名单,唱名填榜。榜文如左:

高等考试典试委员会为榜示事,本年高等考试普通行政人员,财务行政人员,教育行政人员,会计人员,统计人员,外交官领事官,司法官七类考试,正试试卷,现已评阅竣事,并经提本会会议审查决定在案。合将各该类考试正试及格人员姓名分别榜示于后,仰候定期举行面试可也。此布。

及格名单,如上文所列。在此名单中,各生籍贯,分十七行省,计:江苏二十七人、浙江二十人、湖南十人、福建八人、安徽七人、四川三人、山东三人、广东一人、察哈尔一人、山西一人、河北十二人、河南一人、贵州一人、湖北三人、江西二人、云南一人、吉林一人,共计一百零二人。中有女性倪光琼、陈自观二人。其出身计:南京中央大学二十一人,北平朝阳学院八人,北平大学四人,浙江公立法政专校四人,上海法政学院三人,武汉大学三人,中央政治学校三人,东南大学二人,东吴大学二人,金陵大学二人,南开大学二人,中山大学、北京大学、复旦大学、清华大学、江苏法政大学、山东公立法政专门学校、山西省立法学院、武昌中华大学、北平师范大学、济南大学、震旦大学、湖南大学、福建私立法政专门、安徽公立法政专门、福建学院、江西省立法专学校、直隶法专学校、北京法专学校、上海法政大学、河北省立法商学院、河北大学等,以上每校均一人。高等检定考试及格十七人,曾任委任官三年者七人,专门著作审查及格二人,考试覆核及格者一人。又,各生年岁以二十四至三十岁者为最多,四十二岁以上只有二人。

榜填完竣,由秘书长陈有丰、秘书龙潜等,会同监察委员王宪章、

杨亮功、朱雷章、郑螺生及考试院副院长钮永建，先至戴院长处，请开启关防。

戴院长出，与各员握手，遂同至闱房，将闱封开启。典、襄各委徐谟、周览、柳诒徵、陈大齐、吴大钧、黄序鹓、张默君等十余人，相继出闱，即由戴院长领导至宁远楼，举行茶会。

先由戴院长致词，略谓："本届高考有劳诸君，日夕辛苦，然高考为国家抡才大典，想诸君为国家选拔人才计，当亦乐而为此。"继由钮副院长致词，谓："在此两旬以内，诸君足不出户，辛劳备尝，所谓贤者乐此不疲，何况为国家选贤任能！今日为出闱之期，谨祝诸君康健！"致词毕，由典试委员长王用宾代表致答词，略谓："吾国抡才选贤，素视为重典，考试为总理手订五权宪法之一，俾人尽其才，而为国用，不致埋没真才。此次用宾等在闱服务，乃应负之责任，幸三旬以来，差尽厥职，堪向院长等及各考员告慰。此后尚望本此精神，甄拔英才，为国家服务，则用宾等幸何如之！"

时已钟鸣三下，即命携榜出外张贴。

发榜时，各典委皆列队送榜，鞭炮与军乐齐鸣，秘书长陈有丰，双手捧榜，在前领导。委员长王用宾随后，戴院长第三，典、襄各委员及职员鱼贯排列，气象严肃。

榜贴后，看榜者万头攒动。在此万人看榜声中，典、襄各委皆依次出闱。

余亦乘车回寓，犹忆黄襄试寿慈于第一届放榜时，曾有诗曰：

> 文相抡才盛，书生报国难。棘闱千道撤，金榜万人看。秋士愁应减，春官梦乍阑。遗珠披欲尽，敷教在能宽。

可谓本届正试放榜时写照。

同日，典委会发布典字第九号公告如左：

为公告事，查本年高等考试行政人员等七类考试之正试及格人员，经已榜示在案，现经本会第二次会议决定，于本月二十四日上午八时，在考试院举行面试，所有京平两地各该类考试正试及格人员，务须于是日上午八时前来院，听候点名，除运达北平办事处外，合行公告，仰各应考人一体知照。此布。

十九日　晴　在京寓

晨，未能兴，因锁闱月余，阅卷衡文，每至夜午，为风寒所袭，头痛目胀，不能起床。卧憩至晚，微汗，董仰西、萧海千等来视疾，头痛未止。

二十日　晴　在京寓

今日头痛稍愈。晨起，补记昨前两日事。午后接杨典试予戒函。二时，至梅园新村，访邓委员建侯谈话。晚，着手草拟《改善江苏县政计划纲要》。

本日上午，考试院举行扩大纪念周，委员长报告本届考试经过情形，关于组织、事务、经费阅卷，以及改善制度各方面，均有详细说明。略举如左：

一　关于组织方面　典试委员由国府简派徐谟等十五人担任，监试委员由郑螺生等六人担任，复由典委员会聘请高槐川、伍非百、印水心等各专家为襄试委员。至于办事人员，除考选委员会职员全体参加，考试院及铨叙部职员大部参加外，同时并调用各机关少数人员，办理本届考试事宜。

二　关于事务方面　本届考试事务，手续极繁，关防至密，以试卷一项而论，先须盖用关防，继编弥封号数，再编坐位号数及点名册，方能依据试场座位，按组分配，再经办理试场人员，分别发给考生。其中如弥封姓名册，系在各监试委员严密监试下办好，由监试委员封锁铁柜内，直至分数评定，次第排定后，方得启柜，开拆弥封姓名册，对号填榜。甄录试，用此办法，正试亦用此办法。其他如试场布置，分数核算，手续都极其繁琐，而结果均尚满意。此足见各位同事，不辞劳苦，办理得宜，本人实非常愉快。

三　关于经费方面　原定预算本照极小限度，列为五万九千一百余元，较前届不及三分之一。而实际支用，因力事撙节之结果，截至现在，虽尚未至结束时期，然大致不过四万余元，已足敷用。在此，四万余元中，尚有北平办事处，支用约一万二三千元在内，若以南京而论，实不过二万数千元。

四　关于命题阅卷方面　事先即由典委会议定命题标准，复规定阅卷给分办法。先将题目分成层级，比级给分，预定答案，能达到某种层级者，即给若干分。襄委初阅时，即依据此项标准给分，典委覆阅时，亦多依照此项标准。每组试卷六十分以上者，由该组主任委员阅之，看其有无侥幸，或分数高下不均平之处。六十分以下者，由其他委员阅之，看其有无冤抑，可以提高分数之处。至本人抽阅时，遇凡有加减分数过大之处，亦必详为审定，而事实上，各典、襄委，皆宿学专家，评定多无可更易，此则堪为各位告慰者也，再如本届考试，对于各种科目之命题，各典委均曾慎密研究，凡甄录试及正试各题目，虽不能谓之严格，但学问肤浅者，亦无从倖取。

五　关于录取方面　正式结果录取一百零二名，内有女性两名。录取诸人资格，以学校毕业为多，而检定考试之成绩，尤为可观。在此一百零二人中，为检定考试及格者，竟占十七人之多。名次多在前列。至本届考取诸人，平均分数比较，计六十分以上，六十五分以下者，得三分之二。六十五分以上，至七十分者，约四分之一。七十分以上，七十五分以下，不足十分之一。八十分以上者，只得一人。平均分数，虽不甚高，然前届略有加分，（报载前届加十分者错误。）此次正试，确未加分，不能不说略有进步，省籍计有十七省，人数以江浙居多，其他各省占少数，若边省则不过寥寥数人而已。

六　关于改善制度方面　依据两次考试经验，觉须有应加改善者二事：一，此次选试试卷，分数颇高，于主要科目之试卷，则较有逊色，将来对于主要科目，似应严格规定及格标准，而选试科目，亦应加以改定。二，此次正试及格人员，统计十七省，江苏二十七人，浙江二十人，两省合计占百分之四十六。此外，河北十二人、湖南十人、福建八人，其他各省三五人不等。至于云南、察哈尔、吉林等边远省份，仅各一人。较前届止十六省有及格人员者，虽多一省，然无一人及格者，尚有十一省，蒙古、西藏尚不在内。吾国边省文化，较腹地远逊，加之教育文化之设备，亦甚偏枯，及格人员，不能普遍，本不足怪。惟经两次高考结果，长此不变，恐举国之中央考试，渐变为腹地数省考试。此对于制度方面之亟宜改善者也。现在奉令典试，只遵守现在法令为之。至于如何改善，当俟诸异日。

午后三时，在宁远楼举行典委会第三次会议，出席典、襄各委三十余人，委员长主席，当经决议两要案如左：

一　高等考试面试规则草案　决议　原则通过，文字交秘书处整理。

二　拟定面试委员分组表案　决议　修正通过。

规定面试，共分八组：第一组，总测验；第二组，普通行政；第三组，财务行政；第四组，教育行政；第五组，会计；第六组，统计；第七组，外交；第八组，司法。每一应考人，先就其所属之组，面试学科。然后再应第一组之总测验，考验其经历及品行，规则至为严密。

二十一日　晴　在京寓

晨起，接撰《改善江苏县政计划》，至晚成第一、第二两章。

今日报载戴院长在国府纪念周报告：本届高考成绩，较第一届为佳。而考生中以检定资格应考者，其成绩较大学毕业生为尤佳。通常国立大学，培植一毕业生，须耗国币十万元，而成绩尚较大学未毕业者为逊，此为教育界最堪注意之事。

又，委员长发表谈话谓：此次录取人数，与第一次相若，然此次录取诸生，平均分数，均在六十分以上，不似第一次，须加分数，始能取定百人。此为进步之明证。又，上届录取诸人中无女性，此次有女性二人，亦一快事。

午后，戴院长命人赍赠手书《阿弥陀经》一册，自言民国十八年二月二十八日，敬写此经，以祈慈母黄太夫人冥福。而书法挺秀，在晋唐之间。前监察委员周觉跋曰：

> 右季陶书《阿弥陀经》一卷。季陶书法，有婉通之美，具拙厚之致，其源出于晋人。昔中山先生不学书，而下笔凝重，朴茂沉雄，自成家法。季陶追随久，尽取其法，以参钟、王，故娟秀之中，时露劲拔之气，绵和雄健，融铸出新，此卷精心结撰，尤为冠绝。

其推论戴院长书法，可谓极精纯而透辟。

二十二日　晴　在京寓

晨起，接撰《改善江苏县政计划》，至晚成第三、第四两章。

今日，典、襄各委复入闱。先是，正试完毕，十八日放榜，典、襄各委均出闱，同时由典委会决定，本月二十四日，举行面试。北平考试及格者，计一十二人，一面由京拍电，报告驻平办事处，随时发榜，一面由在平监委田炯锦、高友唐及典委白鹏飞、沈士远等，于本月二十日，会同北平及格人员，专车南下，听候面试。试期已近，故典、襄各委，于本日午后仍相继入闱，准备面试手续。

二十三日　雨

本日北平及格人员已抵京，闱中面试手续，亦布置完竣。八组人员之组织：第一组，由委员长及典、襄各委组织之；第二组至第八组，由典、襄各委，分别组织之。兹将各组委员名单，表举如左：

组别	主任委员	委员
第一组　总测验	王用宾	陈大齐、高槐川、陈念中
第二组　普通行政	黄序鹓	柳诒徵、寿勉成、史维焕、吴祥麟
第三组　财务行政	陈长蘅	雍家源、张梁任、朱偰
第四组　教育行政	张默君	辛树帜、艾伟、钟道赞、印水心
第五组　会计组	杨汝梅	丁宇学、墨林翰、张竞立
第六组　统计组	吴大钧	朱君毅、李成谟、蒋绍基
第七组　外交组	徐　谟	刘奇峰、朱世全、马文焕
第八组　司法组	夏　勤	饶炎、阮毅成、余钟秀

是日午后，监场总主任许公武先生，以手书《重阳感怀》诗横幅见赠，题为《癸酉京闱重阳感怀，步太蕤先生原韵》：

霭霭微霜又暮秋，百年半作客中游。乡心屡逐征南雁，归梦频过拱北楼。卸却戎衣思国治，忽闻鼙鼓动边愁。登高莫使风吹帽，怕有旁人笑白头。

公武从事革命有年，为许崇智先生堂弟，短髭修干，貌瘦而黑。此作豪迈雄奇，脱却戎衣，犹思鼙鼓，当年豪态，跃然纸上。卢襄试冀野，曾有诗题公武《农隐园图》曰：

公武将军将而儒，短髭修干貌清癯。胸中故有万卷书，抱琴与鹤安以舒。来从人境结茀庐，好花如海众香敷。窗下常携酒一壶，左经右史足自愉。有时客来坐四隅，欢言腾笑无束拘。于时将军一长吁，京洛缁尘倦矣余。看山植树千百株，不如还向海嵎居。袖中出示农隐图，芒鞋布褐意如如。于虖将军圣人徒，用之舍之道有诸。我欲题诗一字无，展图乃欲林下趋。

又，公武喜翰墨，曾以精装尺页，索同闱诸人，朱蓝笔题咏。柳典试翼谋，首先步原韵奉和如左：

和公武先生重阳感怀并步原韵

云霄坐揽万山秋，锁院从公作胜游。金榜辉腾鳷鹊观，玉衡星朗凤凰楼。笼中参术劳储用，江上芙蓉漫赋愁。丁卯诗篇尤健举，一时传诵大航头。

又，黄典试季飞步《癸酉高考偶成三章》原韵：

共上新京第一楼，文光高射九霄秋。莫疑心鉴无凭据，要与月明争去留。

国家文运自天开，今岁都堂又试才。都堂试才事见《唐书·选举志》，礼部选士自此始。愿秉至公为去取，不闻伐鼓士廉来。宋开宝六年，因徐士廉伐鼓讼不公，帝御讲武殿覆试，御试自此始。

三千白纻孰贤良，黄卷分披费考量。不使奇才多抑塞，相看拔取有王郎。杜甫《短歌行赠王郎司直》："王郎酒酣拔剑斫地歌莫哀，我能拔尔抑塞磊落之奇才。"

杨典试汝梅书步委员长《重阳感怀》原韵：

慷慨边关多事秋，招贤市骏肯来游。明珠忍令遗沧海，宝鉴高悬起画楼。江右风流桃李属，重阳雨洗菊花愁。知公忧乐关天下，醉把茱萸插满头。

陈典试伯修书《参加高考》两章，见前。
张典试默君书《驰骋当年马射场》一律，见前。
周典试鲠生书四言绝句：

天下为公，选贤与能。量不在多，质求其精。

陈典试百年书七言绝句：

礼闱新榜动长安，九陌人人走马看。一日声名遍天下，满城桃李属春官。

汪襄试辟疆书旧制《海粟自庐山写佛手崖山水见诒诗以酬之》一律：

梦想庐云十载间，芒鞋笑我未乘闲。多君揽胜穷幽意，为写苍崖绝壁还。佳处茆庵容可住，得时山鸟若相关。荒斋画里初逢地，待证他年九折艰。

冒襄试鹤亭书朱锡鬯七言绝句：

汉皇将将出群雄，心许淮阴国士风。谁料后来输绛灌，名高一十八元功。

此外，题咏尚多，不备录。

二十四日　晴　在闱中

今日为本届考试最后之一日。

晨八时，举行面试。应考者计正试及格普通行政人员三十一人、财务行政人员十一人、会计人员九人、统计人员四人、外交官领事官五人、司法官三十二人，共一百零二人。各就所属之组，点名入场。分四场考试，第一组在宁远楼，第二组在第三试场，第三、四、五、六、七各组，在第二试场。第八组在第四试场。其第一试场，则为应考人之休息所。

关于普通行政人员、教育行政人员、统计人员、外交官、司法官等五类，均于上午八时起，开始口试。财务行政人员、会计人员两类，由下午一时起，开始口试。统计、外交、教育行政三组，均于上午试毕。普通行政、司法官至下午三时，会计、财务行政两组至五时，始各试毕。

至第一组，因各组试毕人员，均须经过该组测验，故至下午七时，方告竣事。

各组面试，均极认真，询问各科常识及经验，均极详密周至。

二十五日　阴　在闱中

昨晚面试完毕后，各组所记分数，均经详定，本日汇交委员长，与总测验之分数，平均核算。满六十分者，始为及格，再以面试及格分数，与甄录试、正试两次及格分数，按照法定标准（即甄录试为百分之四十分，正试为百分之四十分，面试为百分之二十分。）核算准确后，定明晨上午八时，在宁远楼举行总成绩审查会议。俟审查完毕，始按照总成绩之高下，填发正榜。此次面试成绩颇佳，一百零二人中，仅一二人，未能及格。

是日，戴院长以其母黄太夫人手写《孝经》拓本一册见诒。此手写《孝经》，为太夫人留以垂教子孙者。戴院长自跋曰：

此为慈母民国三年手写。十一年冬，传贤回成都，为太夫人祝寿，其时已不能作书。十二年，传贤南归，太夫人因念子，遂致失明，今则全不能睹物矣。此册当世宝之，俾子子孙孙，咸知太夫人之教诲耳。

全册首为蒋中正先生亲笔题耑，次王一亭先生绘《贤母写经图》，并题句曰：

不传砚而传经，不封鲊而教孝，以为子孙座右铭。金萱垂荫兰桂馨，为汗吾青，以绘其形，永留千古之典型。

末殿国民政府林主席《跋》曰：

吴兴戴公季陶，既居母丧，以太夫人曾手写《孝经》一册，垂教子孙，将结庐抱卷，以资永慕。奉化蒋公介石，钦其仁孝，爰筑望云书屋贻季陶，为藏经之所。闻介石早孤，其太夫人辄引岳母所勖武穆忠孝之言以为法，足见贤母教子，相尚忠孝，若合符节。而介石此举，诚可谓永锡尔类，相得益彰矣。昔总理论民族道德，首重忠孝，且谓《孝经》之于孝，无所不包，无所不至，推其至极，可致强盛。大哉言乎！方今异说涌起，沧海横流，正我民族之隐忧，诚能深体总理遗训，引申太夫人教孝之旨，发扬光大，正是四国，行见起衰救敝，民族复兴，国本因之而巩固，则太夫人之教益宏矣。二十二年八月。

又，同闱典、襄各委及当代名流题咏甚多，汇录如左：

戴老伯母手书孝经以诒后昆，季陶兄勒石汤山，垂之不朽，敬题一律

前考选委员会委员长邵元冲

盘错征人杰，辛劬仰母贤。思亲三峡永，教孝一经传。慈翰痕犹湿，春晖报不愆。欲知锡类意，珍重看留镌。

二十一年十月敬题戴伯母黄太夫人手书孝经石刻，应季陶先生两政

典试委员张默君

至情维两间，母爱涵万有。人子怀高恩，卓然百行首。孝园身许国，寰海事奔走。悠悠慈母心，写经出亲手。迈古流清芬，墨钞摇星斗。巫峡啼哀猿，凄绝白门柳。望云生永思，勒石诒厥后。千秋作民彝，名山同不朽。

壬申九月客秣陵，孝园先生出视尊慈黄太夫人手书孝经，敬题三首

襄试委员冒鹤亭

世间最苦是孤儿，除却空王圣得知。万里归来亲不待，悽心搁笔倚间时。

砑光字字抵明珠，墨有干时泪不枯。试问少年非孝者，也曾读过《孝经》无？

说与妻孥忍泪听，此经好好纳书楹。眼前何事非亲赐，只是丝毫报未曾。

戴母黄太夫人手书孝经题后

襄试委员彭养光

一书传子孙，光芒满天地。黄金岂家珍，遗简乃庭瑞。累累万斛珠，何如千行字。上呈日星精，下定河岳位。明足格民疑，幽则辟魑魅。玉牒朱墨间，想见潜德粹。懿晖荫孝园，功名学术备。为国作干城，大道斯人寄。执卷朗吟哦，孝思愈不匮。珍重付手民，更永锡尔类。是之谓达孝，型衰范叔季。皇矣圣人经，大哉文母意。应登太史书，岂徒省邑志。鼎仍亿万年，心传世不坠。锦江涤邪污，浙水鸣洙泗。

戴伯母黄太夫人手书孝经遗季陶院长，勒石于汤山别墅，因作长歌

襄试委员黄镇磐

元气磅礴书不朽，安得人人经在手。化身万亿劝孝心，刻石无须胫而走。日拓千本使风行，上体亲心庶不负。奈何世风每况下，百善偏忘孝为首。高危满溢上多骄，难保席丰遑履厚。外侮日亟犹自侮，豆萁相煎民刍狗。触目感怀写此经，惩前且毖今以后。异说纷纭易惑民，教孝可杜雌黄口。懿德之后有达人，抡材天下仰北斗。由来江夏名无双，水源木本知非偶。书卷长留废蓼莪，风树兴悲频引咎。拳拳片石昭日星，子孙永宝神呵守。面壁低徊不忍去，感极涕零摩挲久。

大孝大慈

中央监察委员李煜瀛

总理恒举《礼运》以教同志，岂唯群治，伦理亦何不然！《礼运》有云：人不独亲其亲，不独子其子，即大孝与大慈也。季陶先

生遵太夫人之教，奔走革命，非仅小孝。太夫人之爱子以德非仅小慈。今季陶先生虽远在首都，而大孝大慈之道，皆足以慰太夫人之精神于千古，自亦可无遗憾矣。十八年三月。

跋

中央监察委员张人杰

右戴母黄太夫人手书《孝经》一卷。季陶同志既遘中天之戚，未遂倚庐之愿，抱卷长号，悲难自已。爰付影印，以志永痛。人杰窃维先民立极，至德要道，一本乎孝。本党总理孙先生论民族道德，首重孝道，谓为无所不包，无所不至。推孝之极，可以致国家于盛强。季陶追随总理，诠释孝义，最为精凿。自许身革命，二十余年，违离亲舍，两全无术。然笃志力行，夙夜无忝，立身型世，通于事亲。昔人所谓幸哉有子者，知太夫人九原无遗憾也。百行之原，万世不易，正是四国，光于四海，奉斯编而笃行广太之，将见主义之行，无思不服，太夫人之为教大矣。十八年三月。

跋

前行政院长谭延闿

季陶同志居母黄太夫人丧，出示太夫人手写《孝经》，复自为行述，累德明哀，辞旨惨切。延闿孤子也，鲜民之哀，永永心目，奉读涌泪，遂下沾襟。呜呼！生民之恸，孰有过于无父母者乎！窃记古之贤母所以教其子孙，率不为激言甚词，而时有所寄托，以喻其意。当归之寄，熊胆之丸，胥是意也。太夫人书此经，当异说旁起之时，为孙子雒诵之勖，其有意乎！宜季陶不敢自私，而欲传之友朋也。不仅咏德以归仁，尤将明教以正俗。太夫人之用心，于是不泯矣。十八年三月。

跋

行政院长汪精卫

有子云:“孝弟为仁之本。”盖惟能老吾老以及人之老,幼吾幼以及人之幼,乃能使人不独亲其亲,不独子其子也。孟子曰:“强恕而行,求仁莫近焉。”又曰:“苟能充之,足以保四海;苟不充之,不足以事父母。”岂不然哉? 戴世伯母黄太夫人手书《孝经》,以授季陶同志。季陶同志,身体而力行之。亲亲,仁民,爱物,本末一贯,精诚无间,此儒者之真精神,亦革命者之真实本领也。奉读感叹,敬跋数语。二十一年五月。

奉题戴老伯母手书孝经

监察院长于右任

锡类惟仁孝,生民望等慈。写经遗一卷,开国见元规。云尽蚕丛远,春还广汉迟。廿年勤党略,衔恤意同滋。

跋

立法院长孙科

明吕叔简辑《闺范》四卷,贤妇贤母,不绝于篇,而以秦宣文君,传经授教,为母仪之最。戴太夫人兹册,殆其遗意耶? 余读《孝经》,所谓先之以博爱,示之以好恶者,尤合于今世主义。故曰:教民亲亲,莫善于孝。太夫人何其见微而知著也。余又闻华阳曾氏多才女,而冰如老人,能文能书,尤称于一时。太夫人久居蜀中,度必习闻,故书法精审,而示教则逾远大。然则读是册者,盖不仅季陶先生起敬起孝而已也。

集曹景完字题戴母手书孝经

前立法院长胡汉民

儒尊德性，孝为本根。贤母书之，以遗子孙。

书戴太夫人写孝经后

司法院长居正

福慧双修。吾友戴季陶院长，尝以其太夫人手写《孝经》见示。余受持之，景行久矣。今秋以汤山二礼堂告竣，将太夫人手写《孝经》，刻石垂久远。善哉太夫人之所以教与季子之所以加持者，实大有造于五浊恶世也。嗟乎！末法时代，人欲横流，举先圣哲唯心之第一义，摧毁无遗，相率天下而为乱，岌岌不可终日矣。识者罔不忧之，太夫人独手写《孝经》，以贻子孙，其悲智双运，开示悟人为何如也。夫孝为仁本，仁者生生之机，故凡物之种子，皆名曰“仁”。一失其仁，则生理断绝，物即随之消灭，然则人而不仁，不特无以自立于天壤，恐人类之种子，亦将从此绝灭而水无复生之望，可不惧哉！吾惟此惧，承季子之付嘱，赘语于太夫人手写《孝经》之后，愿季子本继述之永言，上报四恩，下济三有，则吾国其庶几乎！二十一年冬。

跋

前司法院长王宠惠

昔漳浦黄石斋先生之室蔡夫人玉卿，手写《孝经》，尝数百遍，书法秀挺，逼近石斋。见者珍之，有流传至于海东者。今观是册，其婉肃气象，不让蔡夫人，而妇道母仪，籍是表见者，则或过之。蔡夫人之子，史传无称，而季陶先生，则以道德文章闻天下，《孝经》所谓成其德教，行其政令者非耶？母道不取其慈而取其教，是册岂第遗迹之足珍哉！

恭读戴老伯母黄太夫人手书孝经，系之以赞

行政院副院长孔祥熙

名世兴贤，基乎嫔德，庆膺春申，昌晖谯国。传家有礼，教孝书经。岂曰以显，天下和平。知废以兴，处丰能约。高谢荣华，冥心正觉。业空缘歇，如彼摩耶，神归宝树，果证莲华。曰嗟予季，星奔多阻，蜀鹃啼月，巫蝯泣雨。哀夔石城，云黯锦江，昭兹荻影，示我周行。

恭题戴老伯母手书孝经

前江苏省政府主席叶楚伧

冉冉天上云，去去不能停。翳惟日与月，终古长炳灵。劬劳怀罔极，临风多苦辛。绵绵垂百祀，拳拳服一经。缅彼松柏枝，拔地起亭亭。匪不如车盖，根柢于微萌。所以古君子，端本事其亲。推孝及博爱，沛然泽群生。蜀江碧涟漪，蜀山青嵚岑。卓尔戴夫子，至孝发乎诚。别母赴大义，瞻恋如孺婴。迢迢二十载，结想无晦冥。秋老寒蛩咽，春暮子规鸣。一编遗手泽，奉之感令丁。乃为千秋计，寿之于贞珉。人伦有典则，世路无榛荆。岂独金汤间，王道坦平平。

敬题戴母黄太夫人手书孝经册尾

朝坂霍勤燡

非孝腾狂言，茫然百行首。舍亲爱他人，人道复何有。懿矣黄太君，孔门真授受。写经如写心，奚啻出诸口。笔止字端楷，一编善诲诱。断机与画荻，今古几贤母。令子能显扬，徽音永不

朽。念兹十八宁，至德光前后。万本印真迹，终身孺慕久。肃将周室陵，任姒贻谋厚。忆昔存国粹，兵戈厄阳九。嗟予负慈训，相对殊愧忸。旧学参新知，殷勤访耆耇。诵芬清且长，遗像仰山斗。愿以传家书，大施回澜手。推恩锡万类，举世登仁寿。

敬题戴母黄太夫人手书孝经册尾

江宁吴廷锡

女教岷峨得大师，彝伦终古与扶持。研经恪守曾参孝，作妇遥承挚仲慈。春水沱江拈彩笔，高台巴国筑新祠。韦侯绛幔能尊养，想见宣文授业时。季陶先生亲承懿训，养志饬躬，以方古人，正无多让。驺国成儒仰母贤，匡时一柱独擎天。百年教孝慈衷苦，两戴师承礼学延。文化祖陵祠毕郢，季陶谒咸阳周文王陵，行九鞠躬礼，允推盛事。女宗遗像著甘泉。册首有太夫人照像，端严可敬。愿书万遍垓埏诵，振我神州壸范先。

敬题戴母黄太夫人手书孝经卷后

渭南武树善

非孝文章越海来，蜩螗簧鼓动春雷。欲将地义天经旨，挽得人心世道回。千里慈颜钦咫尺，卷首有太夫人玉照。数行遗墨宝琼瑰。九熊封鲊难专美，一语终身万卷该。

长句敬题戴母黄太夫人手书孝经卷后

醴泉宋伯鲁时年七十有九

莫漫生前说显扬，遗经一卷泪十行。篝灯影里传家范，画荻庭中有义方。万里山川违定省，百年翰墨自芬芳。披图愿下宣文拜，忠孝家声锦水长。

敬题戴母黄太夫人手书孝经

江阴缪延福时年七十

礼教沦胥日，遗书仰母贤。千秋双荻画，一贯两薪传。片石焦山上，蒋介石先生为刊于焦山。高风锦水边。承家与开国，令子共仔肩。

兴邦无别术，教孝最探源。铁画留书法，金心振国魂。一经慈母意，九有薄夫敦。嗟我仍衔恤，披图见泪痕。

忠孝两能移，巍巍仰母仪。传经遵戴礼，同里是姜诗。风树悲何极，云编念在兹。名山藏不朽，百世共钦迟。

戴母黄太夫人手书孝经

楚黄张文焜

旷观历史四千年，盛德都因孝可传。汉室易名先立范，孔门论学始成篇。从今治国基诸此，推及持身理亦然。尘海茫茫纷扰甚，谁知珍重付瑶笺。

纱帐传经颂到今，今人立意更宏深。毫端自揭尊亲义，腕底常悬教世心。国史十秋存特笔，人间一字重兼金。昔知贡举欧阳子，荻画堂前有嗣音。

奉题戴老伯母黄太夫人手书经

昆明王灿

孝为百行原，道德从兹始。先王立民极，治国本乎此。矫矫戴氏母，读书识大体。亲手写《孝经》，窥见圣人旨。用以教子孙,真足扶伦纪。无穷慈爱心,只此数篇纸。有子当代杰,报国公忠矢。显扬著令誉,孝莫大于是。皇哉经训言,几人能践履。伟哉慈母训,光耀照彤史。今时是何世,有此贤母子。教孝式国人,庶挽颓风靡。

再题贤母写经图

前人

钱母南楼此继之,传经有子述哀词。风云已遂男儿志,图画常留手泽思。东野三春徒洒泪,宣文百世可为师。堂堂圣训兼亲训,播向人寰教孝慈。

读戴母黄太夫人手书孝经敬题其后

陈懋咸

乱极谁能拨,明伦始孝经。岂期贤母训,早握治功扃。泽比桮棬重,家传薪火荧。郎君知贡举,导俗本徽型。

孝园钟阜麓,日过辄徘徊。省识题颜意,能忘陟屺哀。写经垂宋幔,示怡虑秦灰。锡类今刊石,家弦户诵来。

戴母黄太夫人手书孝经书后

兴平冯光裕

衰周十伦斁,鲁叟忧皇皇。一经传宗圣,维持纪与纲。戴氏大帅胄,经训垂琅琅。贤母缮经卷,欲移浇俗良。苍昊方荐瘥,丧乱殊未央。日暮陟高邱,烽火莽茫茫。问孰阶之厉,家庭愆义方。万本书兹篇,鹏鹗皆凤凰。普天零甘露,百谷蕃且昌。一孝天地春,万族登阜康。

奉题戴老伯母手写孝经

陈树人

人间何世此彝伦，一卷遗经意总辛。为国可令无礼教，扶持终仗孝亲人。

惸惸我亦鲜民生，罔极劬劳报未成。至宝得披存手泽，不知何自泪纵横。

望云瞻树思悠哉，锡类知君愿博该。屡共游人沾德化，五台山上孝园来。季陶先生建孝园于南京五台山上，有望云亭。予辄游览。

戴太夫人手书孝经倚声书后

蒲城王健

慈闱无限传经意，殷殷孝为先务。健笔凌云，吟笺拂玉，浑似钟王丰度。长留治谱，羡格妙簪花，自成机杼，一卷欣披，动人怀念竟如许。　　滔滔阅遍幻劫，更谁知乱理端在何处。地义天经，微言大节，一任销沉堪虑。狂澜砥柱。愿身体力行，世间儿女，庄读回环，瓣香凝篆楼。调寄《齐天乐》。

二十六日　晴　在闱中

上午八时，接通知至宁远楼，列席应考人总成绩审查会议。九时开会，典、襄各委均出席。审查结果，百零二人中，仅外交官陶孝完一名，因英语会话不甚流利，未能及格，其余百零一人均录取。即按照总成绩高下，移置考试种类：司法官为第一，会计人员第二，财务行政人员第三，普通行政人员第四，教育行政人员第五，统计人员第六，外交官领事官第七，依次唱名，填写黄榜。

填榜时，中有女生二名，戴院长顾张典试默君曰："本届录取女生二名，可以代表全国女同胞二万万，张先生必甚欣喜。”张典试曰：“为国求才，并及闺秀，可谓铁网无遗，院长及同闱诸公，亦必欣喜。”彭襄试养光曰：“国家得人称庆，皆大欢喜。”众鼓掌。

十一时，榜成，由秘书长陈有丰捧榜，鸣炮十万，军乐队前导，戴院长、钮副院长、王委员长及典、襄各委，均于爆竹声中，列队一行送榜，至大门外张贴。榜文如左：

为榜示事，本年高等考试普通行政人员等七类考试之面试，业于本月二十四日举行，并依照《修正典试规程》第十七条之规定，特将应考人总成绩审查完竣所有各类考试及格人员等名次，除分别呈报咨行外，合亟榜示周知，仰候考试院示期颁发合格证书可也。及格人员名单如左：

民国二十二年高等考试及格人员名单

一 司法官考试及格人员三十二名：

最优等一名 1 李学灯

优等十一名 2 张文奎 3 俞履德 4 王申翰 5 高其迈 6 夏陆利 7 何景岑 8 王华洲 9 林厚祺 10 朱志奋 11 倪光琼 12 陈朴生

中等二十名 13 杨铭恩 14 张立楠 15 陈自观 16 陈樟生 17 袁孝根 18 卢青甫 19 许绍明 20 尹嘉宠 21 夏殖庭 22 宋锡仲 23 高殿元 24 王善祥 25 宋子安 26 蒋大德 27 邓肇金 28 曹锡庚 29 黄捷 30 董兆耆 31 马士元 32 吴宗兴

二 会计人员考试及格人员九名：

优等四名 1 杨泽章 2 吴君实 3 林兆铄 4 蒋明祺

中等五名 5 石毓符 6 曹宝让 7 楚湘汇 8 方会澧

9 崔汝惠

三　财务行政人员考试及格人员十一名：

优等七名　1 张履政　2 谢炤华　3 宋作楠　4 陈盛兰　5 王传曾　6 董彬谦　7 叶祖彭

中等四名　8 陶希瀚　9 阚静远　10 王恩同　11 童朗蒙

四　普通行政人员考试及格人员三十一名：

优等九名　1 朱大昌　2 禹振声　3 徐家齐　4 陈烈甫　5 顾寿恩　6 葛毅卿　7 朱汉生　8 方保汉　9 邓叔良

中等二十二名　10 左介如　11 曹剑萍　12 蔡柏春　13 杨振青　14 曹种文　15 赵谅公　16 李安　17 刘剑白　18 陈昭远　19 华印椿　20 潘恩霈　21 赵汝言　22 靳容茂　23 丁宪薰　24 戴新三　25 陈寿名　26 谷凤翔　27 王德新　28 王服尧　29 洪永权　30 孙景　31 梁永凯

五　教育行政人员考试及格人员十名：

优等三名　1 侯绍文　2 张豁然　3 梁春芳

中等七名　4 丁显曾　5 吴龢　6 于峻源　7 李宗祺　8 许自诚　9 赵演　10 龚宝善

六　统计人员考试及格人员四名：

优等二名　1 赵章黼　2 任叔丹

中等二名　3 季树农　4 周维梁

七　外交官领事官考试及格人员四名：

中等四名　1 江锡麐　2 万异　3 曹文彦　4 余先荣

以上七类,共一百零一人。

最优等第一名李学灯,总成绩在八十分以上,独占鳌头。李,江苏阜宁人,在江北。第一届高考第一名朱雷章,昆山人,在江南。江南、江北,后先辉映,为试场佳话。其中,女生二名:一倪光琼,一陈自观,均属司法官。又,甄录试会计统计人员所取之楼兆馗、王佩德夫妇同榜,至是均未及第。而司法官之陈朴生、陈樟生,则为兄弟同科,亦一特点也。

至甄录试及正试落选试员中,而有一科目或二科目,成绩优良,在八十分以上者,得三十四人,由考选委员会另行布告,(时称"副榜"。)酌给奖品,以资鼓励。布告文如左:

考选委员会为布告事,顷准考试院秘书处函,以奉院长谕,本届高考甄录试,平、京两地,共录取八百三十一名,其未录取□卷,虽总平均分不及格,而其中于一、二目,成绩优良者,当不在少数,兹拟特定一奖励办法,如甄录试不及格,或甄录试及格而正试不及格之应考人,其试卷有某一科目,或二科目,成绩在八十分及至九十分以上者,分别多寡,酌给奖品,以资鼓励。即交考选委员会,斟酌办理等因,相应函达查照等由。正遵办间,复准高等考试典试委员会,开送该应行给奖之应□人姓名清单到会,准此。兹经决定,凡甄录试不及格,或正试不及格,而所考各科目中,有某一种在九十分以上者,奖给书券四十元,八十分以上者,奖给书券二十元,以资鼓励。合行开列名单,布告周知,仰各来会自领可也。此布。

甄录试未及格所考科目有在八十分以上者八名:

姓名	科目	分数	考试种类
张衍绵	宪法	八五	普通行政人员

续表

姓名	科目	分数	考试种类
高希昌	国文	八〇	同上
曹钟祺	党义	八〇	同上
黄服畴	宪法	八〇	同上
裴锡恒	财政学	八三	会计人员
蒋　熹	同上	八二	同上
高于贾	历史	八〇	司法官
顾明祖	宪法	八〇	外交官领事官

正试未及格所考科目有在八十分以上者二十六名：

姓名	科目	分数	考试种类
洪锡恒	土地法	八五	普通行政人员
陈　容	地方自治规	八三	同上
李光泽	社会教育	八五	教育行政人员
叶培鑫	教育原理	八〇	同上
朱文浦	土地法	八二	同上
林传光	劳工法规	八二	同上
王阶平	同上	八二	同上
陈秉钺	行政法	八〇	同上
周雨阶	行政法	八〇	同上
陈时昌	地方自治规	八〇	同上
冯家藩	同上	八〇	同上
彭年鹤	同上	八〇	同上

续表

姓名	科目	分数	考试种类
胡文祥	劳工法规	八〇	同上
张久烈	财政学	八四	财务行政人员
苏庭桂	视学纲要	九〇	教育行政人员
张承铨	教育行政及教育法规	八〇	同上
张瑞菴	视学纲要	八〇	同上
张贻惠	各国教育制度	八〇	同上
李公谋	乡村教育	八〇	同上
高济民	公司会计	八一	会计人员
王振华	刑事诉讼法	九二	司法官
潘　栋	刑法	八六	同上
蒋应杓	民事诉讼法	八二	同上
赵景霖	同上	八〇	同上
刘杰材	行政法	八〇	同上
方辉普	土地法	八〇	同上

黄榜发后，典、襄各委均出闱。

由考试院择定十二月二日，颁发及格证书，三日谒陵。所有及格人员，由考选委员会，咨送铨叙部登记，分发各机关任用。

第二届抡才大典，至是始告结束。

附录一：第二届高等考试大事简表

民国二十二年二月二十三日，国民政府公布《修正考试法》十九条、《监试法》六条。同日，公布《修正典试委员会组织法》十六条。

三月十日，国民政府公布《修正典试规程》二十条。

六月二十四日，考试院公布第二届高等考试种类日期区域及地点。

九月二十日，国民政府特派王用宾为高等考试典试委员会委员长，又令派陈有丰为典试委员会秘书长，即日设典试委员会秘书处。

十月五日，国民政府令派卢毓骏、陈念中、龙潜为典试委员会秘书，潘崇衍为驻平办事处秘书，戴道骝、曾昭承、吴邦珍、王登第为科长。

十月七日，国民政府令派高友唐、田炯锦、郑螺生、杨亮功、王宪章、朱雷章为高等考试监试委员。

十月九日，成立典试委员会。同日，成立典试委员会驻平办事处。

十月十二日，委员长密函聘定高槐川、伍非百、印水心等四十余人为高等考试襄试委员。

十月十三日，国民政府令派徐谟、周览、陈长蘅、柳诒徵、白鹏飞、夏勤、杨汝梅、吴大钧、饶炎、陈大齐、张默君、沈士远、黄序鹓、辛树帜、刘奇峰为高等考试典试委员。

十月十四日，甄录试出题之典试委员、襄试委员均入闱。同日，开谈话会，商定命题事项。

十月十五日，甄录试试题均拟就，密呈委员长选定。

十月十六日,典、监各委在国民政府大堂,宣誓就职。由戴院长领送入闱,行封门礼。是晚,甄录试试卷弥封完毕。

十月十七日,午后,监试委员田炯锦携甄录试试题及试卷,乘平浦车,送往北平。

十月十九日,晚,京、平两地同时开始缮印甄录试试题。

十月二十日,上午,京、平两地同时举行普通行政人员甄录试。是日午后,襄试委员开始阅卷。

十月二十二日,下午,普通行政人员甄录试完毕。是晚,北京甄录试末次试卷解京。

十月二十三日,上午,京、平两地同时举行财务、教育、会计、统计、司法、外交等六类人员甄录试。

十月二十五日,下午,六类人员甄录试完毕。是晚,北京甄录试末次试卷解京。

十月二十七日,京、平普通行政人员甄录试试卷阅毕。接阅六类人员甄录试试卷。

十月二十九日,京、平普通行政人员甄录试试卷分数,核算完竣。是晚,开第一次审查会议,审查成绩,开拆弥封,对号填榜。

十月三十日,普通行政人员甄录试放榜,录取及格人员四百八十七名。

十一月一日,京、平财务教育等六类人员甄录试试卷阅毕,是晚核算分数。

十一月二日,上午,开审查六类人员甄录试成绩会议,下午填名放榜,录取及格人员三百五十一名。

十一月三日,正试出题之襄试委员入闱。

十一月五日,正试试题均拟就,密呈委员长选定。

十一月六日,正午,京、平正试试卷,弥封完毕。当日午后,连同试题,派员押解送平。

十一月八日,晚,京、平两地同时开始缮印正试试题。

十一月九日，上午，京、平两地同时举行正试。是日午后，襄试委员开始阅正试试卷。

十一月十二日，上午，京、平两地正试完毕。当日午后，北平末次正试试卷解京。

十一月十四日，晨，北平正试末次试卷到京。

十一月十七日，上午，京、平正试试卷阅毕，下午核算分数。

十一月十八日，上午，正试分数，核算完毕。下午，典试委员会开成绩审查会议，开拆弥封，填名发榜，录取及格人员一百零二名。是日，典、襄各委均出闱。

十一月二十二日，北平及格人员抵京，与在京及格人员，同候面试。是日，典、襄各委复入闱。

十一月二十三日，京、平两地及格人员齐集本京试场，举行面试。是晚，面试完毕。

十一月二十六日，上午，典试委员会，开总成绩审查会议，即日填发黄榜，计录取及格人员一百零一人。奖励未及格而所考科目有在八十分以上者三十四人。是日，典、襄各委均出闱。

十二月二日，在考试院大礼堂，举行授证典礼。

十二月三日，晨，戴院长、王委员长及典、襄各委，率及格人员，谒总理陵。正午，在考试院赐宴。

附录二：第二届高等考试与第一届高等考试成绩之比较

第二届高等考试，既告结束。谨将本届总成绩，与第一届总成绩，参互比较，以代结论。

第一届高等考试，举行于民国二十年夏。戴院长自兼典试委员长。自七月六日入闱，举行封门礼，至八月九日放榜出闱，凡三十有五日。录取及格人员九十有九人。第二届高等考试，举行于民国二十二年秋，以考选委员会委员长王用宾，兼典试委员长。自十月十四日入闱，十六日举行封门礼，至十一月二十六日放榜出闱，凡四十有二日。录取及格人员一百零一人。在闱日期，较第一届稍长，录取人数较多，而其总成绩亦较进步。盖第一届为初次举行，事属草创，第二届有可循之成法，故成绩较佳。其进步情形如下：

第一届录取诸生，平均分数，均各加分，始得及格。第二届录取诸生，及格分数，均在六十分以上，并未加分。此进步者一；

第一届录取诸生中，皆为男子，无一女性。第二届司法官中，则有女性二人。此进步者二；

第一届经费预算二十余万元，第二届经费，预算止五万九千余元，不及第一届三分之一。而实数支用仅四万余元，较预算又减少一万余元。此进步者三；

第一届考试，仅在首都一处举行，边远英彦，往往因道路太远，不克来京参加。第二届则分京平两处，同时举行，俾南北贤俊，不致有遗才之憾。此进步者四；

第一届考试种类，仅分普通、财务、教育、警察、外交五类。第二届则增加会计、统计、司法三类，而减去警察一类，共为七类，以应实际需求。此进步者五；

第一届考试科目，第一试，仅国文、党义两门，而分数占全数百分之四十。第二届第一试，则于国文、党义外增加中国历史、中国地理及宪法、经济学等科目，共为六门，与正试等。且甄录试不及格者，不得应正试，无偏重国文、党义之讥。此进步者六；

第一届录取诸生之资格，以大学毕业者为多，而第二届录取诸生之资格，则检定考试及格者，竟占全数百分之十七，且多名列前茅。此进步者七；

第一届考试题目尚主宽简，第二届各种考试命题，均经典、襄各委，慎密研究，凡甄录试及正试试题，虽不能谓为极端严格，然能适合应考人之学力。且各次试题，质量相等，务使学业肤浅者，不能幸取。此进步者八；

第一届及格人员，共计十六省，而第二届则增加边远之察哈尔省，共为十七省。此进步者九。

凡此种种，皆第二届较第一届进步之最显著者也。

戴院长曰："考试行政，在中国旧制，固无可循之成法，在欧美、日本，亦鲜可学之先例。总理所昭示吾人者，亦仅为五院制度之理论，此种伟大之建设工作，全俟吾辈之研究与实验。"第一届考试，乃为中央最初之试验，举行以来，经院长、委员长，及全体同人，研究改良，至第二届考试，未及三年，而成绩之优，进步之速，已如上述。则更十年、二十年后，健全独立之考试制度，建设完备，即以考试代学校，俾全国才俊之士，咸欢然出于考试之途。在人才方面，可以努力竞进，自由求学，无学校资格之限制，而能随时随地，图报于国家。在国家方面，可以随时随地，选拔合用之人才，无设校养士之劳，而可以食多士之报。其为民之利，国之福，愿不大耶！

循是以往，上无枉使之才，下无抑郁之士，在此国难方殷之际，全国青年忠勇之气,沉毅雄武,不可遏抑之风,郁而发之于文,技艺之精,思想之富,将必有震耀寰区,超越乎今日各中学、大学之上而倍焉蓰焉者。此则可操左券于此,而责之以右券者也。

《中国近现代稀见史料丛刊》已出书目

第一辑

莫友芝日记
汪荣宝日记
翁曾翰日记
邓华熙日记
贺葆真日记
徐兆玮杂著七种
白雨斋诗话
俞樾函札辑证
清民两代金石书画史
扶桑十旬记(外三种)

第二辑

翁斌孙日记
张佩纶日记
吴兔床日记
赵元成日记(外一种)
1934—1935中缅边界调查日记
十八国游历日记
潘德舆家书与日记
翁同爵家书系年考
张祥河奏折
爱日精庐文稿
沈信卿先生文集
联语粹编
近代珍稀集句诗文集

第三辑

孟宪彝日记
潘道根日记
蟫庐日记(外五种)
王癸避难日志　辛卯年日记
嘉业堂藏书日记抄
吴大澂书信四种
赵尊岳集
贺培新集
珠泉草庐师友录　珠泉草庐文录
校辑民权素诗话廿一种

第四辑

江瀚日记
英轺日记两种
胡嗣瑗日记
王振声日记
黄秉义日记
粟奉之日记
王承传日记
唐烜日记
王锺霖日记(外一种)
翁同龢家书
甲午战争汉诗选
达亭老人遗稿